Avaliação da
intervenção
socioeducacional

Santiago Castillo Arredondo

Faculdade de Educação
Universidad Nacional de Educación a Distancia

Jesús Cabrerizo Diago

Faculdade de Educação
Universidad Nacional de Educación a Distancia

tradução de
Sandra Martha Dolinsky

Avaliação da intervenção socioeducacional

agentes, âmbitos e projetos

EDITORA
intersaberes

* Nesta obra utilizamos os destaques de acordo com o proposto no original.

EDITORA intersaberes

Rua Clara Vendramin, 58 . Mossunguê
CEP 81200-170 . Curitiba . PR . Brasil
Fone: (41) 2106-4170
www.intersaberes.com
editora@editorainteresaberes.com.br

Conselho editorial
Dr. Ivo José Both (presidente)
Drª Elena Godoy
Dr. Nelson Luís Dias
Dr. Neri dos Santos
Dr. Ulf Gregor Baranow

Editora-chefe
Lindsay Azambuja

Supervisora editorial
Ariadne Nunes Wenger

Analista editorial
Ariel Martins

Capa
Denis Kaio Tanaami
Roberto Querido

Fotografia da capa
Getty Image

Projeto gráfico
Bruno Palma e Silva

Diagramação
Roberto Querido

Iconografia
Danielle Scholtz

título original
*Evaluación de
la intervención
socioeducativa: agentes,
ámbitos y proyectos*
© 2011, Pearson
Educación, S.A.

direitos da edição
brasileira reservados à
Editora InterSaberes Ltda.

Foi feito
o depósito legal.

1ª edição, 2013.

Dados Internacionais de Catalogação na Publicação (CIP)
(Câmara Brasileira do Livro, SP, Brasil)

Castillo Arredondo, Santiago
  Avaliação da intervenção socioeducacional : agentes,
âmbitos e projetos / Santiago Castillo Arredondo, Jesús
Cabrerizo Diago; tradução de Sandra Martha Dolinsky. –
Curitiba: InterSaberes, 2012.

  Título original : Evaluación de la intervención socioeducativa: agentes, ámbitos y proyectos

  Bibliografia.
  ISBN 978-85-65704-58-8

  1. Avaliação de programas de ação social 2. Educação de
adolescentes 3. Educação de crianças I. Cabrerizo Diago,
Jesús. II. Título.

12-06345   CDD-361.25

  Índices para catálogo sistemático:
  1. Avaliação: Parâmetros de ações socioeducativas:
  Problemas sociais 361.25
  2. Avaliação: Projetos sociais: Problemas sociais 361.25

Proibida a venda desta edição em Portugal e
demais países da Europa.

Informamos que é de inteira responsabilidade
dos autores a emissão de conceitos.

Nenhuma parte desta publicação poderá ser
reproduzida por qualquer meio ou forma sem a
prévia autorização da Editora InterSaberes.

A violação dos direitos autorais é crime
estabelecido na Lei nº 9.610/1998 e punido pelo
art. 184 do Código Penal.

sumário

nota da tradutora para a edição brasileira, xi
prefácio à edição brasileira, xiii
apresentação, xvii
introdução, xix

unidade didática 1
identidade profissional do educador social

1. Introdução, 25
2. Objetivos, 25
3. Mapa conceitual, 26
4. Conteúdos, 26

   4.1 O ser humano como protagonista da educação, 26 | 4.2 Perfil formativo do educador social competente, 28 | 4.3 O código deontológico do educador social, 42

5. Resumo, 47
6. Atividades, 47
7. Autoavaliação, 48

unidade didática 2
a intervenção socioeducacional em educação social

1. Introdução, 51
2. Objetivos, 51
3. Mapa conceitual, 52

4. Conteúdos, 53

    4.1 A intervenção socioeducacional como intervenção didática, 53 | 4.2 O desenho da intervenção socioeducacional, 56 | 4.3 O planejamento da intervenção socioeducacional, 68

5. Resumo, 94
6. Atividades, 95
7. Autoavaliação, 96

unidade didática 3
justificativa e sentido da avaliação em educação social

1. Introdução, 99
2. Competências, 99
3. Mapa conceitual, 100
4. Conteúdos, 100

    4.1 Significado da avaliação em educação social, 100 | 4.2 O processo avaliador, 112 | 4.3 Funções da avaliação, 116 | 4.4 Tipos de avaliação, 119 | 4.5 Momentos para avaliar, 125 | 4.6 O desenho da avaliação em educação social, 128 | 4.7 Avaliação em educação social e qualidade, 133

5. Resumo, 140
6. Atividades, 141
7. Autoavaliação, 142

unidade didática 4
avaliação de agentes de intervenção socioeducacional

1. Introdução, 145
2. Competências, 145
3. Mapa conceitual, 146

4. Conteúdos, 146

    4.1 Aspectos gerais, 146 | 4.2 O desempenho profissional do agente de intervenção, 152 | 4.3 Avaliação do desempenho profissional do agente, 159

5. Resumo, 184
6. Atividades, 185
7. Autoavaliação, 186

unidade didática 5
avaliação de âmbitos de intervenção socioeducacional

1. Introdução, 189
2. Competências, 189
3. Mapa conceitual, 190
4. Conteúdos, 190

    4.1 Âmbito de intervenção socioeducacional, 190 | 4.2 Tipos de âmbitos, 194 | 4.3 A avaliação do âmbito de intervenção socioeducacional, 197 | 4.4 Tratamento dos resultados da avaliação de âmbitos, 210

5. Resumo, 211
6. Atividades, 212
7. Autoavaliação, 213

unidade didática 6
avaliação de projetos de intervenção socioeducacional

1. Introdução, 217
2. Competências, 218

3. Mapa conceitual, 218

4. Conteúdos, 219

   4.1 A avaliação de projetos de intervenção socioeducacional, 219

5. Resumo, 247

6. Atividades, 249

7. Autoavaliação, 250

unidade didática 7
procedimentos, técnicas e instrumentos para a avaliação da intervenção socioeducacional

1. Introdução, 253

2. Competências, 254

3. Mapa conceitual, 255

4. Conteúdos, 256

   4.1 Procedimentos, técnicas e instrumentos de avaliação. Delimitação semântica e operacional, 256 | 4.2. Algumas técnicas e instrumentos de avaliação, 262 | 4.3 Outras técnicas de avaliação, 299 | 4.4 Alguns critérios de seleção de técnicas e instrumentos para a avaliação da intervenção socioeducacional, 305

5. Resumo, 315

6. Atividades, 315

7. Autoavaliação, 316

unidade didática 8
redação e apresentação de informes de avaliação da intervenção socieducacional

1. Introdução, 319
2. Competências, 320
3. Mapa conceitual, 320
4. Conteúdos, 321

    4.1 Sentido e finalidade do informe de avaliação de projetos, 321 | 4.2. Organização e estrutura do informe de avaliação, 338 | 4.3 Redação do informe de avaliação, 344 | 4.4 Critérios de análise dos informes de avaliação, 356

5. Resumo, 358
6. Atividades, 359
7. Autoavaliação, 359

Bibliografia, 367
Webgrafia, 365

nota à edição brasileira

Inicialmente, é interessante deixar claro que a obra, em seu conjunto, mantém uma estrutura harmônica e bem equilibrada, conseguindo alcançar o objetivo fundamental a que se propõe: contribuir na formação de educadores sociais comprometidos em atender as pessoas em outros espaços além do escolar. A organização deste livro em oito capítulos é muito bem cuidada, incluindo abundantes referências e aportes de outros autores sobre as diversas teorias de educação social. A redação é clara, simples e compreensível.

O "conteúdo" abarca os conhecimentos necessários para fundamentar reflexões e ações no campo da educação social – que a realidade contemporânea demanda para as ciências da educação – requerendo flexibilização do/no ofício de educador, tendo em vista a ampla variedade de situações que requerem atendimento específico de um educador sintonizado com as exigências de seu tempo. Por outro lado, a "forma" é mantida com maestria como texto pensado e dirigido para a modalidade de educação a distância. Percebe-se uma decidida intenção explicativa, o que imprime coerência e muita experiência dos autores no uso desta modalidade de ensino. Assim, as repetições ou reiterações de ideias e esquematizações têm a manifesta "intencionalidade didática" de facilitar e/ou consolidar aprendizagens relevantes.

A "intervenção socioeducativa" não é uma ideia abstrata ou uma aspiração da política social; ao contrário, é a materialização da mais nobre função da educação: fazer o possível para que todos os cidadãos, sobretudo os mais desfavorecidos, tenham acesso aos bens socialmente produzidos, concernentes à educação e à cultura.

A obra explicita o marco na ação de intervenção socioeducativa, arrolando os agentes responsáveis por levá-la a cabo; os diversos "âmbitos" em que devem intervir e os múltiplos projetos que podem realizar. Tudo isso com base em uma perspectiva de avaliação com o objetivo de garantir a qualidade nas/das intervenções pedagógicas.

O valor didático da obra é ampliado se nos fixarmos nos "elementos facilitadores" que acompanham o texto em cada um dos seus capítulos:

mapas conceituais introdutórios, quadros, gráficos etc. A isso, podemos acrescentar as atividades de aprendizagem e os "exercícios de autoavaliação" propostos. Dessa maneira, tanto estudantes como educadores e pesquisadores terão maior facilidade para trabalhar e compreender seus conteúdos.

Em definitivo, esta obra constitui um marco referencial importante para a formação de educadores no Brasil, onde é necessário avançar no desenvolvimento da educação social e, paralelamente, na formação competente dos profissionais que deverão ocupar-se de pô-la em prática nos vários recantos e em diversas esferas da sociedade brasileira.

Dra. Maria Alice Ribeiro Martins
Professora da UFRJ

prefácio à edição brasileira

O presente livro foi publicado originalmente em espanhol, com o título *Evaluación de la intervención socioeducativa*. A atual tradução da obra é uma feliz ideia, vindo a preencher uma grande lacuna no campo da educação social no Brasil onde o debate sobre a temática, tanto quanto a disponibilidade de material bibliográfico correlato, ainda é incipiente, em que pese a sua relevância para todo e qualquer educador sintonizado com as demandas de seu tempo. O impacto de uma publicação nova sobre um assunto de extrema atualidade e relevância social e acadêmica convida-nos a mergulhar no texto – que tenho a honra de apresentar.

Trata-se de uma obra de valor incontestável, na qual seus autores dedicam-se a acuradas incursões acerca do perfil profissional do graduado em educação social, na tentativa de delinear um contorno qualitativo de sua identidade, com esmeradas amplitude e profundidade, alinhando funções exigidas à profissão, adentrando no conhecimento mais prospectivo dos contextos de atuação e defendendo a prática de avaliação permanente de suas intervenções socioeducativas.

A educação não é patrimônio exclusivo da escola. Pela própria essência de sua natureza político-social, vê-se projetada à dimensão extraclasse, ou seja, fora de um âmbito estritamente escolar. Sua abrangência extraescolar repercute no trabalho voltado à participação (e proteção) social, direcionado, sobretudo, aos grupos mais vitimados pela desigualdade. Há uma prática educativa não menor, que vai a campo, protagonizada por atores que se querem mais autênticos e dinâmicos, dispostos a lutar pela cruzada da exclusão. Nessa espécie de palco permanente do ensaio cotidiano dos embates pelo acesso aos bens de cultura, o agente mais diretamente comprometido com os desígnios da privação e da discriminação, o educador social, tem seu campo operativo essencialmente fora da formalidade escolar intramuros. Não significa, porém, que o empirismo ou a prática descolada de fundamentação teórica seja tão somente ou o principal norteador de sua ação.

Ao contrário, os diligentes autores da presente obra, prolíficos estudiosos, acadêmicos de notável reconhecimento em sua universidade de origem – e de visibilidade em nosso país, como é o caso do Dr. Santiago Castillo Arredondo –, antenados com os apelos da demanda social suscitada pelo advento da globalização, são instados a apresentar novos referentes para a formação de educadores sociais, ajustados aos graus de exigências tal como estabelecido pelo Espaço Europeu de Educação Superior, que obriga a universidade a postar-se nos contrafortes da modernidade.

Na Espanha, como em toda a Europa, o educador social é um profissional que se requer de nível superior, habilitado a atuar nos mais diversos contextos sociais, culturais e educativos. No Brasil, faz-se necessário avançar na discussão da formação superior desse agente educacional, a exemplo de outros países precursores que elegem o âmbito universitário como espaço privilegiado de discussão e qualificação do educador social, chamado a intervir em diferentes ambientes multiculturais que se multiplicam sem fronteiras.

A polivalência interventiva do educador social, por certo, dificulta a construção de um conceito profissional facilmente delimitável. Sua prática suscita acompanhamento sistemático de avaliação, como controle de qualidade do desenho, da planificação e da execução dos seus projetos e de seus agentes impulsores.

Novas reflexões, portanto, impõem-se sobre o cotidiano dessa prática profissional tão ampla quanto complexa, em que a utilização de um sistema de avaliação, como dinâmica de rotina, constitui-se em reflexão necessária. Outra, importante, diz respeito aos conteúdos curriculares de formação que ultrapassam os limites de uma disciplina. O trabalho do educador social exige compromisso político, mas, também, competência técnica! Eis a notoriedade do enfoque central deste estudo ao destacar a relevância do "que fazer" desse profissional submetido a um processo avaliativo permanente em todo o transcurso interventivo, visando à consecução dos objetivos planejados, dos projetos e ações das executadas e dos fins almejados.

Em seu cerne, a obra *Avaliação da intervenção socioeducativa*, constitui minuciosa fonte de consulta, ou mesmo uma detalhada agenda de compromisso com a qualidade técnica e política de uma educação socialmente referenciada.

Em consonância com a natureza do trabalho acadêmico que realizam como docentes em uma universidade de educação a distância, os autores deste livro esbanjam familiaridade com o conteúdo e a forma de apresentação que tem por preocupação básica o leitor em formação. São evidentes: o rigor em metodologias de elaboração de textos; a coerência de métodos e técnicas de ensino nessa modalidade; o compromisso com a orientação fornecida aos formandos que compreende atividades, formas de avaliação, de montagens de mapas conceituais e quadro de síntese para fins de sistematização do conteúdo, todos estes em confluência com o objetivo geral da obra.

Todos os capítulos foram organizados sob uma espécie de roteiro, de guia analítico ou de matriz analítica, que oferece uma ordenação sequencial comum a todos eles, ou seja, há uma coordenação coerente em seu conjunto, mantendo um encadeamento lógico, como se pode observar a seguir.

O Capítulo 1 discute a identidade profissional do educador social, passando pela sua concepção, seu perfil e as demandas de um contexto mundial específico. O Capítulo 2 avança para a intervenção social que esse educador social realiza, seu significado e sua abrangência. O Capítulo 3 propugna a justificação e o sentido da avaliação em educação social, com vistas a contextualizar e valorizar a função educativa prática. Os capítulos 4, 5 e 6 detêm-se na avaliação propriamente dita, tanto a dos agentes de intervenção socioeducativa, no sentido de pavimentar a sua ação, quanto a dos âmbitos ou interfaces de intervenção socioeducativa mais detalhada em abrangências e tangências de áreas ou nichos de estudo e, ainda, quanto a dos projetos práticos, sua implementação, coordenação, desenvolvimento, avaliação e *feedback*. O Capítulo 7 discorre sobre os procedimentos, as técnicas e os instrumentos de avaliação utilizados, tendo como objetivo maior estabelecer um guia passo a passo prático-operacional. Finalmente, o Capítulo 8 acena para a redação e os informes de avaliação, momento em que chama a atenção para o valor da reestruturação vocabular do conteúdo, para fins de sintetização compreensiva.

Todo o conjunto da obra é um convite à leitura, à reflexão-ação! Em cada um dos seus capítulos, encontram-se ricas e significativas informações, em que pese a designação de *manual* com que os autores, no prefácio da versão original, o nomeiam, fugindo à conotação dada no Brasil a essa palavra, como sinônimo de guia prático com instrução pouco reflexiva. É preciso, de saída, evitar essa associação, pois o conteúdo deste livro e sua forma não encerram a simplificação de um manual. Antes, sugere um compêndio que abarca conhecimentos e noções relativas a um campo do saber profissional, o do educador social. Esta obra é uma referência essencial para os iniciantes e simpatizantes que queiram introduzir-se na discussão e, ao mesmo tempo, é um manancial rico de informações para os veteranos do assunto que queiram especializar-se no estudo.

Um mérito digno de nota é o fato de que o livro exprime uma formatação didático-pedagógica extremamente preocupada com a interação dialógica com o leitor presumido. E quem serão os leitores e interlocutores possivelmente interessados? Serão aqueles que buscam uma perspectiva inovadora de avaliação socioeducativa interventora. Serão os curiosos sobre os rumos da educação social no mundo afetado pelo advento da globalização que traz no seu rastro outras formas de inserção e participação social. Serão os educadores em geral, os cientistas sociais, sem esquecer os metodologistas interessados nas facetas de intervenção e seus tratos operativos. E, talvez, os céticos da educação social, curiosos em perscrutar e criticar formas alternativas de intervenções socioeducativas que se apresentem. Aí está o destaque de uma obra multidimensional, de interesse direcionado e, ao mesmo tempo, eclético, dada a ampla gama de campos epistemológicos que se interpenetram ou se tangenciam na abordagem do tema.

Vivemos em uma era de mudança, de transformação acelerada da tecnologia, época na qual se vive o momento oportuno e valioso da abertura de fronteiras, do diálogo com autores com pesquisadores, com professores de outros países, do mesmo e de outros campos do saber, o que amplia as possibilidades de recriação ou reedição de nossas realidades. Nesse sentido, é possível ressaltar a importância dessa publicação e convidar a todos para, ao longo da leitura, proceder à celebração da troca da experiência e do compartilhamento da inovação.

Dra. Maria Alice Ribeiro Martins
Professora da UFRJ

apresentação

Este manual constitui um novo referencial para a formação de educadores sociais, ajustando-se às exigências estabelecidas pelo Espaço Europeu de Educação Superior. Tais exigências transcendem as faculdades e ocasionalmente as próprias universidades, levando a exigir a participação da sociedade inteira na tarefa de qualificar profissionais competentes.

O perfil profissional do graduado em educação social define sua identidade por meio da identificação das principais funções da profissão, das tarefas que se desenvolvem nesta e do conhecimento profundo dos contextos nos quais o educador social as desempenha.

Quando abordamos a educação social, um amplo e variado horizonte se abre à consideração de qualquer profissional preocupado em melhorar a vida dos cidadãos. Embora proclamemos com relativa facilidade que toda pessoa tem direito aos bens da educação e da cultura, a realidade nos mostra que nem todos os cidadãos os usufruem. Em alguns casos, são os países que, apesar de contar com sistemas educacionais, deixam amplos espaços que propiciam o abandono de grandes grupos sociais, que não chegam a se escolarizar. Só alguns cidadãos terão acesso a programas de diferente projeção: alfabetização, ensino noturno, educação de adultos, educação alternativa etc. Em outros casos, em sociedades mais desenvolvidas, surgem novas necessidades educacionais que se busca remediar mediante planos e programas promovidos pelas diversas administrações: escolarização de emigrantes, planos de saúde comunitária, luta contra a dependência química, integração escolar, terceira idade, atividades de lazer e de ócio etc.

Esses três elementos: funções, tarefas e contextos, todos vinculados, permitem identificar as competências que são próprias a essa formação. Nesse ponto, as competências serão interpretadas como um conjunto de conhecimentos, destrezas e atitudes necessárias para o correspondente desempenho profissional, às quais, ainda, é preciso acrescentar a capacidade de manter a formação e o nível de qualificação requerido em função das implicações decorrentes das mudanças sociais, políticas e econômicas sobre sua profissão e os contextos de emprego.

A universidade, como sistema formativo, também inclui uma variação importante nas necessidades levantadas e faz análises projetivas das possíveis demandas socioprofissionais. A formação em educação social potencializará a autogestão e autorregulação do estudo e favorecerá o trabalho em equipe, respeitando o espírito que lhe é próprio, por meio da melhora dos processos de comunicação e informação, sem esquecer o compromisso ético que todo processo formativo deve conter.

A educação social procura dar resposta aos novos problemas e necessidades sociais garantindo programas e atuações socioeducacionais voltados à obtenção de melhor atendimento e desenvolvimento dos indivíduos. Organismos internacionais, como a Unesco, vêm impulsionando o sonho de *"educação para todos ao longo da vida"* desde a Conferência de Jomtien, em 1990. Isso significa que os espaços ou âmbitos, os agentes e o tempo da educação foram se ampliando em todas as latitudes e dimensões, e que há alguns anos já se faz um grande esforço nesse sentido. Os planos, programas e projetos de intervenção socioeducacional dirigidos a diferentes ambientes sociais se multiplicam por toda parte, desde o âmbito local a esferas internacionais, sem fronteiras. Uma vez mais, a avaliação vem contribuir para a consecução dos objetivos da educação; da educação social nesse caso. As intervenções socioeducacionais precisam do acompanhamento da avaliação, como controle de qualidade do desenho, elaboração e execução de projetos e atuações específicos, de seus conteúdos e de seus agentes impulsores.

Os Autores
Madri, janeiro de 2011

introdução

1. Objetivos desta obra

O trabalho e o estudo dos conteúdos dos capítulos seguintes possibilitarão aos estudantes a consecução dos seguintes objetivos gerais:

1. Analisar o perfil profissional do educador social e sua responsabilidade na avaliação da intervenção socioeducacional;
2. Conhecer o sentido e a justificativa da avaliação educacional na educação social;
3. Analisar o fundamento e desenvolvimento da avaliação dos agentes da intervenção socioeducacional;
4. Analisar o fundamento e desenvolvimento da avaliação de âmbitos de intervenção socioeducacional;
5. Determinar os critérios e os indicadores na avaliação de projetos de intervenção socioeducacional;
6. Conhecer as técnicas e os instrumentos mais habituais para a coleta de informação com finalidade de avaliação da intervenção socioeducacional;
7. Estudar as características e os requisitos para a redação e apresentação de informes de avaliação.

2. Conteúdos

Os capítulos deste livro abordam os seguintes conteúdos:

1. Identidade profissional do educador social;
2. A intervenção socioeducacional em educação social;
3. Justificativa e sentido da avaliação em educação social;
4. Avaliação de agentes de intervenção socioeducacional;
5. Avaliação de âmbitos de intervenção socioeducacional;
6. Avaliação de projetos de intervenção socioeducacional;

7. Procedimentos, técnicas e instrumentos para a avaliação da intervenção socioeducacional;
8. Redação e apresentação de informes de avaliação da intervenção socioeducacional.

3. Orientações para o estudo e aplicação dos conteúdos desta obra

Com a finalidade de orientar o estudante, de forma eficaz, no trabalho e estudo dos capítulos, oferecemos as seguintes orientações:

1. A **introdução**, as **competências** e o **esquema** são os tópicos que abrem cada capítulo:
   › Na **introdução**, faz-se a apresentação do capítulo;
   › Nas **competências**, apresentam-se aquelas cujo alcance, para o estudante, é favorecido pelo trabalho e estudo do capítulo;
   › No **esquema** ou **mapa conceitual**, apresentam-se as ideias essenciais do capítulo em uma estrutura cognitiva organizada, para facilitar e orientar a compreensão dos conteúdos.
2. O trabalho e o estudo dos **conteúdos** de cada capítulo começam pela *introdução* e terminam na *autoavaliação*. Todos os tópicos de cada capítulo têm como objetivo facilitar seu estudo, sua compreensão e sua aprendizagem.
3. Para realizar um trabalho e estudo eficaz dos conteúdos de cada capítulo, propomos a seguinte sequência:
   › buscar a **identidade de cada capítulo** e sua relação com os demais capítulos do livro;
   › realizar uma **leitura exploratória** do capítulo inteiro;
   › realizar um **estudo detalhado** dos diversos tópicos do capítulo, analisando e sublinhando seu conteúdo.

   Depois do estudo do capítulo, propomos fazer uma síntese pessoal do conteúdo: *esquema, mapa conceitual, quadro de síntese* etc.

Os tópicos de resumo e as atividades têm a finalidade de consolidar a aprendizagem alcançada do conteúdo do capítulo:

> No **resumo**, sintetizam-se e integram-se, de um modo global, as ideias fundamentais do capítulo para garantir a aprendizagem realizada e facilitar a recordação posterior;
> Com as **atividades**, pretende-se que o estudante aplique e projete as ideias teóricas na execução prática de situações ou exercícios relacionados com o capítulo. Tendo em conta que o conteúdo dos capítulos é de caráter teórico, deve ser acompanhado por uma visão prática, e sua aplicação à atividade escolar deve ser feita por meio de atividades;
> O tópico de **autoavaliação** é uma oportunidade que se oferece ao estudante para que este verifique por si mesmo o resultado de seu estudo antes de se submeter a uma avaliação externa. Quanto mais exercícios de autoavaliação um estudante fizer, mais segura e duradoura será sua aprendizagem, e maior será a garantia de sucesso nas provas!

4. No final do livro, apresenta-se uma **bibliografia geral** como fonte complementar de informação; o estudante deve recorrer a ela para "aprender mais", ampliando conteúdos ou aprofundando os já conhecidos.
5. É possível que no decorrer dos capítulos surja alguma reiteração ou redundância. Não é de se estranhar quando se abordam temas sob diferentes ângulos ou enfoques. De qualquer forma, caso apareçam essas reiterações, terão o valor didático de permitir reforçar ou aprofundar os temas estudados.

4. Material complementar

O estudo e o trabalho desta obra são complementados com as seguintes publicações:

CASTILLO ARREDONDO, S. *Vocabulario de evaluación educativa*. Madrid: Pearson, 2007.

Este **Vocabulário** ajuda a aprofundar e ampliar o conhecimento dos conceitos e seu significado, a falar e escrever com maior precisão conceitual, a descobrir novas acepções de uma palavra ou a encontrar novos termos para conceitos já adquiridos. Ele é um dos recursos de maior utilidade para melhorar tanto a compreensão quanto a comunicação em tudo o que se refere à avaliação educacional. Encerra um grande valor didático, pois permite a seus usuários (professores, estudantes ou pesquisadores) ter um referencial conceitual comum. Nas palavras do recordado José Luis Rodríguez Diéguez, "Este vocabulário fornece resposta aos problemas derivados do uso próprio da terminologia da avaliação, especialmente nos momentos atuais".

CASTILLO ARREDONDO, S.; CABRERIZO DIAGO, J.; RUBIO ROLDÁN, M. J. *La práctica de la evaluación en la intervención socioeducativa. Materiales e instrumentos. Vademécum del educador social*. Madrid: Pearson, 2011.

A **formação** proporcionada pela obra *Avaliação da intervenção socioeducacional. Agentes, âmbitos e projetos* deve se desenrolar e complementar junto com a prática. Por essa razão, o livro *La práctica de la evaluación en la intervención socioeducativa. Materiales e instrumentos. Vademécum del educador social* apresenta os recursos necessários para desenvolver a prática avaliadora nas diversas situações da educação social. A pretensão dessa obra é facilitar a prática avaliadora e ser o **vade-mécum do educador social**.

São muitos os materiais e instrumentos que precisamos utilizar como ferramentas para desenvolver a avaliação socioeducacional. Um bom profissional será aquele que souber optar, em cada circunstância, pelas técnicas e pelos instrumentos que melhor se adaptem à situação.

Os diversos **materiais e instrumentos** são apresentados e organizados em oito **blocos** em função dos âmbitos fundamentais da educação social: alunos, família, contextos sociais, grupos de risco, idosos, programas e projetos, agentes sociais e outros.

unidade
didática
um

identidade profissional
do educador social

1. Introdução

A grande diversidade de âmbitos em que o educador social pode desenvolver suas funções nos dias atuais faz com que a necessidade de sua atuação seja percebida, e que seja demandada, com cada vez mais insistência, a incorporação desse profissional no exercício de suas tarefas profissionais. Essa demanda é apoiada pela realidade socioeducacional atual e pelo aumento de situações diversas que exigem a aplicação de recursos sociais e educacionais de diversas índoles.

Inseridos na realidade de uma sociedade global e multicultural, cogita-se a necessidade de abordar situações até pouco tempo desconhecidas, tanto no âmbito educacional quanto em outras esferas sociais. Com base nessa realidade, as instituições socioeducacionais procuraram regular sua vida cotidiana como espaços de ajuda, assessoria e aprendizagem, onde a diferença se apresenta como uma ferramenta valiosa no contexto de uma normativa participativa e integradora de direitos e deveres de cada cidadão. Mas, com os recursos disponíveis até o momento, tal iniciativa não é suficiente. O desafio dos sistemas sociais e educacionais consiste, nos dias atuais, em construir uma sociedade intercultural por meio de processos que decididamente apoiem essas novas realidades, com a contribuição indispensável de novas figuras profissionais que contribuam para isso: os educadores sociais.

2. Objetivos

Com este capítulo, pretende-se favorecer a aquisição, por parte do estudante, das seguintes competências:

1. Conhecer os perfis da identidade profissional do educador social;
2. Administrar e planejar a atividade profissional;
3. Desenvolver processos cognitivos superiores;
4. Trabalhar em equipe;
5. Dirigir e coordenar planos e projetos socioeducacionais;
6. Criar e implementar processos de avaliação de agentes, âmbitos e projetos de intervenção socioeducacional em diversos contextos;

7. Criar e implementar processos de avaliação de projetos, agentes, âmbitos e estratégias de intervenção socioeducacional.
8. Supervisionar instituições, planos, programas e projetos socioeducacionais.

3. Mapa conceitual

Inter-relação entre a educação e a função do educador social	→	Nível profissional do educador social	←	Grande amplitude e heterogeneidade no campo da educação social

4. Conteúdos

4.1 O ser humano como protagonista da educação

Independente da aplicação de uma série de programas cujo objetivo é impulsionar um correto desenvolvimento da convivência – "Projeto Atlântida" (1996)*, ou "Conviver é viver" (1997)**, entre muitos outros – , a sociedade em seu conjunto demanda, nos dias atuais, novas estruturas e novos profissionais que permitam responder de forma real às necessidades existentes, enfocadas no âmbito educacional e como uma questão social.

---

* "Proyecto Atlántida": Projeto espanhol formado por profissionais de diversos setores, além de instituições e entidades relacionadas à Educação etc., cujo objetivo é resgatar os valores democráticos da educação e desenvolver experiências de inovação no currículo e na organização das escolas. (N. da T.)

** "Programa Convivir es Vivir": Programa interinstitucional mantido com fundos públicos, na Espanha, que disponibiliza atuações e recursos para atividades de lazer e ócio com o objetivo de atuar, basicamente, na prevenção da violência e melhora da convivência nas escolas. (N. da T.)

O ponto de partida reside no fato de que, hoje, a convivência é intercultural, e que a realidade que decorre disso gera uma multiplicidade de situações específicas, algumas das quais podem ser problemáticas ou dissonantes. Para atender a esses problemas e a essas dissonâncias é necessário desenvolver habilidades pessoais que melhorem o grau de colaboração interpessoal. Essas habilidades estão, definitivamente, no centro de todo desenvolvimento social em que surjam tensões de convivência que, em alguns casos, não se podem solucionar sem a mediação de especialistas atuando sobre o entorno.

Todas as atuações de caráter socioeducacional e formativo que o educador social pode desenvolver oferecem possibilidades de melhora, para propiciar a obtenção de espaços de interação intercultural, favorecedores do conhecimento e da convivência em harmonia de culturas diferentes. Para isso, além de ter uma preparação técnica adequada, o educador social deverá estar formado em competências que lhe permitam administrar e planejar a atividade profissional; desenvolver processos cognitivos superiores; criar planos, programas, projetos e atividades de intervenção socioeducacional em diversos contextos; trabalhar em equipe; dirigir e coordenar planos e projetos socioeducacionais; criar e implementar processos de avaliação de agentes, âmbitos e projetos de intervenção socioeducacional em diversos contextos; assessorar a elaboração de planos, programas, projetos e atividades socioeducacionais; criar e implementar processos de avaliação de projetos, agentes, âmbitos e estratégias de intervenção socioeducacional, bem como supervisionar instituições, planos, programas e projetos socioeducacionais. Tudo isso implica possuir uma série de qualidades e capacidades: capacidade de iniciativa, capacidade organizacional, dinamismo e adaptação a novos meios e realidades socioeducacionais que permitam ao profissional da área de educação social o manejo e o controle dos grupos com que trabalha.

4.2 Perfil formativo do educador social competente

4.2.1 Âmbitos e perfis profissionais do educador social

Entendemos por âmbitos de intervenção socioeducacional todos os grupos, as pessoas, os lugares ou os contextos em que, dadas as suas características, é possível desenvolver alguma intervenção socioeducacional. No campo da educação social, fala-se indiferentemente de contextos, âmbitos, setores, meios de aplicação etc., para se referir a determinada população na qual é necessário desenvolver uma intervenção dessa espécie.

O campo profissional do educador social é tão amplo quanto a grande variedade de âmbitos e de grupos populacionais a quem se dirigem suas atuações socioeducacionais. Em sua atividade profissional, o agente de educação social desenvolve sua atividade no seio de um projeto de intervenção socioeducacional determinado e ajustado à realidade de um âmbito de intervenção específico. De forma genérica, podemos considerar que as esferas de intervenção socioeducacional do educador social podem se agrupar nessas categorias:

› Âmbito pessoal;
› Âmbito familiar;
› Âmbito escolar;
› Âmbito social.

E, dependendo dos destinatários da ação:

› Pessoal ou individual, quando se dirige a uma só pessoa.
› Grupal ou comunitário, quando se dirige a um grupo de pessoas ou espaço social específico.

Para De La Torre, Pio e Medina (2001), os âmbitos em que um educador social pode intervir podem ser agrupados deste modo:

> **Âmbitos relacionados com a estimulação sociocultural:** Seus destinatários seriam pessoas interessadas em desenvolver habilidades pessoais ou sociais fora do sistema educacional.
> **Âmbitos relacionados com a pedagogia do tempo livre:** Seus destinatários seriam os estudantes e adolescentes fora do horário de aulas.
> **Âmbitos relacionados com a educação de adultos:** Seus destinatários seriam pessoas adultas com carências culturais ou sociais.
> **Âmbitos relacionados com a formação ocupacional:** Seus destinatários seriam pessoas em uma situação de desemprego.
> **Âmbitos relacionados com a educação especializada:** Seus destinatários seriam pessoas com risco psicossocial ou carência de recursos pessoais.

Na prática, alguns dos âmbitos de intervenção socioeducacional do educador social, agrupados por categorias, são:

> **Âmbitos relacionados com pessoas incapacitadas:** Instituição-dia para pessoas incapacitadas, centros especiais de emprego, centros específicos de educação especial, centros de estimulação precoce, centros ocupacionais, centros de reabilitação, escolas, organizações não governamentais (ONGs) que atendem a pessoas incapacitadas.
> **Âmbitos relacionados com contextos multiculturais:** Associações, centros de apoio e centros culturais de apoio a imigrantes, coletividades desfavorecidas, de diversidade cultural, de ciganos, de imigrantes, ONGs que trabalham em contextos multiculturais, pessoas específicas.
> **Âmbitos relacionados com orientação familiar:** Associações de pais, centros de idosos, de orientação e planejamento familiar, escolas de pais, famílias específicas, ONGs que trabalham com famílias, processos de mediação, situações de exclusão social e de violência familiar.
> **Âmbitos relacionados com instituições educacionais:** Abrigos, centros de apoio a adolescentes e de educação infantil, escolas de ensino fundamental, de ensino médio, de formação profissional específica, internatos ligados a instituições, ONGs que trabalham com as instituições educacionais etc.

Dentro da grande variedade de âmbitos possíveis em que o educador social pode intervir, e sem pretendermos ser detalhados, apresentamos alguns deles organizados em ordem alfabética:

- Abrigos juvenis;
- Abrigos-dia para idosos;
- Agremiações de tipo social;
- Áreas de cultura;
- Asilos de idosos;
- Associações cidadãs;
- Associações científicas e/ou literárias;
- Atendimento a vício em jogos;
- Bibliotecas infantis;
- Centros cívicos;
- Centros culturais;
- Centros de dependentes químicos;
- Centros de educação especial;
- Centros de formação ocupacional;
- Centros de lazer;
- Centros de proteção de menores;
- Centros hospitalares;
- Centros penitenciários;
- Comunidades terapêuticas;
- Educação não formal de adultos;
- Escolas de ensino fundamental;
- Escolas de ensino médio;
- Escolas de natureza;
- Escolas de pais;
- Estimulação sociocultural;
- Famílias;
- Formação de formadores;
- Imigrantes;
- Incapacitados;
- Justiça juvenil;
- Ludotecas;

- Menores;
- Mulheres;
- Oficinas/*workshops*;
- Programas de educação compensatória;
- Programas de formação ocupacional;
- Programas extraescolares;
- Serviços sociais;
- Setores marginais;
- Lazer;
- Terceira idade.

Por sua vez, em cada um desses âmbitos de intervenção, e em função de cada caso particular, podem ser desenvolvidas intervenções socioeducacionais específicas, algumas das quais podem ser:

1. **Relacionadas com crianças e adolescentes**
   - Abandono de menores por seus progenitores;
   - Absentismo escolar;
   - Abusos sexuais;
   - Consumo de entorpecentes;
   - Delitos diversos;
   - Dependência química;
   - Gravidez em adolescentes;
   - Maus-tratos físicos ou psíquicos;
   - Problemas de higiene;
   - Grandes problemas de aprendizagem devidos a causas sociais;
   - Problemas emocionais;
   - Situações de desnutrição.

2. **Relacionadas com situações familiares**
   - Dependência química;
   - Doença grave de um dos pais;
   - Famílias monoparentais com dificuldades financeiras;
   - Filhos tutelados por algum tribunal de justiça;
   - Incapacidade da família para educar seus filhos;
   - Prostituição;
   - Situações conflituosas dos adultos.

3. **Relacionadas com o meio social**
   › Atividades marginais no entorno;
   › Alto índice de delinquência na região;
   › Déficit de serviços escolares;
   › Entorno pouco favorecedor para a educação dos filhos;
   › Falta de serviços para o tempo livre;
   › Grupos de adolescentes em situação de perigo social.

Em termos gerais, um educador social pode desempenhar as seguintes funções:

› Educacional;
› Docente;
› Informativa;
› De estímulo e dinamização;
› Organizadora;
› De gestão e administração;
› De observação e detecção diagnóstica de necessidades;
› De relacionamento com instituições;
› De relacionamento com pessoas ou grupos;
› De reeducação;
› De elaboração, execução, acompanhamento e avaliação de programas ou projetos de intervenção socioeducacional.

Por isso, um dos objetivos que se perseguem nos dias atuais na formação do educador social é capacitá-lo para:

› prevenir e compensar dificuldades de estruturação da personalidade e desadaptação social;
› favorecer a autonomia das pessoas;
› desenvolver atividades com uma finalidade educacional, cultural, lúdica etc.;
› potencializar a busca da informação e compreensão no e do entorno social;
› desenvolver o espírito crítico e a capacidade de compreensão e análise da realidade sociopolítica;
› favorecer a participação dos grupos e indivíduos;
› favorecer a melhora das competências e aptidões dos indivíduos;

> favorecer o desenvolvimento sociocultural, sociotrabalhista, institucional e comunitário;
> contribuir com a criação e consolidação do tecido social e associativo.

4.2.2 Competências que o educador social deve adquirir

O educador social deve estar em posse das competências genéricas adquiridas em seus estudos universitários e daquelas que, por sua especificidade, são próprias à sua graduação em educação social. A tabela a seguir reúne essas competências e sua implicação na matéria desenvolvida com os conteúdos desta obra como manual de trabalho e estudo.

As competências que a Agência Nacional de Avaliação da Qualidade e Credenciamento (Agencia Nacional de Evaluación de la Calidad y Acreditación – Aneca, 2005, Volume I) atribui aos graduados em educação social são as que se veem no quadro, e se desenvolvem nos seguintes tópicos:

Áreas de Competência	Competências Genéricas	
Gestão autônoma e autorregulada do trabalho	Gestão e planejamento	> Iniciativa e motivação; > Planejamento e organização; > Manejo adequado do tempo.
	Processos cognitivos superiores	> Análise e síntese; > Aplicação de conhecimentos na prática; > Resolução de problemas em meios novos ou pouco conhecidos; > Pensamento criativo; > Argumentação crítica; > Tomada de decisões; > Aprendizagem com base na prática; > Elaboração de teoria com base na prática; > Análise fundamentada.
	Gestão de qualidade e inovação	> Acompanhamento, monitoramento e avaliação do trabalho próprio ou alheio; > Aplicação de meios de melhora; > Inovação.

(continua)

(conclusão)

Áreas de Competência	Competências Genéricas	
Gestão dos processos de comunicação e informação	Expressão e comunicação	› Comunicação e expressão escrita; › Comunicação e expressão oral; › Comunicação e expressão em outras línguas; › Comunicação e expressão matemática, científica e tecnológica, quando necessário.
	Uso de ferramentas e recursos da sociedade – conhecimento	› Uso das TICs*; › Busca de informação relevante; › Gestão e organização da informação; › Coleta de dados, manuseio de bases de dados e sua apresentação; › Avaliação da informação; › Seleção e transformação da informação.
Trabalho em equipe		› Coordenação com o trabalho dos outros; › Negociação eficaz; › Mediação e resolução de conflitos; › Coordenação de grupos de trabalho; › Liderança; › Desenvolvimento da empatia; › Compatibilização de interesses pessoais com coletivos.
Compromisso ético e deontológico		› Realização de trabalhos sem plágios; › Ética profissional e investigativa; › Compromisso social; › Aplicação e desenvolvimento do âmbito jurídico próprio da área profissional; › Valores democráticos; › Atitudes em conformidade com os direitos humanos e os princípios democráticos.

1. *Compreensão da genealogia dos processos históricos de consolidação da profissão e da intervenção socioeducacional.* Ser competente no conhecimento das causas que originaram a profissão; em sua evolução no último século; em seu caminho de consolidação, assumindo

---

* Técnicas de informação e comunicação. (N. da T.)

diversas áreas de intervenção; na definição atual dos âmbitos de intervenção; e no surgimento de estruturas associativas profissionais.
2. *Conhecer o âmbito da educação social e os modelos desenvolvidos em outros países, com especial atenção às iniciativas da União Europeia.* Ser competente no conhecimento do âmbito geral da intervenção socioeducacional e nos modelos de concreção na Europa e na América, bem como nas iniciativas desenvolvidas na União Europeia.
3. *Conhecer os pressupostos e fundamentos teóricos da intervenção socioeducacional e seus âmbitos de atuação.* Ser competente no conhecimento dos pressupostos teóricos que fundamentam a intervenção socioeducacional, em seus âmbitos de atuação atuais e suas perspectivas de evolução nos próximos anos.
4. *Conhecer as políticas de bem-estar social e a legislação que sustenta os processos de intervenção socioeducacional.* Ser competente no conhecimento das linhas políticas que desenvolvem o Estado de bem-estar, suas referências legislativas atuais no âmbito espanhol e europeu, suas propostas em nível mundial, suas limitações e suas relações com as políticas econômicas dos estados.
5. *Conhecer os estágios evolutivos da população com que se trabalha.* Ser competente no conhecimento das diversas etapas e dos diversos estágios evolutivos dos seres humanos, bem como dos grupos em que se inserem.
6. *Conhecer os fatores biológicos e ambientais que afetam os processos socioeducacionais.* Ser competente para analisar os aspectos biológicos, ecológicos e ambientais que influem nos processos educacionais, bem como para determinar sua etiologia e suas consequências na intervenção socioeducacional.
7. *Conhecer as características fundamentais dos meios sociais e trabalhistas de intervenção.* Ser competente no conhecimento das características dos meios de intervenção do educador social, de sua evolução e prospectiva, bem como de sua configuração e regulamentação por meio de instituições profissionais.
8. *Conhecer os pressupostos pedagógicos, psicológicos e sociológicos que estão na base dos processos de intervenção socioeducacional.* Ser

competente no conhecimento das bases teóricas da intervenção socioeducacional nos aspectos psicológicos, pedagógicos e sociológicos.

9. *Conhecer a teoria e a metodologia para a avaliação em intervenção socioeducacional.* Ser competente para aplicar processos de coleta de informação para a avaliação na intervenção socioeducacional.

10. *Criar, utilizar e avaliar os meios didáticos na intervenção socioeducacional.* Ser competente para criar os meios didáticos adequados a pessoas, situações, contextos e âmbitos de formação segundo os recursos disponíveis; utilizá-los com flexibilidade suficiente para introduzir as implementações requeridas pelo desenrolar dos fatos, bem como avaliá-los por sua natureza e por sua aplicação didática na intervenção socioeducacional.

11. *Saber utilizar os procedimentos e as técnicas sociopedagógicos para a intervenção, a mediação e a análise da realidade pessoal, familiar e social.* Ser competente para selecionar, nas diversas dimensões da intervenção socioeducacional, os procedimentos e as técnicas que mais se ajustam às situações, dando atenção aos diversos fatores que incidem nestas.

12. *Administrar estruturas e processos de participação e ação comunitária.* Ser competente para coordenar, supervisionar e estimular equipes profissionais e grupos de participantes nos processos de implicação e participação sociocomunitária.

13. *Identificar e diagnosticar os fatores habituais de crise familiar e social e desenvolver uma capacidade de mediação para lidar com comunidades socioeducacionais e resolver conflitos.* Ser competente para avaliar as situações e os fatores que incidem em uma crise e desenvolver processos para facilitar sua resolução, usando a mediação como um dos principais meios de intervenção em situações conflituosas.

14. *Aplicar técnicas de detecção de fatores de exclusão e discriminação que dificultam a inserção social e trabalhista de pessoas e coletividades.* Ser competente para detectar e avaliar os diversos fatores pessoais, interpessoais ou sociais que incidem em determinadas situações e que são geradores ou mantêm situações de exclusão.

15. *Organizar e administrar projetos e serviços socioeducacionais (culturais, de estímulo e lazer, de intervenção comunitária, de ócio etc.).* Ser

competente para organizar e coordenar os recursos utilizados na implementação de projetos e serviços socioeducacionais em contextos institucionais diferentes e em função de necessidades diferentes.
16. *Criar e aplicar programas e projetos de intervenção socioeducacional nos diversos âmbitos de trabalho.* Ser competente para saber elaborar projetos socioeducacionais e como pô-los em prática.
17. *Avaliar programas e projetos de intervenção socioeducacional nos diversos âmbitos de trabalho.* Ser competente para a criação, aplicação e análise de resultados na avaliação de programas e projetos de intervenção socioeducacional.
18. *Utilizar técnicas específicas de intervenção socioeducacional e comunitária (dinâmica de grupos, motivação, negociação, assertividade etc.).* Ser competente no uso das técnicas habituais na intervenção socioeducacional, especialmente nas metodologias grupais, técnicas de motivação e assertividade, técnicas de negociação e mediação etc.
19. *Incorporar os recursos sociais, institucionais, pessoais e materiais disponíveis para fazer o trabalho em um determinado âmbito de ação.* Ser competente para integrar e articular recursos procedentes de diferentes âmbitos relacionados com a ação socioeducacional, cada um de natureza específica: humanos, próprios da instituição e alheios, materiais e funcionais, para implementar a ação socioeducacional.
20. *Produzir meios e recursos para a intervenção socioeducacional.* Ser competente na geração de meios e recursos de elaboração própria, para utilização na intervenção socioeducacional.
21. *Administrar meios e recursos para a intervenção socioeducacional.* Ser competente na utilização de recursos e meios necessários à intervenção socioeducacional na evolução e adequação desta às necessidades da intervenção.
22. *Colaborar e assessorar na elaboração de projetos socioeducacionais nos meios e redes de comunicação e informação (rádio, televisão, imprensa, internet etc.).* Ser competente para ajudar outros profissionais na elaboração de projetos socioeducacionais, tomando como suporte os meios e redes de informação e comunicação.

23. *Utilizar e avaliar as novas tecnologias com fins formativos.* Ser competente para conhecer as novas tecnologias, definir sua utilização com fins formativos em função das pessoas, das situações, dos contextos e dos âmbitos de formação, utilizá-las com flexibilidade, bem como avaliá-las por sua natureza e por sua aplicação didática na intervenção socioeducacional.
24. *Mostrar uma atitude empática, respeitosa, solidária e de confiança para com as pessoas e instituições de educação social.* Ser competente para transmitir e comunicar atitudes empáticas, solidárias e de confiança para com pessoas que, individual, coletiva ou institucionalmente estejam vinculadas à educação social.
25. *Desenvolver atitudes e domínio linguísticos que possibilitem e favoreçam o trabalho em meios multiculturais e plurilinguísticos.* Ser competente para a relação e a comunicação com pessoas de diferentes meios culturais e linguísticos.
26. *Criar e aplicar projetos de iniciação à pesquisa sobre o meio social e institucional onde se realiza a intervenção.* Ser competente na criação, aplicação e avaliação de projetos de pesquisa socioeducacional.

As implicações dessas competências na matéria são apresentadas no quadro a seguir:

Competências específicas do educador social	Implicação da Matéria		
	Muita	Média	Pouca
› criar planos, programas, projetos e atividades de intervenção socioeducacional em diversos contextos;	×		
› criar e desenvolver processos de participação social e desenvolvimento comunitário;	×		
› administrar e coordenar entidades e equipes, de acordo com os diversos contextos e necessidades;	×		
› assessorar na elaboração de planos, programas, projetos e atividades socioeducacionais;	×		
› criar e implementar processos de avaliação de programas, agentes, âmbitos e estratégias de intervenção socioeducacional;	×		

(continua)

(conclusão)

Competências específicas do educador social	Implicação da Matéria		
	Muita	Média	Pouca
› compreender os referenciais teóricos, históricos, socioculturais, bem como as comparações políticas, ambientais e legais que constituem o ser humano como protagonista da educação;	×		
› identificar problemas socioeducacionais e emitir opiniões fundamentadas para melhorar a prática profissional;		×	
› diagnosticar situações complexas que fundamentem o desenvolvimento de ações socioeducacionais;		×	
› aplicar metodologias específicas da ação socioeducacional		×	
› supervisionar instituições, planos, programas e projetos socioeducacionais;	×		
› realizar estudos prospectivos e avaliadores sobre características, necessidades e demandas socioeducacionais;	×		
› assessorar e acompanhar indivíduos e grupos em processos de desenvolvimento socioeducacional;	×		
› elaborar e interpretar informes técnicos, de pesquisa e avaliação sobre ações, processos e resultados socioeducacionais;	×		
› elaborar e administrar meios e recursos para a intervenção socioeducacional;	×		
› formar agentes de intervenção socioeducacional;	×		
› dirigir e coordenar planos e programas socioeducacionais;	×		
› intervir em projetos e serviços socioeducacionais e comunitários;	×		
› promover processos de dinamização cultural e social;	×		
› mediar situações de risco e conflito;	×		
› Compreender a trajetória da educação social e a configuração de seu campo e identidade profissional.		×	

4.2.3 Competências compartilhadas com outras formações

Além das competências apresentadas, o educador social deve adquirir também as seguintes competências:

> Capacidade de compreender a complexidade dos processos educacionais em geral e dos processos formativos em particular (fins e funções da educação e do sistema educacional; teorias do desenvolvimento e da aprendizagem; o entorno cultural e social e o âmbito institucional e organizacional das escolas; a criação e o desenvolvimento de projetos; o papel dos educadores etc.).
> Sólida formação científica, cultural e tecnológica.
> Respeito às diferenças culturais e pessoais dos estudantes e dos demais membros de toda a comunidade educacional.
> Capacidade de analisar e questionar as concepções da educação resultantes da pesquisa.
> Capacidade de criar e desenvolver planos, programas e projetos educacionais adaptados ao contexto sociocultural.
> Capacidade de preparar, selecionar ou construir material didático e utilizá-lo nos âmbitos específicos das diversas áreas de formação.
> Capacidade de utilizar e incorporar adequadamente, nas diversas atividades, as tecnologias da informação e comunicação.
> Capacidade de promover a qualidade dos contextos em que se desenvolve o processo formativo.
> Capacidade de utilizar a avaliação como elemento regulador e promotor da melhoria da formação e da aprendizagem.
> Participação em projetos de pesquisa relacionados com a educação e a formação, introduzindo propostas de inovação, visando à melhoria da qualidade.
> Capacidade de relacionamento e de comunicação, bem como equilíbrio emocional nas variadas circunstâncias da atividade profissional.
> Capacidade de trabalhar em equipe com os colegas como condição necessária para a melhoria de sua atividade profissional, compartilhando saberes e experiências.

> Capacidade de dinamizar os contextos nos quais intervém, promovendo a construção participada de regras de convivência democrática, e enfrentar e resolver, de forma colaborativa, situações problemáticas e conflitos interpessoais de naturezas diversas.
> Capacidade de colaborar com os diversos setores da comunidade educacional e do entorno.
> Capacidade de ter uma imagem realista de si mesmo, de atuar conforme as próprias convicções, de assumir responsabilidades, tomar decisões etc.
> Capacidade de assumir a dimensão deontológica própria de todo profissional da educação.
> Capacidade de assumir a necessidade de desenvolvimento profissional contínuo, mediante a autoavaliação da própria prática.

4.2.4 Outras competências do educador social

Além das competências específicas que os estudantes de educação social devem adquirir, todos os educadores sociais deverão obter também uma série de competências (*Projeto Tuning*, 2003) derivadas de seus estudos universitários, que são as seguintes:

a. **Competências instrumentais**: Entendidas como aquelas que têm um caráter de ferramenta, com uma finalidade procedimental:
   > Análise e síntese;
   > Organização e planejamento;
   > Comunicação oral e escrita na língua materna;
   > Comunicação em uma língua estrangeira;
   > Utilização das TICs no âmbito de estudo e contexto profissional;
   > Gestão da informação;
   > Resolução de problemas e tomada de decisões.
b. **Competências interpessoais**: São aquelas que tendem a facilitar e favorecer os processos de interação social e de cooperação. Referem-se às competências pessoais relativas à capacidade de

expressar os próprios sentimentos e às destrezas sociais relacionadas com as habilidades interpessoais.
› Capacidade crítica e autocrítica;
› Capacidade de integrar-se e de se comunicar com especialistas de outras áreas e em diferentes contextos;
› Reconhecimento e respeito à diversidade e à multiculturalidade;
› Habilidades interpessoais;
› Compromisso ético;
› Trabalho em equipe de caráter interdisciplinar;
› Capacidade de trabalho em um contexto internacional.

c. **Competências sistêmicas**: Entendidas como as competências concernentes aos sistemas como totalidades, e que requerem a aquisição das competências instrumentais e interpessoais. Como essas são insuficientes, são necessárias competências que permitam ao indivíduo ter a visão de um todo, antecipar-se ao futuro e compreender a complexidade de um fenômeno ou realidade.
› Autonomia na aprendizagem;
› Adaptação a situações novas;
› Criatividade;
› Liderança;
› Iniciativa e espírito empreendedor;
› Abertura à aprendizagem ao longo da vida;
› Compromisso com a identidade, o desenvolvimento e a ética profissional;
› Gestão por processos com indicadores de qualidade;
› Conhecimento de outras culturas e costumes;
› Sensibilidade para com temas do meio ambiente.

4.3 O código deontológico do educador social

Um código deontológico é um conjunto de normas que orientam a ação e a conduta de um profissional e que o ajudam no exercício de sua profissão para melhorar a qualidade do trabalho que realiza. A existência de um código deontológico para os profissionais da educação social é necessária, já que essa profissão implica, às vezes, riscos éticos por conta da condição social das pessoas a quem presta seus serviços, e orienta o trabalho de profissionais que costumam trabalhar com pessoas de especial vulnerabilidade.

A apresentação do Código Deontológico do Profissional da educação social foi feita em Santiago de Compostela, no dia 1º de outubro de 2004, no 4º Congresso Estatal do Educador Social. Quanto à sua estrutura, esse documento consta de sete capítulos e uma disposição adicional, que passamos a resumir:

Capítulo I: Aspectos gerais

O presente Código fundamenta-se legalmente na Constituição Espanhola, na Declaração Universal dos Direitos das Pessoas (1948), na Convenção Europeia para a Salvaguarda dos Direitos das Pessoas (1950), na Carta Social Europeia (1965), na Convenção sobre os Direitos das Crianças (Nova Iorque, 1989), anunciados na Carta dos Direitos Fundamentais da União Europeia (2000) e que fundamentam e legitimam a educação social como direito de toda a cidadania. Esse direito se especifica no reconhecimento de que a profissão de educador social é de caráter pedagógico, geradora de contextos educacionais e de ações mediadoras e formativas, que são seu âmbito de competência profissional.

A construção de um código deontológico representa assumir a defesa de princípios éticos comuns à profissão, que passa por sua responsabilidade perante uma população, na maior parte das ocasiões, em situação de dificuldade e de dependência, e que os situa na possibilidade de modificar essa dependência por meio de um saber e uma prática profissional. A prática educacional diária do educador social corresponde a três categorias ou critérios organizadores:

1. Atuações de contexto: ações e tarefas que visam possibilitar um contexto educacional ou melhorá-lo e dotá-lo de recursos.
2. Atuações de mediação.
3. Atuações formativas e instrutivas com pessoas ou grupos.

Capítulo II: Princípios deontológicos gerais (resumo)

> *Princípio do profissionalismo.* Respeito à pessoa, proteção dos direitos humanos, senso de responsabilidade, competência profissional e prudência na utilização de ferramentas e técnicas educacionais.
> *Princípio da ação socioeducacional.* O educador social é um profissional da educação que tem como função básica a criação de uma relação educacional que facilite à pessoa ser sujeito e protagonista de sua própria vida.
> *Princípio de justiça social.* A atuação do educador social deve basear-se no direito ao acesso – que todo cidadão tem – ao uso e usufruto dos serviços sociais e educacionais do Estado.
> *Princípio da informação responsável e da confidencialidade.* Constitui uma obrigação para o educador social manter o sigilo profissional em relação a todas as informações obtidas direta ou indiretamente sobre as pessoas com quem exerce sua profissão.
> *Princípio da formação permanente.* O educador social tem o dever e o direito de se formar de uma maneira permanente e contínua, e ir avançando não só quanto a conhecimentos, mas também em relação à qualidade da ação educacional por meio da análise crítica de sua experiência.
> *Princípio da solidariedade profissional.* O educador social deve manter uma postura ativa, construtiva e solidária no que se refere à prática de sua profissão.
> *Princípio de respeito aos sujeitos da ação socioeducacional.* O educador social deve respeitar a autonomia, a liberdade e a dignidade das pessoas com quem trabalha.
> *Princípio da coerência institucional.* O educador social deve conhecer e respeitar o projeto educacional e o regulamento do regime interno da instituição onde trabalha.
> *Princípio da participação comunitária.* O educador social deve promover a participação das pessoas e da comunidade no trabalho educacional.
> *Princípio de complementaridade de funções e coordenação.* O educador social trabalhará sempre em equipes, de uma forma coordenada, junto com outros profissionais.

Capítulo III: O educador social em relação a sua profissão
Artigos 1 a 6: (resumo)

› O educador social deve planejar a ação socioeducacional e não deixar ao acaso os elementos que a compõem. Além disso, deve manter uma atitude de avaliação crítica contínua. Não apoiará nem encobrirá com seu título a prática profissional realizada por pessoas não formadas ou não habilitadas, e denunciará os casos de intrusão quando chegarem a seu conhecimento.
› O educador social deve reunir toda a informação que lhe seja possível em cada caso e analisar cada situação objetivamente, com responsabilidade e com rigor metodológico.
› Em suas ações socioeducacionais, deve representar corretamente a profissão à qual pertence, de maneira que não a prejudique com seu modo de agir.
› O educador social deve conhecer e cumprir as normas estabelecidas nos estatutos gerais dos colégios oficiais de educadores sociais.

Capítulo IV: O educador social em relação aos sujeitos da ação socioeducacional
Artigos 7 a 16: (resumo)

› O educador social deve manter sempre um rigoroso profissionalismo no tratamento da informação. Paralelamente, tem direito a receber toda informação relativa aos sujeitos que tenha relação com a ação socioeducacional, e deve preservar sua confidencialidade.
› O educador social deve ter ciência de qual é a informação relevante que precisa obter dos próprios sujeitos e de seu entorno. Só pode transmitir informação veraz, contrastada e com conhecimento do sujeito, sempre separando informação de análises, opiniões ou prognósticos.
› Em sua relação com o sujeito, o educador social deve manter um tratamento igualitário, sem discriminação por questões de gênero, idade, religião, ideologia, raça, idioma ou qualquer outra diferença, e não recorrer a métodos e técnicas que atentem contra a dignidade dos sujeitos.

Capítulo V: O educador social em relação à equipe
Artigos 17 a 24: (resumo)

› O educador social deve ter ciência de sua pertinência a uma equipe e ser coerente com seu projeto educacional; também deve transmitir toda informação que possa beneficiar o exercício do trabalho socioeducacional da equipe e de seus membros.

› O educador social deve cooperar com a equipe no planejamento, no desenho e na aplicação das intervenções socioeducacionais. Ainda, deve respeitar e assumir as decisões da equipe após serem contrastadas, argumentadas e acordadas, mesmo no caso de que não concorde com elas, tornando-as suas para desenvolver a ação socioeducacional.

Capítulo VI: O educador social em relação à instituição onde realiza seu trabalho
Artigos 25 a 27: (resumo)

› O educador social deverá ser consequente em relação às normas existentes na instituição onde realiza seu trabalho profissional. Deverá informar a quem competir, pelos meios pertinentes, acerca das irregularidades detectadas quando prejudiquem seriamente a dignidade e o respeito das pessoas no exercício profissional.

› O educador social deverá conhecer o ideário e o projeto educacional da instituição onde realiza seu trabalho.

Capítulo VII: O educador social em relação à sociedade em geral
Artigos 28 a 32: (resumo)

› O educador social deve colaborar com os diversos serviços existentes na comunidade, tentando otimizar os recursos e a oferta dos serviços socioeducacionais. Deve trabalhar de uma maneira efetiva com a sociedade onde realiza seu trabalho, potencializando a vida social e cultural do entorno.

Disposições adicionais (resumo)
> Todo educador social deve, em suas atuações socioeducacionais, ater-se ao código deontológico próprio de sua profissão e cumpri-lo.
> Esse código deontológico deverá ser aplicado em todo o território nacional pelos educadores colegiados ou associados nas associações profissionais.
> O código deontológico será levado em conta na provisão de cargos de educador social por parte das instituições contratantes.

5. Resumo

A figura do educador social torna-se indispensável nos dias atuais em virtude da grande diversidade de âmbitos em que pode desenvolver suas funções. Essa demanda vem avalizada pela realidade socioeducacional atual, derivada fundamentalmente do fenômeno da interculturalidade, e pelo aumento de situações diversas, até pouco tempo desconhecidas, que exigem a aplicação de recursos sociais e educacionais. Sob esse ponto de vista, a atuação do educador social constitui um recurso de ajuda e assessoria cada vez mais necessário. Por isso, o educador social deve ser um profissional competente, o que significa obter uma série de competências profissionais que o capacitem para desenvolver tão delicado trabalho.

Um código deontológico é um conjunto de normas que orientam a ação e a conduta de um profissional, e que o ajudam no exercício de sua profissão para melhorar a qualidade do trabalho que realiza. A existência desse documento para os profissionais da educação social é necessária, já que essa profissão implica, às vezes, riscos éticos, por conta da condição social das pessoas com quem trabalha.

6. Atividades

> Justificar a necessidade da figura do educador social.
> Citar três âmbitos de intervenção socioeducacional do educador social.
> Citar três competências específicas do educador social.

7. Autoavaliação

› Citar duas categorias de intervenção socioeducacional do educador social.
› Citar dois âmbitos em que, segundo De La Torre, Pio e Medina (2001), um educador pode intervir.
› Apresentar as competências que, segundo o Projeto Tuning, todos os educadores sociais devem adquirir.

Soluções:

Os âmbitos de intervenção socioeducacional do educador social podem ser agrupados nestas categorias:

› Âmbito pessoal;
› Âmbito familiar;
› Âmbito escolar;
› Âmbito social.

Para De La Torre, Pio e Medina (2001), os âmbitos em que um educador social pode intervir podem ser agrupados deste modo:

› Âmbitos relacionados com a estimulação sociocultural;
› Âmbitos relacionados com a pedagogia do tempo livre;
› Âmbitos relacionados com a educação de adultos;
› Âmbitos relacionados com a formação ocupacional;
› Âmbitos relacionados com a educação especializada.

As competências que, segundo o Projeto Tuning, todos os educadores sociais devem adquirir são:

› Instrumentais;
› Interpessoais;
› Sistêmicas.

unidade didática
dois

a intervenção socioeducacional em educação social

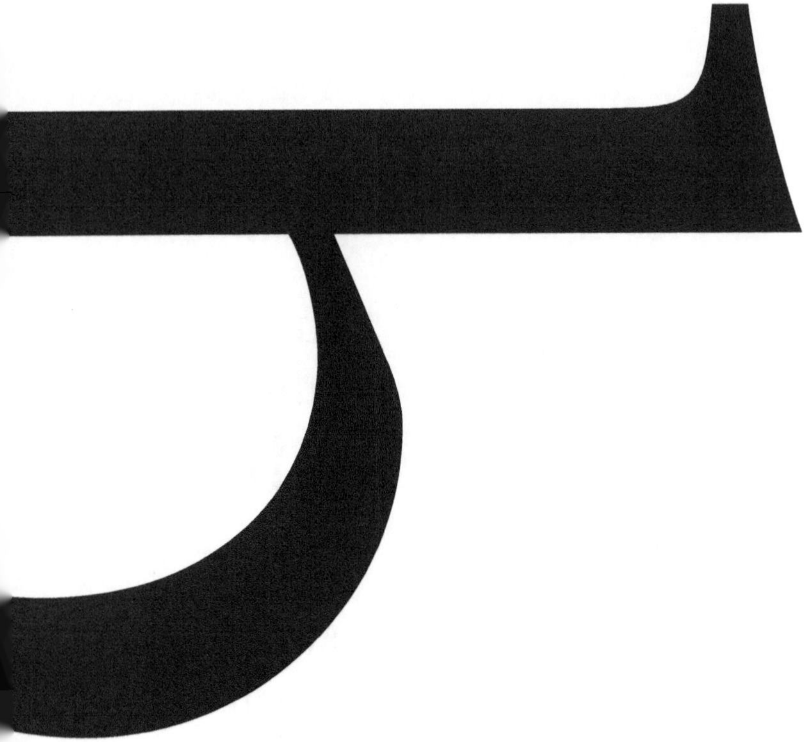

1. Introdução

As atuações de intervenção socioeducacional, derivadas da realidade social atual, devem constituir uma resposta às necessidades existentes e detectadas em diferentes âmbitos da sociedade. Essas intervenções foram concebidas em educação social não somente como recursos socioeducacionais, para dotar cada pessoa dos meios e das estratégias necessários que lhe permitam um desenvolvimento individual equilibrado e como membro pertencente a uma coletividade, mas também como mecanismos de auxílio e colaboração com pessoas ou grupos necessitados de ajudas e recursos específicos.

As intervenções socioeducacionais concretizaram-se em educação social em processos de ajuda a pessoas individualmente tratadas ou a coletividades mais ou menos desfavorecidas, com a intenção de melhorar sua situação pessoal ou trabalhista e sua inserção social. Essas ações foram realizadas algumas vezes de forma sistemática e estruturada e outras por meio de intervenções de caráter mais difuso, mas sempre com o objetivo de melhorar situações pessoais ou coletivas.

2. Objetivos

Com este capítulo, pretende-se favorecer ao estudante a aquisição das seguintes competências:

1. Administrar e planejar a atividade profissional;
2. Criar planos, programas, projetos e atividades de intervenção socioeducacional em diversos contextos;
3. Trabalhar em equipe;
4. Dirigir e coordenar planos e programas socioeducacionais;
5. Assessorar na elaboração de planos, programas, projetos e atividades socioeducacionais;
6. Supervisionar instituições, planos, programas e projetos socioeducacionais.

3. Mapa conceitual

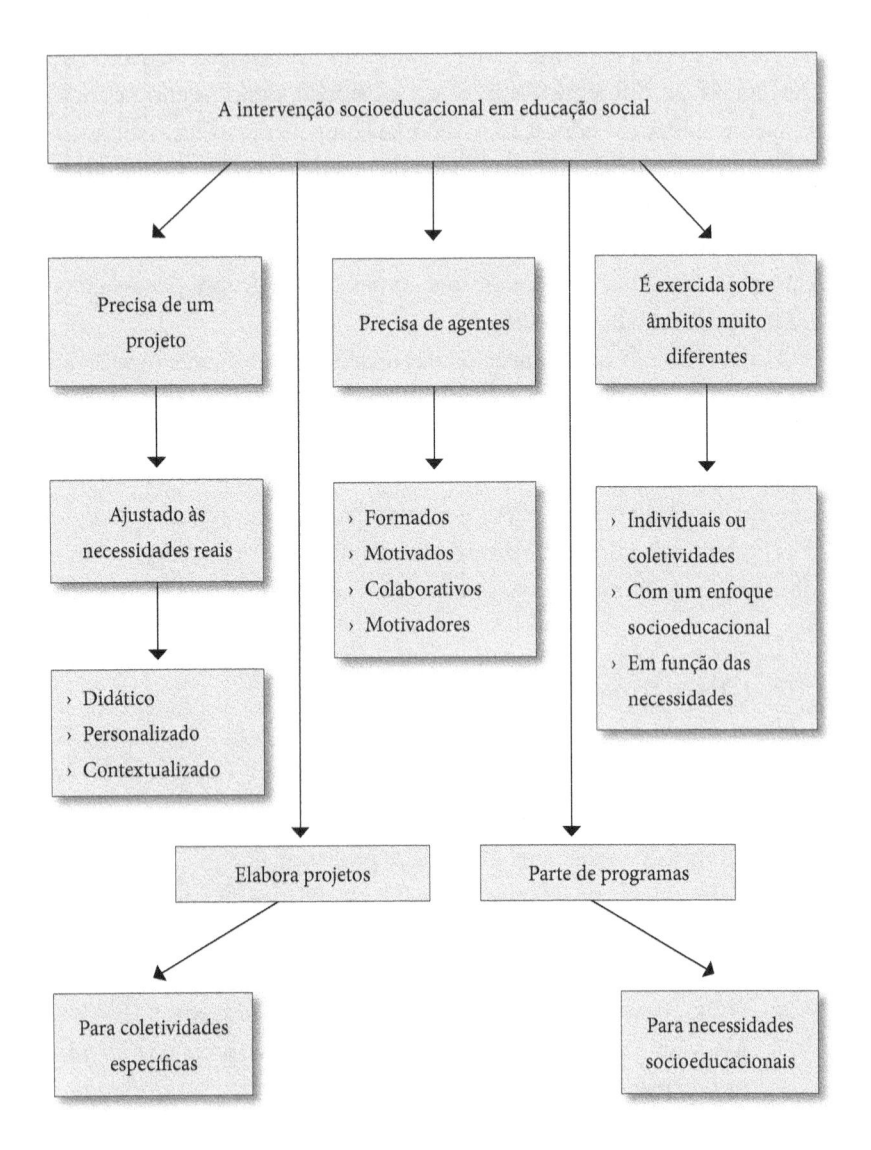

A intervenção socioeducacional em educação social

- Precisa de um projeto
  - Ajustado às necessidades reais
    - › Didático
    - › Personalizado
    - › Contextualizado
  - Elabora projetos
    - Para coletividades específicas

- Precisa de agentes
  - › Formados
  - › Motivados
  - › Colaborativos
  - › Motivadores

- É exercida sobre âmbitos muito diferentes
  - › Individuais ou coletividades
  - › Com um enfoque socioeducacional
  - › Em função das necessidades
  - Parte de programas
    - Para necessidades socioeducacionais

4. Conteúdos

4.1 A intervenção socioeducacional como intervenção didática

A intervenção socioeducacional foi concebida em educação social, tradicionalmente, como uma ação didática, na medida em que pretende dotar cada pessoa dos recursos e das estratégias necessários que lhe permitam um desenvolvimento equilibrado individual e como membro pertencente a uma coletividade. A intervenção socioeducacional se concretizou em educação social em processos de ajuda a pessoas individualmente tratadas ou a coletividades mais ou menos desfavorecidas, com a intenção de melhorar sua situação pessoal ou trabalhista e sua inserção social. Essas ações foram realizadas, algumas vezes, de forma sistemática e estruturada, e, outras, por meio de intervenções de caráter mais difuso, mas sempre com o objetivo de melhorar situações de pessoas ou coletividades.

Sob esse ponto de vista, poderíamos diferenciar a intervenção socioeducacional em dois grandes âmbitos de ação: por um lado, um âmbito de ação de caráter personalizado ou diferenciado, que se ocupou e se ocupa dos processos de intervenção socioeducacional para pessoas específicas que apresentam situações difíceis e problemáticas sociais específicas; por outro, um âmbito de intervenção socioeducacional mais geral, que atende a coletividades ou grupos de pessoas que se encontram em situações nas quais é necessário intervir para normalizar sua vida e integrá-los à sociedade. Seja em uma ou outra modalidade, e devido à complexidade que representa intervir em situações de dificuldade, nem sempre a intervenção socioeducacional foi concebida, e, consequentemente, desenvolvida da mesma forma, visto que, por afetar espaços do pessoal, do social, do cultural e do trabalhista, a intervenção sempre se transforma em uma tarefa delicada e complexa.

É preciso ter em mente, ainda, que à complexidade própria da intervenção socioeducacional nesses espaços comuns se deve acrescentar o fato de que todos esses espaços são, por sua vez, âmbitos de intervenção didática por si sós, constituindo um fator agregado que dá uma ideia da dificuldade que representa a intervenção socioeducacional.

Outro fator que dificulta a concepção da intervenção socioeducacional como sendo intervenção didática e que faz com que ela não se desenvolva da mesma forma, é a própria evolução da sociedade, tanto em sua complexidade quanto em sua estrutura, e da mentalidade das pessoas que a integram, o que representou uma mudança no modo de conceber e de pôr em prática as intervenções socioeducacionais.

Além disso, fenômenos sociais, como a imigração, vieram introduzir novos elementos que somam mais dificuldade às intervenções socioeducacionais demandadas por essas coletividades, individual e socialmente consideradas.

4.1.1 Períodos históricos

Sob essa perspectiva, podemos distinguir três períodos históricos quanto ao tipo de intervenção socioeducacional realizada:

> **Primeiro período**: Desde finais do século XVIII até finais da década de 1930. Nesse período, a intervenção apresenta características basicamente assistenciais, carentes de estruturação e planejamento, e é realizada por pessoas voluntárias, geralmente pertencentes a congregações religiosas.

> **Segundo período**: Desde a década de 1940 até a década de 1960, coincidindo com o final da Segunda Guerra Mundial e com a expansão, na Europa, do denominado "Estado de bem-estar". Caracteriza-se por um maior planejamento das atuações e, portanto, por uma grande expansão das intervenções socioeducacionais em casos específicos. É realizada, além de por pessoas voluntárias quase sempre vinculadas a congregações religiosas, por pessoal mais especializado ligado a instituições seculares com alguns conhecimentos de psicologia e sociologia, que utilizavam, acima de tudo, um modelo diagnóstico: análise da situação, obtenção de dados, diagnóstico e aplicação.

> **Terceiro período:** Desde a década de 1960 até os dias atuais. Caracteriza-se por intervenções muito mais específicas, planejadas e estruturadas, como consequência da maior complexidade social e de uma maior demanda de intervenções. Passa-se do estudo de casos a uma intervenção mais centrada em coletividades e âmbitos específicos. Pode-se dizer que nessa época aumenta tanto a quantidade quanto a qualidade das intervenções socioeducacionais. Desse modo, o âmbito passa a se transformar no espaço por excelência da intervenção socioeducacional como intervenção didática, entendendo-se por âmbito todas as coletividades, as pessoas, os lugares ou as instituições com que é possível desenvolver algum programa de intervenção socioeducacional. Alguns âmbitos atuais de intervenção socioeducacional são: instituições-dia para pessoas incapacitadas, centros especiais de emprego, centros específicos de educação especial, centros de estímulo precoce, ocupacionais, de reabilitação, escolas, organizações não governamentais (ONGs) que atendem a pessoas incapacitadas, associações de pais, centros de idosos, de orientação e planejamento familiar, escolas de pais, famílias específicas, ONGs que trabalham com famílias, processos de mediação, situações de exclusão social, situações de violência familiar, associações de imigrantes, centros de apoio a imigrantes, centros culturais com apoio a imigrantes, coletividades desfavorecidas em geral, de diversidade cultural, de ciganos, de imigrantes, abrigos, centros de apoio a adolescentes, escolas de educação infantil, escolas de ensino fundamental, escolas de ensino médio, escolas de formação profissional específica, internatos ligados a instituições etc. É possível verificar que as possibilidades de intervenção socioeducacional nos dias atuais são enormes, e nelas estão implicadas instituições, tanto de caráter público (governo central, governos das comunidades autônomas, prefeituras) quanto de caráter privado ou religioso.

4.2 O desenho da intervenção socioeducacional

Toda intervenção socioeducacional requer um desenho previamente determinado e estabelecido que analise os condicionantes de todo tipo (sociais, políticos, econômicos, éticos, psicológicos, culturais etc.) que incidem nos processos de intervenção socioeducacional em contextos específicos e diferenciados. À medida que a sociedade vai gerando novas demandas de intervenção cada vez mais complexas e especializadas, o modelo mais adequado de intervenção em educação social será aquele que contenha os elementos formativos adequados a cada realidade social como fundamento de qualquer intervenção socioeducacional.

Essa intervenção, na medida em que se dirige a uma coletividade de pessoas com características determinadas, deve estar fundamentada em bases de caráter antropológico, social, cultural, ético e científico.

a. **Bases antropológicas** em relação ao tipo de pessoa com quem se pretende atuar.
b. **Bases sociais** em relação às características do tipo de sociedade em que vivemos e na qual as pessoas estão inseridas.
c. **Bases culturais** que se assentam nos elementos que constituem a cultura de um povo, país ou coletividade.
d. **Bases éticas** delimitadas pelas propostas deontológicas das pessoas que participam de seu desenho e sua aplicação.
e. **Bases científicas** que permitem dotar a intervenção de elementos formadores e informadores.

4.2.1 Perspectivas para a intervenção socioeducacional

O desenho de uma intervenção socioeducacional em educação social pode ser enfocado sob diversas perspectivas:

a. **Perspectiva científico-tecnológica**
Derivada do comportamentalismo de Skinner e Watson e aplicada à educação social, é denominada também *behaviorista social*. Trata-se

de uma visão da ação social ligada ao desenvolvimento da ciência e da indústria, e que esteve vigente durante o primeiro quarto do século XX. Nos dias atuais, é defendida por Goodlad e Zhixin Su (1992). Sob essa perspectiva, considera-se que qualquer situação social pode ser objetivada, delimitada e definida com grande precisão. Conhecendo as necessidades reais das pessoas, podem ser decompostas em metas e objetivos muito precisos, que permitam buscar, posteriormente, os meios para solucionar essas necessidades e, desse modo, atingir os objetivos. Sob a perspectiva científico-tecnológica, considera-se que a intervenção socioeducacional deve considerar os seguintes aspectos:

› Grau de adequação às necessidades de cada pessoa ou grupo;
› Idoneidade dos meios, processos e métodos para resolver as necessidades de cada pessoa ou grupo;
› Atuações pertinentes para superar as necessidades apresentadas;
› Grau de eficácia e eficiência em seu desenho e aplicação;
› Conclusões obtidas, de forma que a avaliação sirva para melhorar aplicações posteriores.

O educador social que trabalha sob uma perspectiva científico-tecnológica costuma atuar em equipe, buscando objetivar a realidade por meio da análise da perspectiva, tentando distanciar-se da realidade para obter maior objetividade, utilizando métodos de análise como questionários, estudo de casos etc., e analisando os processos acompanhados para melhorá-los em vista do futuro.

b. **Perspectiva interpretativa interacionista**
Teve início com Dewey (1902) e continua até a atualidade (Cremin, 1990). Sob essa perspectiva, a construção de um modelo que sirva de base a uma intervenção socioeducacional precisa compreender a realidade do grupo humano a que se dirige, e avaliá-la como passo prévio para sua aplicação, tendo em conta que cada coletividade tem atitudes, valores e uma forma de chegar ao conhecimento, e, portanto, uma forma diferenciada de reagir à intervenção. Sob essa perspectiva, cada intervenção socioeducacional é um projeto

de compreensão e interpretação da ação, adequado à realidade de cada grupo humano. Isso implica um grau mais ou menos elevado de subjetividade, tanto na compreensão da realidade à qual se pretende servir quanto em seu desenho, seu desenvolvimento e sua aplicação. Dessa forma, vai se criando um modelo diferente para cada coletividade que precisa de uma intervenção socioeducacional, entendida como uma síntese das ações, da microcultura, dos valores e das normas de cada grupo. Por sua vez, deve-se propiciar que o grupo se enriqueça com as experiências que cada um de seus integrantes tenha conseguido acumular ao longo da vida, e que são de vários tipos: de caráter pessoal, familiar, social, político, trabalhista etc. Sob essa perspectiva de intervenção, o agente de intervenção socioeducacional deve conhecer previamente as características do grupo ao que sua atuação se dirige, até fazer parte dele para conhecer todos os elementos: cultura, valores e normas etc., como passo prévio para poder criar uma intervenção adequada a cada realidade, mas tendo cuidado de não cair em um reducionismo microcultural que impeça o contato com projetos de outros grupos humanos que poderiam ser enriquecedores.

c. **Perspectiva sociocrítica**
Sob essa perspectiva, a concepção de uma intervenção socioeducacional constitui um processo de reflexão crítica com a finalidade de modificar determinados pressupostos socioeducacionais tradicionais considerados imutáveis. O argumento que fundamenta as atuações das pessoas que se encaixam nessa perspectiva é a finalidade de "transformar os valores existentes em outros que, em sua opinião, promovam atitudes de justiça, igualdade e crítica social, por considerar que o sistema reproduz valores e esquemas característicos da classe dominante" (Freire, 1994). Sob essa perspectiva, o agente de intervenção socioeducacional deve propiciar a transformação defendida, promovendo atitudes que redundem na obtenção dos valores visados.

d. **Perspectiva acadêmico-disciplinar**
Sob essa perspectiva, a concepção de uma intervenção socioeducacional deve constituir uma síntese das disciplinas acadêmicas que incorporar, entendidas como programa formativo e instrutivo. Para Medina (2001), "a visão disciplinar, a sistematização do conhecimento em disciplinas, é a contribuição mais adequada para compreender a prática educacional e para se formar como futuros cidadãos". Essa é a perspectiva de intervenção mais difundida no âmbito socioeducacional, mas não faltaram vozes levantando algumas questões relativas, principalmente, à dificuldade de selecionar os conteúdos a desenvolver, sua organização, seu planejamento e programação etc. O fundamental é que o saber acadêmico-disciplinar esteja em uma abertura constante rumo à melhoria e à inovação, incorporando constantemente elementos novos que permitam a atualização científica como base essencial para a harmonização com outros elementos socioculturais que, provenientes dos diversos grupos humanos, sirvam para construir um projeto adequado a cada realidade socioeducacional.

Perspectivas sobre o projeto de uma intervenção socioeducacional				
Perspectivas/aspectos	Científico--tecnológica	Interpretativa--interacionista	Sociocrítica	Acadêmico--disciplinar
Linguagem e discurso	Cientificista	Humanista	Dialética	Academicista
Organização	Burocrática	Personalista	Transformadora	Curricular
Ação prática	Comportamental	Racionalista	Emancipadora	Inovadora

De qualquer forma, um projeto curricular que permita levar a cabo intervenções socioeducacionais precisa dispor de uma série de meios e recursos de diversos tipos: materiais, pessoais, de apoio etc., que podem ser variáveis em cada contexto de intervenção, e que podem ter diferentes tarefas e usos.

4.2.2 Modelos de intervenção socioeducacional

Entendemos como modelo de intervenção socioeducacional uma representação esquemática que explica e organiza uma série de diretrizes que têm a finalidade de possibilitar a elaboração de projetos específicos de intervenção socioeducacional.

Disso se deduz que um modelo de intervenção socioeducacional proporciona diretrizes e elementos de caráter geral para possibilitar a intervenção, que deve se concretizar em um projeto específico, que seja ajustado a cada realidade socioeducacional e ao âmbito em que se pretende intervir. Para Ventosa (2001: 36), as funções mais importantes desses modelos podem ser sintetizadas em três:

> **Função explicativa**, porquanto ajudam a compreender melhor a forma de atuar na hora de aplicar um programa.
> **Função de análise**, visto que um modelo facilita o detalhamento dos procedimentos de atuação mais adequados, com base na síntese dos componentes fundamentais da ação socioeducacional.
> **Função orientadora**, visto que, ao reproduzir esquematicamente um conjunto de procedimentos de intervenção, oferece diretrizes de ação, motivo pelo qual constitui, definitivamente, um guia da intervenção.

Um modelo de intervenção socioeducacional permite o desenho de projetos ajustados a cada realidade e a cada âmbito de intervenção, proporcionando uma grande quantidade de estratégias para isso. Em 1987, Martínez considerava que os modelos que configuravam a intervenção socioeducacional no campo da infância e adolescência eram:

> **Modelo de ação social**, inserido no denominado "Estado de bem-estar" e dirigido à satisfação das necessidades humanas, seja em casos em que as instituições antes fracassaram, seja de forma mais preventiva e planejada para toda a população.
> **Modelo jurídico**, baseado na aplicação da lei pelos tribunais nos casos em que seja necessário do ponto de vista assistencial ou penal.

Existe, nos dias atuais, um bom número de modelos de intervenção de diversos autores. Entre eles, vamos citar, a título de exemplo, o de Ander-Egg (2000) aplicado à intervenção socioeducacional:

```
                    Sensibilização e
                       motivação

  Organização e
   aplicação de                        Capacitação para a
    atividades                            intervenção
 socioeducacionais
                    Momentos para a
                      intervenção

    Recursos e
    estratégias                       Seleção do âmbito
  para a intervenção                    de intervenção
```

4.2.3 Agentes de intervenção socioeducacional

Entendemos por agentes de intervenção socioeducacional todos aqueles que participam de um programa de intervenção socioeducacional, sejam de caráter institucional, sejam de caráter pessoal. Agentes pessoais de intervenção socioeducacional são todos os profissionais diferenciados e especializados que participam, individualmente ou em equipe, de um processo de intervenção socioeducacional e que têm como objetivo a melhoria pessoal, social, trabalhista, física e psicológica dos destinatários de suas intervenções.

Consideramos *agentes institucionais de intervenção socioeducacional* todas as instituições, públicas ou privadas, que participam de forma direta ou indireta da criação, da gestão, do desenvolvimento, da aplicação ou da execução de qualquer intervenção socioeducacional. Esse tipo de agente pode ser classificado do seguinte modo:

Agentes institucionais de intervenção socioeducacional	Órgãos de coordenação	› Delegações territoriais de assuntos sociais
		› Comissões delegadas
		› Comissões interdepartamentais
	Órgãos de gestão	› Comissionados específicos
		› Fundações específicas
	Órgãos de participação	› Conselhos assessores
		› Comitês científicos

Por outro lado, nem todos os agentes de intervenção socioeducacional, sejam pessoais, sejam institucionais, têm a mesma importância ou exercem a mesma influência sobre o programa. Em relação à modalidade de influência exercida, consideramos que existem, fundamentalmente, dois tipos de agentes de intervenção socioeducacional:

› **Os de tipo eugênico**, de caráter positivo e colaborativo, cuja atuação visa facilitar a realização dos objetivos do programa de intervenção socioeducacional. Propõem ou facilitam soluções aos problemas que surgem e procuram neutralizar outro tipo de agentes de caráter perturbador.

› **Os de tipo patogênico**, de caráter negativo e perturbador, cuja atuação visa gerar situações em que seja necessário levar à prática uma intervenção socioeducacional, dificultar as intervenções necessárias ou intervir no desenvolvimento do programa de intervenção socioeducacional em si, introduzindo nele elementos perturbadores e de dificuldade agregados.

Daqui em diante, iremos nos referir aos agentes pessoais de intervenção socioeducacional de caráter positivo, visto que os de caráter negativo, quando detectados, costumam ser eliminados ou neutralizados, na medida do possível.

Em qualquer intervenção socioeducacional, o agente encarregado de executá-la tem um papel fundamental. Consideramos que o **perfil do agente** de intervenção socioeducacional de caráter positivo é definido pelas seguintes características pessoais:

> Caráter aberto, alegre e otimista;
> Alto grau de maturidade, estabilidade emocional e otimismo;
> Criatividade no manejo de situações imprevistas;
> Capacidade de percepção das demandas explícitas/implícitas das pessoas;
> Capacidade de análise e reflexão sobre seu trabalho;
> Capacidade de observação, análise e crítica da realidade social;
> Destreza para trabalhar em equipe;
> Empatia, capacidade de ouvir, atender e compreender os outros;
> Capacidade de manter um relacionamento próximo que estimule, mas sem criar dependências;
> Capacidade de promover a participação e a colaboração das pessoas;
> Boa disposição à formação permanente;
> Capacidade de superação de frustrações;
> Conhecimento de seus próprios limites.

Além disso, o agente de intervenção socioeducacional deve ter as seguintes **características profissionais**:

> Capacidade de fazer intervenções socioeducacionais de caráter preventivo ou de reabilitação;
> Integração a uma equipe de profissionais e voluntários;
> Domínio das técnicas de intervenção socioeducacional;
> Equilíbrio entre a teoria e a prática;
> Conhecimento adequado do âmbito de trabalho;
> Conhecimento suficiente das pessoas com quem vai trabalhar;
> Capacidade de se relacionar funcional e educacionalmente com os usuários;
> Capacidade gestora e de planejamento de atividades educacionais;
> Conhecimento dos princípios, dos métodos e das técnicas de intervenção.

Todas as características relacionadas devem complementar-se com uma forma de agir adequada, mesurada e ajustada a cada realidade socioeducacional. É preciso ter em mente que, na maioria das ocasiões, o agente de intervenção socioeducacional educa mais por meio de sua própria pessoa e da atitude que mostra do que mediante os métodos mais avançados e sofisticados. É por isso que a **atitude do agente** de intervenção socioeducacional deve mostrar as seguintes características:

› Postura de aceitar e respeitar as pessoas, sem julgamentos;
› Não demonstração de falsa compaixão pelas possíveis circunstâncias das pessoas;
› Disponibilidade para ouvir e ajudar os destinatários da intervenção;
› Compromisso e envolvimento na intervenção;
› Verificação das conquistas alcançadas;
› Atitude de continuidade na tarefa;
› Autenticidade: como se é na realidade.

É preciso levar em conta que, em sua atividade profissional, o agente de intervenção socioeducacional deverá executar **ações** de diversos tipos:

De caráter organizacional
› Administração e gestão dos diversos elementos que fazem parte de um processo de intervenção socioeducacional;
› Reconhecimento e avaliação do contexto de intervenção;
› Elaboração de planos de formação;
› Compilação e síntese de informação;
› Análise e avaliação de situações.

De caráter pedagógico
› Diagnóstico de necessidades;
› Planejamento e projeto de intervenção socioeducacional;
› Planejamento e concepção de projetos e programas de intervenção;
› Análise e avaliação de programas de intervenção socioeducacional;
› Programação de situações de ensino e aprendizagem;
› Elaboração ou adaptação de materiais e recursos didáticos;
› Criação de expectativas de melhora;
› Utilização de material didático;

- Motivação e fortalecimento da autoestima;
- Assessoria e orientação às pessoas destinatárias da intervenção socioeducacional;
- Orientação individual ou de grupo;
- Supervisão da intervenção socioeducacional;
- Avaliação de programas e âmbitos de intervenção socioeducacional;
- Autoavaliação de sua prática profissional.

De relacionamento
- Estabelecimento de relações empáticas e profissionais com as pessoas destinatárias da intervenção socioeducacional;
- Estabelecimento de relações com a família das pessoas destinatárias da intervenção socioeducacional;
- Participação em reuniões e encontros com outros profissionais;
- Participação em reuniões com as pessoas destinatárias da intervenção socioeducacional;
- Relação comunicativa e mediação entre pessoas;
- Realização de sessões conjuntas de trabalho.

O educador social, como agente de intervenção socioeducacional, costuma trabalhar quase sempre em equipe, ao lado de outros profissionais, e seu trabalho costuma estar ligado a instituições, que normalmente são as responsáveis pelos programas gerais de intervenção socioeducacional em determinados âmbitos.

Outros agentes de intervenção socioeducacional podem ser:

- **Trabalhadores sociais**: Profissionais (normalmente formados em Assistência Social) que centram sua atividade socioeducacional principalmente em atenção primária, tentando proporcionar normalização social a três grandes âmbitos de população: infância e juventude, adultos e terceira idade. Suas intervenções socioeducacionais orientam-se, geralmente, a tarefas preventivas, assistenciais e educacionais nessas coletividades, realizando tarefas de:
  - *Informação*, apresentando os serviços e recursos existentes, assessorando a população em seus direitos e deveres, organizando palestras e atividades informativas etc.

> *Identificação de necessidades* nas famílias, a fim de poder agir o quanto antes, evitando o surgimento de problemas maiores ou oferecendo ajuda em domicílio.
> *Fomento da participação* de pessoas em grupos, associações ou situações que aconselhem essas dinâmicas.
> *Gestão e organização* de pessoas e recursos para tentar solucionar as dificuldades detectadas.
> *Promoção e pesquisa* de programas, projetos e atividades em âmbitos específicos de intervenção.
> *Coordenação* de trabalhos em equipe e de atividades que provenham das instituições.
> *Documentação*, fazendo os relatórios necessários ao longo do processo de intervenção socioeducacional.
> *Decisão* sobre as atuações que serão propostas a uma pessoa ou grupo.

> **Psicólogos**: Têm uma grande diversidade de funções, podendo destacar-se, entre elas, a confecção de relatórios sobre cada caso que requeira a intervenção; o acompanhamento das intervenções realizadas; a decisão sobre outro tipo de necessidades de caráter psicológico ou psicossocial etc.
> **Pedagogos**: Fazem relatórios pedagógicos sobre os níveis ou as dificuldades de aprendizagem das pessoas que serão alvo de uma intervenção socioeducacional. Decidem as necessidades de apoio escolar e educacional e coordenam o atendimento prestado a cada pessoa por outros serviços ou instituições.
> **Médicos**: Fazem relatórios de saúde física e mental das pessoas-alvo de uma intervenção socioeducacional e o acompanhamento dessas pessoas enquanto dura a intervenção.

Todos esses profissionais podem trabalhar individualmente ou formando equipes interdisciplinares; nesse caso, colaboram na elaboração e aplicação do projeto de intervenção socioeducacional, cada um em seu âmbito de trabalho.

4.2.4 Princípios de atuação

Com caráter geral, o planejamento da intervenção socioeducacional deve guiar-se por uma série de princípios de atuação:

› **Princípio de racionalidade**, que significa que o planejador deve ter um conhecimento prévio, fundamentado em bases científicas, da realidade do âmbito e das pessoas às quais se destina a intervenção socioeducacional.

› **Princípio de globalidade**, visto que o planejador deve incluir no projeto o maior número possível de variáveis para melhorar o projeto de intervenção.

› **Princípio de continuidade**, visto que todos os elementos que compõem o projeto de intervenção socioeducacional têm de ser aplicados de forma contínua e sistemática.

› **Princípio de sequenciação**, visto que o planejador deve ter em conta que todos os elementos que compõem o projeto de intervenção socioeducacional têm de estar inter-relacionados.

› **Princípio de univocidade**, visto que o planejador deve ter em conta que a redação do projeto de intervenção socioeducacional deve ser feita de forma que todos os termos utilizados possam ser entendidos no mesmo sentido.

› **Princípio de compreensibilidade semântica**, visto que o planejador tem de ter em conta que todos os termos utilizados na redação de um projeto de intervenção socioeducacional devem ser facilmente compreensíveis para todos.

› **Princípio de flexibilidade**, visto que o planejamento deve ser flexível, permitindo a introdução de todas as modificações que forem necessárias, e em qualquer momento do processo.

› **Princípio de variedade**, que significa que a equipe planejadora deverá ser criativa e original na elaboração do projeto de intervenção socioeducacional.

› **Princípio de realismo**, visto que a elaboração do projeto de intervenção socioeducacional deve partir de uma análise prévia, solidamente apoiada na realidade do âmbito em que vai se aplicar.

> **Princípio de participação**, visto que a equipe planejadora tem de estar aberta à participação de outras pessoas ou entidades.

4.3 O planejamento da intervenção socioeducacional

O termo "planejamento" faz referência à elaboração de um plano, de um projeto ou de um programa de ação. Nós entendemos por planejamento um processo de elaboração, organização e preparação de uma estratégia de ação que permita adotar decisões sobre a forma mais conveniente de atingir uma série de objetivos propostos.

É preciso ter em mente que:

> Planejar implica organizar e coordenar;
> Em um planejamento, está presente a ideia de decidir antecipadamente o que se pretende fazer;
> Em um planejamento, é necessário estabelecer atuações para alcançar determinados objetivos.

Para Ponce (1994), a intervenção socioeducacional não pode ser concebida abstratamente, e sim sempre em interação específica com pelo menos três espaços ou âmbitos que fundamentam o processo de intervenção, e que estão correlacionados: o sociológico, o psicológico e o pedagógico.

a. **Espaço sociológico**, que determina as características do contexto da intervenção socioeducacional, com seus sistemas institucionais e legislativos, e que é composto por fatores de tipo social, ideológico, econômico e legal.

b. **Espaço psicológico**, relacionado com os processos evolutivos das pessoas que serão alvo da intervenção socioeducacional e com suas características pessoais, e que tem como objetivo fazer com que cada pessoa conheça melhor a si mesma e que seja responsável por seus atos e consequências, para si e para sua comunidade.

c. **Espaço pedagógico**, que tem por objetivo promover ações socioeducacionais planejadas que permitam o desenvolvimento e a aplicação do desenho para a intervenção socioeducacional, da forma mais individualizada possível; para isso, é necessário elaborar um projeto de intervenção.

Gairín (1996), em vez de definir o termo *planejamento*, prefere enumerar os traços que o caracterizam. Para esse autor, o planejamento se caracteriza por:

› Ser uma antecipação de futuro;
› Integrar atuações que afetam diferentes setores da sociedade;
› Ser um processo contínuo e unitário;
› Ter um sentido de provisionalidade;
› Levar consigo, necessariamente, a tomada de decisões, que são sucessivas, mas independentes;
› Exigir que os processos de planejar sejam os mais inteligentes possíveis, devido à complexidade das situações.

Na Espanha, o planejamento da intervenção socioeducacional tem a participação de instituições públicas e privadas com um grau considerável de descentralização, visto que as competências estão repartidas entre o Estado, as comunidades autônomas e as entidades locais:

› **Administração do Estado**: Assume as competências do planejamento em todo o território nacional, a coordenação de recursos e a tutela de algumas instituições públicas e das instituições privadas.
› **Comunidades autônomas**: Com o domínio de praticamente todas as competências nesse âmbito, adquiriram capacidade normativa, de modo que as normas emanadas de cada uma delas são diferentes das demais, certamente porque suas necessidades também são diferentes. Elaboram programas de intervenção de acordo com sua realidade socioeducacional nos diversos âmbitos, segundo suas necessidades.
› **Prefeituras**: São as entidades mais próximas do cidadão e têm como missão organizar os recursos de que dispõem nesse âmbito e os proporcionados pelas comunidades autônomas em seu território.

A intervenção socioeducacional se enquadra, portanto, em programas de intervenção que, criados e planejados geralmente nas comunidades autônomas junto com as prefeituras implicadas, servem de âmbito de referência e atuação para qualquer intervenção e em qualquer âmbito de aplicação. A intervenção socioeducacional necessitará, portanto, concretizar-se no seio de um projeto de intervenção, a fim de que sua atuação chegue a seus destinatários na forma prevista.

4.3.1 Plano, programa, projeto.
Delimitação conceitual e operacional

Os termos plano, programa e projeto são utilizados indiferentemente por diversos autores dentro do âmbito sociocultural, devido, fundamentalmente, à grande inter-relação e à dependência que existe entre eles. Pérez Serrano (2002) estabelece as seguintes diferenças entre os três conceitos.

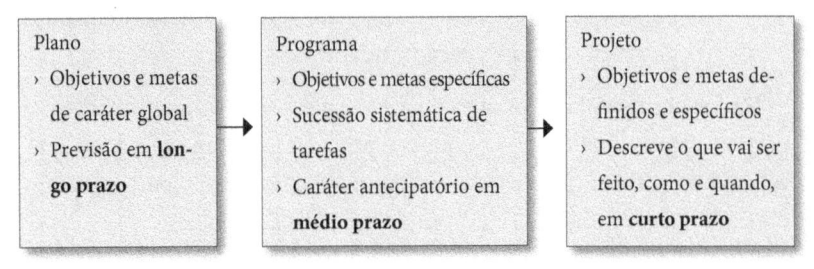

Plano	Programa	Projeto
› Objetivos e metas de caráter global › Previsão em **longo prazo**	› Objetivos e metas específicas › Sucessão sistemática de tarefas › Caráter antecipatório em **médio prazo**	› Objetivos e metas definidos e específicos › Descreve o que vai ser feito, como e quando, em **curto prazo**

Os três conceitos – plano, programa e projeto – não têm a mesma significação; o plano é o mais amplo. Um plano é um documento/âmbito que reúne as linhas básicas de ação emanadas do poder político ou de uma determinada instituição, a fim de enfrentar problemas amplos detectados em determinadas áreas ou em toda uma região, comunidade autônoma ou departamento territorial, para atender ao longo de um período amplo de tempo. Por exemplo, um plano sobre drogas e dependências, que pudesse ser desenvolvido entre 2010 e 2015 por um organismo público (Departamento de Assuntos Sociais, Departamento de Juventude ou uma ONG), para abordar os problemas que representam o consumo de drogas em seu âmbito de intervenção social.

> **Plano**: Um plano é um documento amplo e necessariamente ambíguo, cujo conteúdo é necessário explicitar em diferentes programas de intervenção que abordem problemas específicos apontados no plano. E, escalonadamente, um programa de intervenção precisa ser executado por meio de projetos específicos que abordem

atuações específicas dentro do programa do qual fazem parte. Desse modo, um projeto de intervenção socioeducacional se transforma no âmbito referencial de atuação para os educadores sociais que atendem a uma necessidade em um âmbito determinado.

Na programação da intervenção social existe uma inter-relação necessária entre planos, programas e projetos. Fica claro que um plano pode se diversificar em programas, e cada programa em projetos. A fase de programação de um planejamento social se refere a elementos como formulação de objetivos e metas, definição de prioridades e designação de recursos, elaboração de orçamentos, que constituem tarefas mais próprias da gestão sociopolítica; mas também se refere a elementos mais operacionais, como a formulação de programas e projetos que serão materializados pelos agentes sociais em um tempo e âmbito determinados.

Um plano define os fins, os objetivos, as prioridades e as metas de um país, de um setor ou de uma instituição ou serviço, bem como os meios, as ações, os recursos, as estratégias e as políticas para atingi-lo dentro de um horizonte de tempo previsto, que pode cobrir o longo, o médio ou o curto prazo. Costuma se desagregar em programas e projetos, e pode incluir objetivos gerais e específicos ou programáticos que coincidem com os de seus programas. Os planos têm um horizonte de realização de longo prazo.

O plano inclui, também, a especificação de prioridades e políticas para a designação de recursos, bem como as previsões de organização, acompanhamento, avaliação e controle do processo de sua instrumentação.

De acordo com sua natureza peculiar, um plano pode ser de caráter global ou nacional, setorial (economia, indústria, comércio, educação, ciência e tecnologia, agricultura, comunicações etc.), corporativo ou empresarial e de caráter institucional (Álvarez García; 2006).

> **Programa**: Entende-se por programa, em termos gerais, a disposição antecipada e planejada de um conjunto de ações e recursos organizados no tempo e voltados à obtenção de determinados objetivos que querem atender a necessidades educacionais específicas em um determinado âmbito de intervenção, podendo se dar

em uma aldeia, em uma província, em uma comunidade autônoma ou no conjunto do Estado.

Espinoza (1986) define o programa como um instrumento destinado a facilitar o alcance dos objetivos e das metas de caráter específico, que serão atingidos mediante a execução de um conjunto de ações integradas denominadas projetos.

Um programa, em geral, insere-se no processo de elaboração e formulação de um plano; conta com uma bolsa de recursos financeiros próprios que a unidade ou entidade responsável por sua administração recebe, e define critérios, prioridades, linhas de ação e políticas para a designação de recursos aos projetos e às atividades que serão desenvolvidos no âmbito de um conjunto de projetos que têm objetivos similares ou complementares.

Os programas constituem o modo ordinário de operação das entidades governamentais ou de serviço público, mas também existem muitas instituições privadas, de caráter nacional e internacional, que fundam ou estabelecem programas para financiar determinados tipos de projetos relacionados com as políticas, os objetivos e as metas que cada um persegue. Os programas são desenvolvidos dentro de um médio prazo.

Projeto: Um projeto, por sua vez, representa a unidade mais operacional dentro do processo de planejamento social e constitui a concreção final do processo. Está voltado para a obtenção de determinados bens socioeducacionais ou a prestação de diversos serviços específicos à comunidade. É um instrumento para a ação que pressupõe a sistematização e ordenação de uma série de atividades específicas, e a designação de responsabilidades para atingir os objetivos sociais indicados. O desenvolvimento de projetos, que compreende tanto seu desenho ou formulação quanto a gestão de sua aplicação, avaliação e controle, constitui um dos elementos mais dinâmicos do planejamento. Um plano que não se especifica em projetos costuma ficar no papel ou no discurso político; é a intervenção dos agentes sociais, mediante a execução dos projetos, que consegue introduzir mudanças relevantes ou resolver problemas que se encontram na vida social. Enfim, o planejamento, a intervenção e a avaliação são fases do processo de atuações socioeducacionais, que, por sua vez, materializam-se de forma mais operacional no desenvolvimento de um projeto específico, no qual são definidos não só os objetivos a alcançar, mas também as estratégias a pôr em prática, os recursos a utilizar (materiais ou humanos) e o tempo previsto.

Inter-relação entre os elementos de planejamento da intervenção socioeducacional (Álvarez García, I., 2006)		
Elementos de um PLANO	Elementos de um PROGRAMA	Elementos de um PROJETO
Nome ou título	Nome ou título	Nome ou título
Origem e antecedentes	Origem e antecedentes	Origem, antecedentes e localização
Âmbito geral de referência	Fundamentação	
› Condições do contexto socioeconômico, político e cultural	› Problemas e necessidades aos quais responde	Caráter e natureza do problema enfrentado
› Âmbito normativo-jurídico		Justificativa
› Sistema de valores	› Políticas que instrumenta	Objetivos e metas
Diagnóstico sobre os principais problemas e as principais necessidades	› Relação com outros programas	Meios, cursos de ação, prioridades, políticas e estratégias
Objetivos gerais	Objetivos e metas	Cronograma ou calendário, rede de atividades, metas etc.
Objetivos programáticos de cada setor	Prioridades e linhas de ação	
Prioridades, metas, políticas e estratégias	Políticas e estratégias	Pessoal, recursos de infraestrutura e organização
Estrutura programática	Tipos de projetos que se propõem a apoiar	
› Programas básicos	Financiamento e montante do orçamento	Previsões de acompanhamento, controle e avaliação
› Programas prioritários		
› Programas de inovação	Previsões para o acompanhamento e avaliação	
› Programas de apoio		Custos, orçamento e financiamento do projeto
Previsões para instrumentação, acompanhamento e avaliação	Organização e administração	Coordenador ou diretor do projeto e unidade responsável por sua administração
Financiamento do plano	Unidade responsável do desenvolvimento do programa	
Organização e administração do plano		

4.3.2 O projeto de intervenção socioeducacional

4.3.2.1 Abordagem conceitual

O conceito de projeto começou a se desenvolver no início do século XX, na atividade industrial, principalmente no campo da engenharia e do planejamento do desenvolvimento econômico e social, e foi se implantando mais tarde nos diversos campos da atividade social. Foi uma consequência da aplicação de planos e programas nos quais o desenvolvimento dos projetos constitui um elemento necessário e imprescindível.

Não existe uma definição de projeto que satisfaça por igual todos os campos de sua aplicação. As diferentes acepções dadas ao conceito de projeto são determinadas pela peculiar natureza e contexto do campo em que se aplica. No Dicionário Houaiss (Houaiss, Villar e Franco, 2001) aparecem várias acepções acerca do que é um projeto: "1. Ideia, desejo, intenção de fazer ou realizar (algo) no futuro; plano [...] 2. Descrição escrita e detalhada de um empreendimento a ser realizado; plano, delineamento, esquema [...] 5. Plano geral para a construção de qualquer obra, com plantas, cálculos, descrições, orçamento etc. [...]"

Por outro lado, em algumas instituições o projeto institucional é identificado como o ideário ou estatuto no qual se estabelecem seus fins, ideais e valores fundamentais (projeto educacional ou pedagógico de uma escola e seu ideário).

Segundo autores como Espinoza e Ander-Egg (1989), podemos definir o projeto, em relação a um programa específico, como a menor unidade em que se podem separar as ações concomitantes para o cumprimento dos objetivos e das metas de um programa, que envolve um estudo específico e que permite estimar as vantagens ou desvantagens de designar os recursos para a realização da ação. É um conjunto de atividades que se propõe realizar de uma maneira articulada entre si, a fim de produzir determinados bens ou serviços capazes de satisfazer necessidades ou resolver problemas.

Como síntese, podemos definir o **projeto** na área da intervenção socioeducacional como **um conjunto integrado de processos e atividades que pretende transformar um âmbito da realidade social, atendendo às carências detectadas e propondo as soluções específicas adequadas diante de problemas educacionais da sociedade previamente diagnosticados com a intervenção direta de agentes devidamente preparados**. Enfim, os projetos socioeducacionais atendem aos grupos da comunidade social, a quem proporcionam e distribuem bens ou serviços para satisfazer às necessidades e carências, porque eles não possuem recursos para saná-las.

Um projeto social deve cumprir as seguintes condições, segundo Cohen e Martínez (2002):

› Definir os problemas sociais que se pretende resolver antes de iniciar o projeto;
› Ter objetivos finais claramente definidos para que possam ser avaliados;
› Identificar a população-alvo à qual se destina o projeto, cujas necessidades não tem outro meio de se satisfazer;
› Especificar a localização geográfica dos beneficiários;
› Estabelecer uma data de início e outra de finalização;
› Contar com os recursos necessários: agentes sociais e orçamento.

		Relação entre política, programas e projetos sociais
Exemplo 1	Política	Fortalecimento da empregabilidade dos jovens de poucos recursos mediante investimento em capital humano.
	Programa	Programa Nacional de Capacitação Juvenil.
	Projetos	› Capacitação em manipulação de alimentos para jovens de poucos recursos do setor rural da Região Sul; › Capacitação em contabilidade para egressos do ensino médio da região metropolitana.

(continua)

(conclusão)

Exemplo 2	Política	Satisfação das necessidades alimentares/nutricionais dos setores populacionais que estão abaixo da linha de pobreza
	Programas	› Programa Nacional de Refeitórios Escolares › Programa Nacional de Complementação Alimentar › Programa materno-infantil
	Projetos	› Refeitório da Escola San Alfonso (dentro do Programa Nacional de Refeitórios Escolares) › Projeto de distribuição de alimentos e educação alimentar para mães e lactentes da clínica San José

Fonte: Cohen e Martínez, 2002

4.3.2.2 Especificações do projeto

A formulação de um projeto de intervenção socioeducacional tem de especificar, com toda a clareza, desde o início, as respostas a perguntas como as seguintes:

1. Qual é a especificidade desse projeto que o diferencia dos outros?
2. Quem (âmbito, grupo ou pessoas) são os destinatários desse projeto?
3. O que se quer conseguir com esse projeto?
4. Por que motivo se quer desenvolver esse projeto, e com que finalidade?
5. Em que área geográfica vai ser aplicado?
6. Quanto tempo será necessário?
7. Com que agentes sociais se conta?
8. Quais meios e recursos (materiais, pessoal de apoio, econômicos etc.) serão necessários?
9. Qual é o custo total ou orçamento requerido?
10. Quem (pessoa ou instituição) é o responsável pelo projeto?
11. Conta-se com um cronograma de acompanhamento?
12. Que critérios e indicadores serão utilizados para avaliar o processo e os resultados finais do projeto?

Só uma resposta clara a cada uma dessas perguntas, e a mais alguma que se julgue pertinente, pode garantir a plena execução e a conquista dos objetivos propostos do projeto. Do contrário, sua execução não estará isenta de problemas de diversas naturezas: falta de recursos, pessoal não comprometido, improvisações de todo tipo, momentos de descontrole etc.

4.3.2.3 Justificativa e intencionalidade do projeto
Todo projeto tem um ponto de partida no qual sua própria história se origina, a partir do qual justifica a necessidade, a urgência ou utilidade de ser posto em prática. Os motivos ou as razões que o legitimam (Álvarez García, 2006) podem ser tão variados quanto as necessidades e carências que observamos na sociedade, como os que resumimos a seguir:

1. Satisfazer uma necessidade relevante para um grupo humano ou para uma instituição ou pessoa (analfabetismo, por exemplo); ou remover obstáculos que impeçam a satisfação dessa necessidade (atendimento a crianças de rua, por exemplo);
2. Resolver um problema relevante e complexo, dentro de seu contexto e de um sistema determinado de valores (erradicar o alcoolismo na juventude, por exemplo);
3. Introduzir e orientar um processo de mudança que se considera necessário ou desejável, de acordo com certos valores (recuperar os valores do esforço ou o respeito aos professores no ensino);
4. Aproveitar uma oportunidade de desenvolvimento ou de melhora de uma atividade ou serviço (recepção ao emigrante ou atendimento à etnia cigana, por exemplo).

Do ponto de vista das finalidades e dos propósitos específicos e de suas relações com o entorno, os projetos podem ter diversos objetivos ou orientações (Álvarez García, 2006):

1. Manter um estado de coisas que se considere funcional ou satisfatório, preservando o equilíbrio do sistema;
2. Adaptar uma instituição, uma atividade ou um serviço a um ambiente que mudou, promovendo seu ajuste funcional à mudança;
3. Aumentar o conhecimento de uma realidade pouco conhecida e complexa;
4. Aplicar os conhecimentos da ciência para a construção de instrumentos que permitam manejar ou modificar uma realidade;

5. Resolver um problema social ou institucional e orientar um processo de mudança.

4.3.2.4 Classificação de projetos

Para classificar os diversos tipos de projetos, é possível partir de diferentes propostas e critérios. Álvarez García (2006) elabora a seguinte proposta de classificação:

1. **Critério de produto**: Projetos econômicos diretamente produtivos e projetos sociais ou de serviços não diretamente produtivos. Os projetos educacionais de intervenção socioeducacional pertencem à segunda categoria.
2. **Critério de método**: Projetos de pesquisa, projetos de ação e projetos de pesquisa/ação.
3. **Critério de instrumentação**: Projetos de desenvolvimento, projetos experimentais e projetos-piloto.
4. **Critério setorial**: Projetos para diversos campos sociais: indústria, comunicações, agricultura, saúde, educação etc.
5. **Critério de cobertura**: Por suas diversas amplitudes: projetos nacionais, estatais, municipais e locais; e projetos institucionais, empresariais e corporativos.

4.3.2.5 Descrição dos elementos do projeto

Um projeto é descrito por meio dos elementos que o integram, que, por sua vez, contribuem com sua definição. Os elementos integrantes do projeto são expostos seguindo uma ordem lógica que evidencia determinada estrutura. A ordem estrutural dos elementos não corresponde, necessariamente, à sequência cronológica de etapas ou fases no desenvolvimento do projeto, que fundamentalmente têm o caráter descritivo ou expositivo dos elementos do sistema.

Seguindo os requisitos reunidos em alguns dos modelos ou formulários de programas governamentais ou de instituições que promovem ou patrocinam o desenvolvimento de projetos, a descrição detalhada de um projeto deve compreender os seguintes elementos:

1. **Identificação do projeto**: Reúne os dados que permitem identificar o projeto, como nome ou título, diretor ou coordenador, âmbito institucional (unidade ou serviço administrativo no qual se insere), lugar e data, e qualquer outro dado que ajude a uma completa e inequívoca identificação do projeto.
2. **Resumo do projeto**: É muito útil para a tomada de decisões sobre a autorização do projeto e a consequente designação de recursos. Constitui a carta de apresentação do projeto, que pode determinar uma primeira e fundamental análise.
3. **Origem e antecedentes do projeto**: Expõem-se os antecedentes históricos e institucionais do projeto e sua justificativa dentro do contexto socioeconômico, político e cultural em que se situa o problema social sobre o qual se pretende intervir.
4. **Caráter específico do projeto**: Trata de mostrar a especificidade peculiar do projeto quanto à urgente necessidade que se propõe a resolver, indicando com precisão os elementos fundamentais do problema e, ainda, a localização de seus beneficiários.
5. **Fundamentação ou justificativa do projeto**: É o momento de expor razões e motivos que justifiquem a importância do problema que o projeto aborda dentro de um contexto social determinado nas políticas existentes.
6. **Objetivos e metas**: Referem-se aos resultados que se pretende alcançar e ao trajeto que deve seguir para ir alcançando as sucessivas metas ao longo do tempo previsto.
7. **Calendário de atividades (cronograma)**: É o mapa para guiar a execução do projeto. É fundamental para garantir acompanhamento e controle rigoroso durante o desenvolvimento do projeto. Possibilita conhecer os avanços do projeto, melhor aproveitamento do pessoal e dos recursos e o cumprimento responsável, conforme as datas indicadas.
8. **Meios e recursos**: São a garantia da viabilidade operacional do projeto: o pessoal disponível, a organização, os meios materiais, a infraestrutura institucional etc. É necessário definir claramente com que suportes e recursos se conta.

9. **Orçamento e financiamento**: O orçamento integra o custo de todos os meios, ações e estratégias de um projeto. O financiamento se refere às fontes que proverão os recursos necessários.
10. **Previsões para instrumentação, acompanhamento, avaliação**: Inclui a explicitação dos elementos de logística para garantir a execução adequada do projeto, dos critérios de acompanhamento e dos indicadores e procedimentos de avaliação.

4.3.2.6 Fases na concepção e elaboração do projeto
A concepção e a elaboração de um projeto de intervenção socioeducacional é um processo laborioso que passa pelas seguintes fases:

1. **Fase inicial, ou de preparação**: Trata-se de selecionar o caso dentro de um determinado âmbito de intervenção, conhecer as necessidades existentes, obter os dados prévios necessários e determinar os objetivos.
2. **Fase de execução**: Trata-se de propor um ponto de partida, criar o projeto específico de intervenção socioeducacional e pô-lo em prática.
3. **Fase de avaliação**: Consiste em avaliar a aplicação do projeto, conhecer o grau de possibilidade de alcance dos objetivos e chegar a conclusões.

Cada fase deve compreender, por sua vez, uma série de passos:

› Na fase inicial, é preciso selecionar o caso, adquirir os dados necessários por meio de técnicas convenientes (observação ou outras), selecionar os dados mais relevantes e chegar a conclusões que permitirão iniciar a segunda fase.
› Essa segunda fase, chamada também de execução, deverá partir de um pressuposto para o qual será necessário criar, elaborar e aplicar um projeto específico de intervenção socioeducacional.
› A terceira fase, chamada também de avaliação, deverá permitir avaliar o projeto posto em prática na fase anterior e chegar a conclusões.

| Avaliação da intervenção socioeducacional

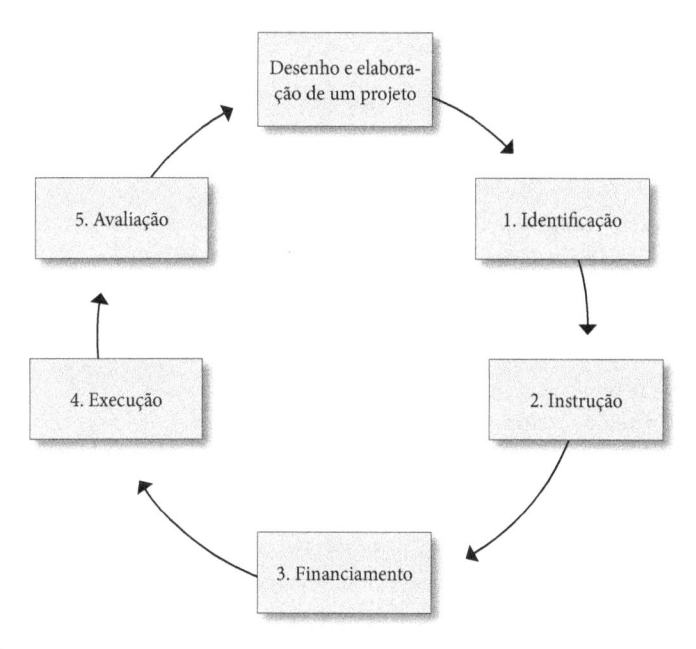

```
        Desenho e elaboração de um projeto
   ↗                                    ↘
5. Avaliação                         1. Identificação
   ↑                                    ↓
4. Execução                          2. Instrução
   ↖                                    ↙
              3. Financiamento
```

É possível fazer um ensaio-piloto, ou projeto prévio de intervenção socioeducacional. Implica um diagnóstico da realidade na qual o projeto será aplicado e, para isso, deve constar dos traços que caracterizam essa realidade, as metas e os objetivos que pretende e a organização interna do projeto, o que se apresenta no gráfico seguinte:

Esquema do planejamento e da concepção de um projeto de intervenção socioeducacional	
Fase inicial	› Determinação e seleção do caso; › Observação, tomada de dados; › Seleção de dados; › Obtenção de conclusões.
Fase de execução	› Pressuposto de partida; › Desenho do projeto; › Execução do projeto.
Fase de avaliação	› Avaliação do projeto; › Conclusões.

A avaliação de necessidades dos destinatários ou beneficiários do projeto de intervenção socioeducacional é um "processo sistemático que se desenvolve com o propósito de estabelecer prioridades sobre as necessidades identificadas, tomar decisões sobre atuações futuras e localizar recursos" (Witkin, 1996:4).

A fixação adequada dos objetivos de um projeto de intervenção socioeducacional deve apresentar uma série de características:

> Os objetivos devem representar os efeitos ou impactos da ação;
> Devem ser realistas;
> Devem ser alcançáveis;
> Devem ser limitados no tempo;
> Devem ser unidimensionais, ou seja, referir-se a só um problema específico;
> Devem ser claros e compreensíveis;
> Devem ser inequívocos, ou seja, não se prestar a diferentes interpretações.

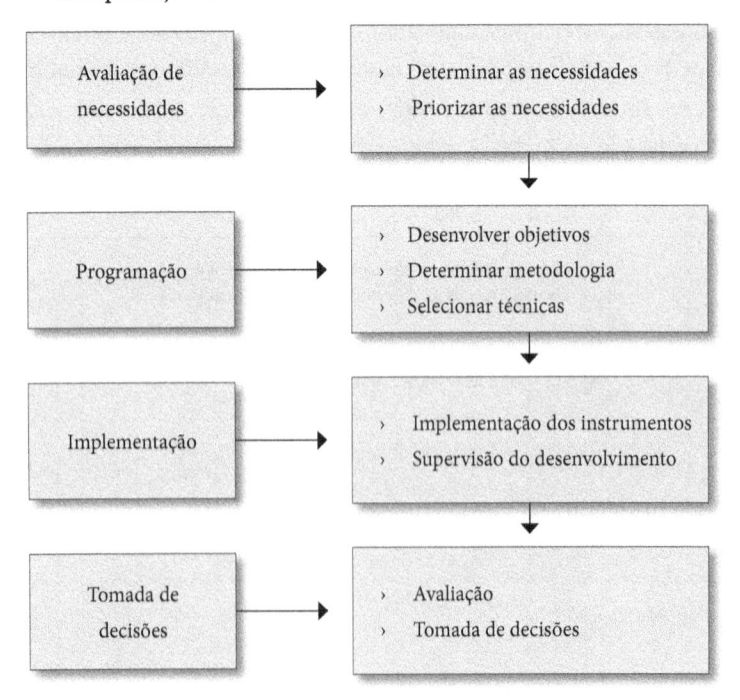

Avaliação de necessidades	→	› Determinar as necessidades › Priorizar as necessidades
Programação	→	› Desenvolver objetivos › Determinar metodologia › Selecionar técnicas
Implementação	→	› Implementação dos instrumentos › Supervisão do desenvolvimento
Tomada de decisões	→	› Avaliação › Tomada de decisões

É preciso ter em mente que a formulação do objetivo define o que se pretende conseguir, e, portanto, o que se deve avaliar.

4.3.2.7 Características do projeto

Um projeto de intervenção socioeducacional deve ter, entre outras, as seguintes características:

› Ser elaborado como processo, com uma teoria fundamentada em relação às necessidades das audiências às quais se dirige;
› Ser realista e não ter objetivos inalcançáveis;
› Tornar-se um instrumento ativo, dinamizador, com a finalidade de melhoria da situação à qual se aplica;
› Ser ao mesmo tempo orientador da prática, coerente e gerido com eficácia.

Além disso, um projeto de intervenção socioeducacional deve ser útil, válido, legítimo e preciso.

Um projeto de intervenção socioeducacional deve se transformar em um instrumento para a melhora de condições de pessoas ou grupos específicos em situação de desvantagem, partindo de suas necessidades, devendo ser concretizado na prática em um âmbito de intervenção com a finalidade de resolver as dificuldades e necessidades detectadas.

A reflexão e o intercâmbio entre os agentes responsáveis por seu desenvolvimento e aplicação e outros especialistas no assunto (psicólogos, pedagogos, professores etc.) melhorará a qualidade para dar respostas às pessoas que assim demandarem, garantindo sua efetividade e utilidade. Por isso é tão importante que uma equipe de pessoas de diferentes campos profissionais participe da elaboração de um projeto de intervenção socioeducacional, formando uma equipe multidisciplinar, que dê respostas à diversidade de necessidades que surgem na vida social. No seio do projeto, a avaliação deve ser um processo permanente e contínuo, que inove e se insira, por sua vez, em um processo de pesquisa e avaliação do projeto.

4.3.2.8. Aplicabilidade do projeto

O grau de aplicabilidade dos projetos de intervenção socioeducacional está em função de cânones que, segundo Anguera (1990:79), resumem-se em:

> Proposta de objetivos (primários e secundários), sua diferença e delimitação;
> Inventário de recursos necessários que possibilitem a implementação dos programas;
> Proposta e validação do sistema de indicadores em intervenção educacional;
> Construção dos instrumentos a serem utilizados para a coleta de informação confiável e válida ou tomada de decisões a favor de alguns já existentes;
> Elaboração do desenho de avaliação;
> Implementação do projeto nos âmbitos previstos;
> Estudo empírico da realidade educacional: perfil correspondente à coletividade de beneficiários do projeto;
> Avaliação dos efeitos;
> Análise de custo-efetividade e custo-benefício;
> Análise dos resultados.

Em relação ao grau de aplicabilidade dos projetos de intervenção socioeducacional, podemos apresentar as seguintes questões, como elementos de análise ou revisão:

Um projeto é aplicável:
> Quando seus objetivos estão adequadamente delimitados;
> Quando temos os recursos humanos e materiais necessários para seu desenvolvimento;
> Quando foi validado anteriormente;
> Quando se adapta à realidade investigada;
> Quando existe uma relação entre os dados obtidos e as ações realizadas;
> Quando se planeja um período de tempo adequado para o desenvolvimento de diversas atividades;

(continua)

(conclusão)

› Quando os destinatários da ação estão delimitados;
› Quando se leva em conta sua validez interna;
› Quando existe relação entre os critérios estabelecidos e os resultados obtidos.

Independentemente dos critérios anteriores, para que um projeto de intervenção socioeducacional seja aplicável, este não somente tem de estar bem elaborado, mas também bem gerido. A esse respeito, a Agência Espanhola para a Cooperação Internacional (Aeci) estabeleceu, no ano de 2000, o modo como deve ser gerido um projeto de desenvolvimento. O gráfico seguinte o apresenta:

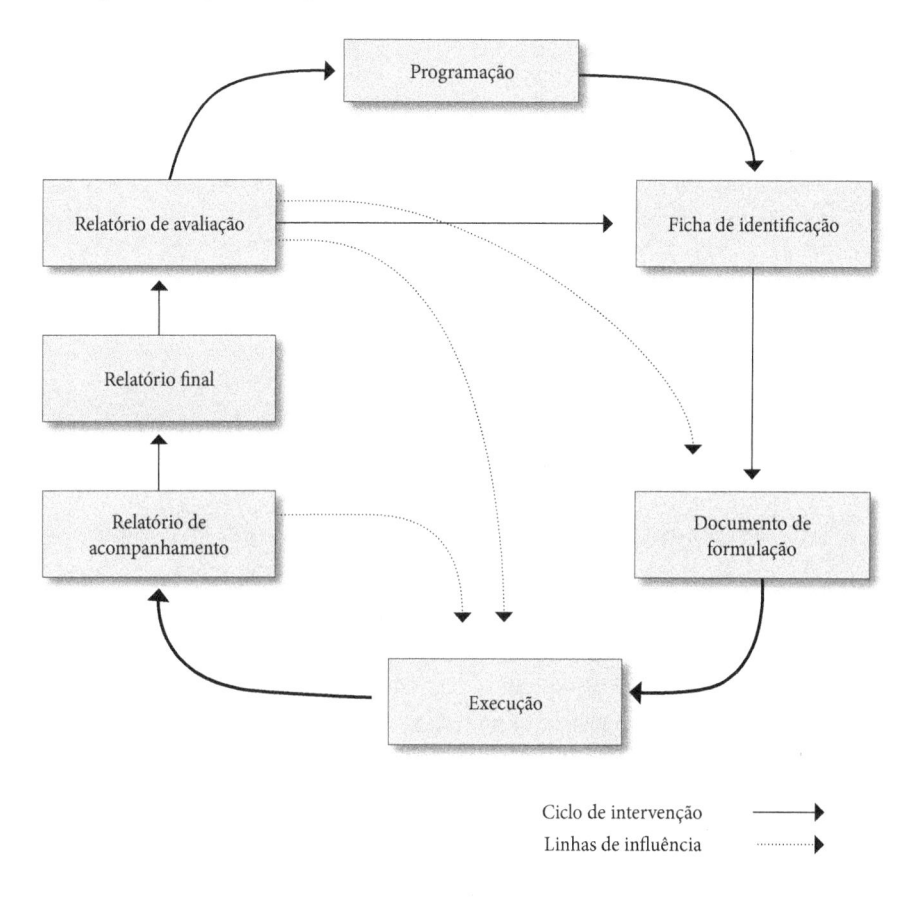

No gráfico seguinte estão os elementos que possibilitam a aplicabilidade de um projeto de intervenção socioeducacional:

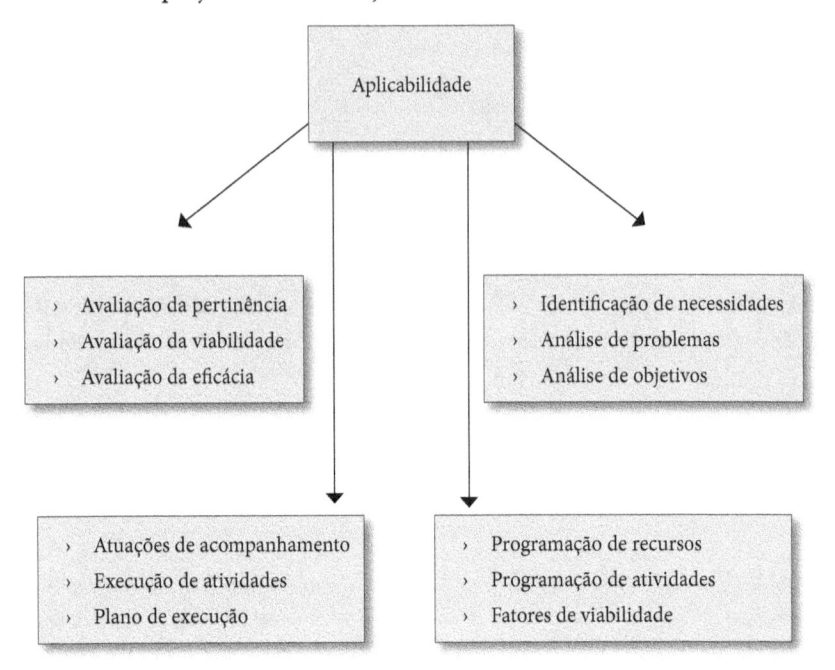

```
                        ┌─────────────────┐
                        │  Aplicabilidade │
                        └─────────────────┘
              ↙                   ↓                   ↘
┌──────────────────────────┐           ┌──────────────────────────────┐
│ › Avaliação da pertinência│          │ › Identificação de necessidades│
│ › Avaliação da viabilidade│          │ › Análise de problemas        │
│ › Avaliação da eficácia   │          │ › Análise de objetivos        │
└──────────────────────────┘           └──────────────────────────────┘
              ↓                                       ↓
┌──────────────────────────────┐       ┌──────────────────────────────┐
│ › Atuações de acompanhamento │       │ › Programação de recursos    │
│ › Execução de atividades     │       │ › Programação de atividades  │
│ › Plano de execução          │       │ › Fatores de viabilidade     │
└──────────────────────────────┘       └──────────────────────────────┘
```

4.3.3 Metodologia da intervenção socioeducacional

Para que o planejamento seja eficaz, deve ser feito sob uma adequada proposta metodológica:

1. Em primeiro lugar, é preciso refletir sobre a filosofia do programa e planejar aspectos como critérios gerais de intervenção, estratégias de ação, tipo de processo e orçamento.
2. Em segundo lugar, é preciso planejar a forma de obter os dados necessários sobre o âmbito de intervenção com base em sua composição demográfica, características linguísticas, estrutura socioeconômica e atitudes das pessoas implicadas.
3. Em terceiro lugar, é necessário planejar as metas ou objetivos a atingir, tendo em conta que devem ser realistas e ajustados às

necessidades das pessoas sobre as quais vai se realizar a intervenção socioeducacional. Será necessário planejar o ajuste dos objetivos à realidade socioeducacional, a adequação às necessidades a intervir e a priorização em sua obtenção.
4. Em quarto lugar, é preciso planejar os recursos humanos e materiais disponíveis e sua localização espacial.
5. A seguir, e com todos esses dados disponíveis, planejar e desenhar a intervenção.

Para García e Ramírez (1996), fazer adequadamente o planejamento de uma intervenção socioeducacional implica realizar uma série de atividades:

> **Análise da realidade**
>> Análise do problema sobre o qual se quer intervir;
>> Formulação de objetivos;
>> Identificação dos meios para atingir os objetivos;
>> Escolha de uma estratégia de ação;
>> Aplicação das ações previstas;
>> Desenho da avaliação da intervenção.

Para Ander-Egg (2000), os momentos do planejamento de uma intervenção socioeducacional são:

> Natureza da intervenção: *o que se quer fazer*;
> Origem e fundamento: *por que se quer fazer*;
> Objetivos: *para que se quer fazer*;
> Metas: *quanto se quer fazer*;
> Localização física: *onde se quer fazer*;
> Metodologia: *como se quer fazer*;
> Recursos humanos: *quem vai fazer*;
> Recursos materiais: *com que se vai fazer*;
> Recursos financeiros: *com que vai ser custeado*;
> Avaliação: *quais serão os critérios de avaliação*.

Sob nosso ponto de vista, a metodologia da intervenção socioeducacional requer uma série de fases:

1. **Em uma primeira fase**, é necessário analisar de forma sistemática e rigorosa a realidade social ou âmbito de intervenção, com a finalidade de conhecê-la da forma mais completa possível. Nessa fase diagnóstica, estuda-se a natureza e as características do âmbito no qual se realizará a intervenção socioeducacional. Esse diagnóstico prévio constitui um processo em si mesmo, que consta de uma série de fases ordenadas:
   › Detecção das necessidades;
   › Estabelecimento do tipo de necessidades;
   › Fixação da dimensão das necessidades;
   › Avaliação das necessidades.
2. **A segunda fase** consiste em tomar decisões acerca da necessidade sobre a qual se vai intervir, de modo que se tenha certeza de suas características, sua natureza, de que forma estão incidindo em determinadas pessoas etc.
3. **A terceira fase** é a formulação de objetivos. É preciso ter em mente que o fundamental de um projeto de intervenção socioeducacional é constituído pelos objetivos, que são os que o definem, orientam e lhe dão sentido. Os objetivos podem ser definidos como as mudanças previstas e esperadas dos destinatários de um projeto de intervenção socioeducacional, como resultado da intervenção sobre eles. A formulação de objetivos em projetos de intervenção socioeducacional tem respondido, tradicionalmente, a dois enfoques relacionados com a psicologia:
   › *Enfoque comportamental*: Os objetivos assim formulados estão relacionados a condutas observáveis de forma objetiva, e costumam estar enfocados mais nos produtos que nos processos. Utilizam os estímulos positivos e negativos e as respostas geradas.
   › *Enfoque cognitivo*: Os objetivos assim formulados estão mais relacionados com as capacidades das pessoas. Não interessam tanto as condutas observáveis de forma objetiva quanto as causas que produzem os comportamentos.

De qualquer forma, é fundamental determinar adequadamente os objetivos de um projeto de intervenção socioeducacional, que devem apresentar uma série de características:

> Devem ser realistas;
> Devem ser alcançáveis;
> Devem ser limitados no tempo;
> Devem ser unidimensionais, ou seja, referir-se a um único problema específico;
> Devem ser claros e compreensíveis;
> Devem ser inequívocos, ou seja, não se prestar a diferentes interpretações.

É preciso ter em mente que a formulação do objetivo define o que se pretende conseguir, e, portanto, o que será preciso avaliar.

Por outro lado, os objetivos podem ser gerais ou de caráter mais específico, e podem ser determinados por diversos aspectos: contexto, tempo de realização da intervenção, população à qual se dirige, necessidades específicas dessa população, instituição responsável, determinadas mentalidades sociais, disponibilidade de recursos adequados etc.

4. É necessário, em uma **quarta fase**, identificar os meios para atingir os objetivos. Os meios e recursos disponíveis, tanto pessoais quanto materiais, devem ser explicitamente especificados, e sua organização é fundamental para planejar adequadamente o projeto. Devem ser identificados recursos relacionados a:
   > Instalações, imóveis e bens materiais;
   > Quadro de funcionários ou pessoas disponíveis;
   > Orçamento para a aquisição e manutenção desses meios;
   > Disponibilidade orçamentária para ajuda econômica a famílias.

Além disso, e em relação aos meios e recursos disponíveis, deveria ficar claramente estabelecido: condições de uso, organização de quadro de funcionários, procedimentos de gestão, responsáveis diretos etc.

5. Em uma **quinta fase**, e em relação aos meios e recursos disponíveis, é necessário escolher uma estratégia de ação, que será definida em

função de todos os elementos anteriores. As opiniões dos agentes de intervenção estarão condicionadas pelos elementos já expostos e por outros fatores, que a cada momento os levarão a adotar decisões em função de cada realidade socioeducacional.

6. Por último, em uma **sexta fase**, e fazendo parte do desenho e planejamento de um projeto de intervenção socioeducacional, está o desenho do mecanismo avaliador do próprio projeto, que compreenderá tanto a avaliação de cada componente quanto os resultados de sua aplicação.

4.3.4 A investigação na ação como metodologia

Podemos considerar a investigação na ação como um processo mediante o qual um profissional define, orienta, corrige, avalia seus problemas e toma decisões em relação a eles com a finalidade de melhorá-los no que for possível. A investigação na ação é conhecida também como investigação *operacional*. Suas características fundamentais são:

› Seu caráter processual e contínuo, visto que seu interesse é melhorar continuamente a realidade socioeducacional;
› A origem dos problemas-alvo de estudo é de caráter imediato, surgindo da prática cotidiana da ação socioeducacional;
› Os investigadores são os próprios profissionais da ação socioeducacional, implicados na realidade que investigam;
› A influência de seus achados é imediata sobre o aperfeiçoamento de seu próprio trabalho;
› Tem uma dimensão de melhora e de autoavaliação.

A maioria dos autores não hesita em apontar Kurt Lewin como o criador desse meio de investigação, surgido das Ciências Sociais. Em 1944, Lewin descrevia o processo da "Action Researh", indicando alguns aspectos essenciais, alguns princípios: caráter participativo, impulso democrático e contribuição simultânea à mudança e à ciência social. De fato, o trabalho de Lewin e seus alunos centrou-se em um estudo científico das relações humanas e na melhora da qualidade dessas relações como consequência dessa pesquisa, o que justifica sua utilização em qualquer ação socioeducacional.

A investigação na ação é um procedimento muito utilizado nos dias atuais em pesquisa socioeducacional. É feita na prática e baseia-se na reflexão. A dimensão reflexiva que caracteriza a investigação-ação pode ser complementada com uma "autoanálise biográfica" no sentido de análise da própria experiência pessoal como mais um elemento da própria prática, tendo em conta que qualquer processo de investigação na ação está relacionado com o modo como se concebe a ação socioeducacional.

Algumas das características agregadas à investigação na ação são:

> - Refere-se a problemas concernentes diretamente às relações humanas;
> - Entende-se como uma ação cooperativa, da qual podem participar todos os profissionais, de um modo ou de outro, implicados em uma intervenção socioeducacional;
> - As tarefas de investigação precisam ser práticas e não tão intrincadas que requeiram complexos estudos antes de oferecer respostas;
> - Contribui simultaneamente com a produção da informação necessária para resolver problemas práticos e a aquisição de uma perspectiva mais adequada para abordar outros problemas.

A metodologia mais usual para o processo de investigação na ação é a seguinte:

1. Identificação do problema ou situação a investigar;
2. Análise do problema ou situação a investigar;
3. Formulação de hipóteses (hipótese-ação);
4. Ação e controle;
5. Avaliação das mudanças, instrumentos e procedimentos.

Nesse processo, concede-se uma grande importância à tarefa de descobrir as dimensões fundamentais dos problemas, ou seja, à função diagnóstica da investigação na ação, eliminando os preconceitos existentes na medida do possível. As técnicas empregadas são tanto quantitativas quanto qualitativas, mas estas últimas costumam ser mais empregadas.

Elliot (1986), um dos maiores especialistas no assunto, propõe o seguinte esquema para desenvolver o processo de investigação na ação de uma forma sequenciada e cíclica:

Esclarecer perspectivas de ação;
Identificar os problemas;
Interpretar os problemas (processos de triangulação);
Acompanhar o processo;
Fazer relatórios: descritivos e interpretativos;
Fazer encontros: hipóteses-ação gerais;
Fazer comprovação de hipóteses-ação;
Esclarecer perspectivas de ação.

Quando se fecha, o ciclo se transforma em um processo contínuo. A metodologia empregada é basicamente qualitativa e o conceito de triangulação que emprega é bastante restritivo, limitando-se à triangulação de fontes ou sujeitos de forma explícita (professores, alunos e observador).

Por outro lado, a elaboração das denominadas hipóteses-ação surge da leitura do material obtido nos estudos de casos. Trata-se, portanto, de uma reflexão *a posteriori, ex post facto*, principalmente do processo. Elliot emprega também a investigação na ação com uma função diagnóstica dos problemas e situações. Dentro do campo de atuação da investigação na ação, podemos encontrar outra perspectiva: a orientada à solução de problemas e à tomada de decisões. O esquema de funcionamento, segundo essa perspectiva, é o seguinte:

Exame e análise da experiência;
Enunciado de um problema de pesquisa;
Planejamento de um projeto de resolução;

(continua)

| Avaliação da intervenção socioeducacional

(conclusão)

Realização do projeto;

Apresentação e análise dos resultados;

Interpretação, conclusões e tomada de decisões.

Os participantes da investigação na ação, depois de terem explorado e analisado sua experiência, e depois de enunciado o problema de investigação, identificam as variáveis implicadas e as relacionam (formulação de objetivos ou hipóteses) em função da escolha de uma possível solução para o problema. Posteriormente, será necessário elaborar um projeto de intervenção, que será considerado tratamento em relação ao efeito ou à situação investigada e que atenda à necessidade. Para isso, criam-se instrumentos de medida e estabelece-se um calendário, testa-se o projeto e avaliam-se os resultados. Posteriormente, interpretam-se os resultados, chega-se a conclusões e tomam-se as decisões pertinentes.

4.3.5 O educador social como investigador de sua prática profissional

Sob a perspectiva da investigação-ação, um educador social tem a possibilidade de investigar sua própria prática profissional, não só porque se demonstrou, em muitas ocasiões, que é o melhor modo de obter atuações profissionalmente adequadas e ajustadas a cada realidade, mas porque ao mesmo tempo permite fazer avanços nas intervenções socioeducacionais. Essa deve ser a razão pela qual surge uma demanda cada vez mais urgente de que cada profissional assuma o papel de investigador de sua própria prática profissional com a intenção de melhorar as intervenções socioeducacionais.

Por outro lado, sendo a profissão de educador social uma atividade complexa e fundamentalmente prática, é justamente essa prática o componente mais destacado para propiciar a determinação de elementos de análise, de maneira que se possam obter frutos enriquecedores não só para seu âmbito imediato de intervenção, mas também para outros âmbitos de intervenção no futuro. É preciso ter em mente que a investigação na prática profissional constitui uma grande oportunidade de garantir o conhecimento de uma determinada atividade, mediante um processo de reflexão permanente sobre ela e sobre sua forma de realizá-la.

Ao longo de todo o processo, outorga-se uma especial importância à observação como estratégia a utilizar no processo de reflexão, para se aprender sistematicamente com a prática, visto que a observação permite analisar diretamente a realidade. Embora as formas de fazer a investigação da prática profissional do educador social possam ser muito variadas, algumas atuações poderiam ter como objetivo:

> Analisar a coerência entre o projeto de intervenção socioeducacional desenhado e sua aplicação prática;
> Analisar e determinar algumas situações e problemas vividos diariamente em cada intervenção;
> Fazer propostas de modificação, em cada caso.

5. Resumo

Partimos da análise conceitual dos termos *plano*, *programa* e *projeto*, registrando a estreita relação que há entre eles, centrando-nos no conceito de "projeto", com suas características e elementos definidores. Nesse contexto, o *âmbito* tornou-se o espaço por excelência da intervenção. Entendemos por âmbito as coletividades, as pessoas, os lugares ou as instituições em que é possível desenvolver algum programa de intervenção socioeducacional.

Tendo em conta que a sociedade vai gerando novas demandas de intervenção cada vez mais complexas e especializadas, o modelo mais adequado para trabalhar em educação social será aquele que contenha os elementos formativos adequados a cada realidade social como fundamento de qualquer intervenção socioeducacional.

O desenho necessário de um projeto, como passo prévio a qualquer intervenção socioeducacional, deve estar fundamentado em bases de caráter antropológico, social, cultural, ético e científico.

A elaboração de um modelo de intervenção socioeducacional para a educação social pode ser enfocado sob diversas perspectivas: científico-tecnológica, interpretativa-interacionista, sociocrítica e acadêmico-disciplinar.

Entendemos como modelo de intervenção socioeducacional uma representação esquemática que explica e organiza uma série de diretrizes que têm a finalidade de possibilitar a elaboração de projetos específicos de intervenção ajustados a cada realidade socioeducacional e ao âmbito em que se pretende intervir.

O educador social, como agente de intervenção socioeducacional, costuma trabalhar quase sempre em equipe, com outros profissionais, e seu trabalho costuma estar ligado a instituições, que normalmente são as responsáveis pelos programas gerais de intervenção socioeducacional em determinados âmbitos. Esses âmbitos podem ser muito variados, e dependem da natureza da intervenção.

De forma genérica, podemos considerar que os âmbitos de intervenção socioeducacional podem ser agrupados nestas categorias: âmbito pessoal, familiar, escolar e social.

A investigação na ação é um procedimento muito utilizado nos dias atuais em pesquisa socioeducacional, e feita na prática, baseada na reflexão. A dimensão reflexiva que caracteriza a investigação-ação pode ser complementada com uma autoanálise biográfica no sentido de análise da própria experiência pessoal como mais um elemento da própria prática, tendo em conta que qualquer processo de investigação na ação está relacionado com o modo como se concebe a ação socioeducacional.

6. Atividades

› Recordar alguma metodologia adequada para um enfoque socioeducacional.
› Tentar justificar a complexidade da profissão de educador social.
› Por que a investigação na ação ganha grande importância para o educador social?

7. Autoavaliação

› Recordar as bases em que deve estar fundamentada uma intervenção socioeducacional.
› Anotar outros possíveis agentes individuais de intervenção socioeducacional.
› Recordar como se pode fazer a pesquisa da prática profissional do educador social.

Soluções:

As bases nas quais uma intervenção socioeducacional deve estar fundamentada são de caráter antropológico, social, cultural, ético e científico.

Outros possíveis agentes individuais de intervenção socioeducacional são: trabalhadores sociais, psicólogos, pedagogos, sociólogos e médicos.

A investigação da prática profissional do educador social pode ser feita:

› Analisando a coerência entre o projeto de intervenção socioeducacional desenhado e sua aplicação prática.
› Analisando e determinando algumas situações e problemas vividos diariamente em cada intervenção.
› Fazendo propostas de modificação, em cada caso.

unidade didática três

justificativa e sentido da avaliação em educação social

1. Introdução

A avaliação em educação social ganha todo seu sentido nos dias atuais na medida em que responde à necessidade de constatar e avaliar fatos e situações de natureza socioeducacional em diferentes esferas da sociedade. Essas situações requerem, com frequência, intervenções que verifiquem as necessidades detectadas, a natureza dos processos e a qualidade dos resultados, mediante procedimentos reguladores e orientadores em cada intervenção.

A avaliação se apresenta, portanto, como um elemento inerente ao próprio desenvolvimento dos projetos de intervenção socioeducacional, com a finalidade de conhecer como se desenrolam, bem como para reorientar os processos em caso de necessidade. A avaliação também proporciona, no final do projeto, dados sobre todos os elementos que o integraram: sobre o âmbito de intervenção, os agentes que o executaram e cada componente do próprio projeto de intervenção socioeducacional. Não obstante, é preciso ter ciência de que avaliar no âmbito social não é tarefa fácil, principalmente pela pouca tradição existente e pela falta de formação específica de seus profissionais. Nesse sentido, seria desejável desligar a avaliação em educação social de sua concepção escolar e acadêmica (embora se mantenham sempre as características básicas essenciais a toda avaliação), dando-lhe um enfoque mais prático e funcional, derivado de sua aplicação específica às peculiaridades da intervenção socioeducacional.

2. Competências

Com o trabalho e estudo deste capítulo, pretende-se favorecer ao estudante que adquira as seguintes competências:

1. Administrar e planejar a atividade profissional na área da educação social;
2. Trabalhar em equipe;

3. Criar e implementar processos de avaliação de agentes, âmbitos, projetos e estratégias de intervenção socioeducacional;
4. Supervisionar instituições, planos, programas e projetos socioeducacionais.

3. Mapa conceitual

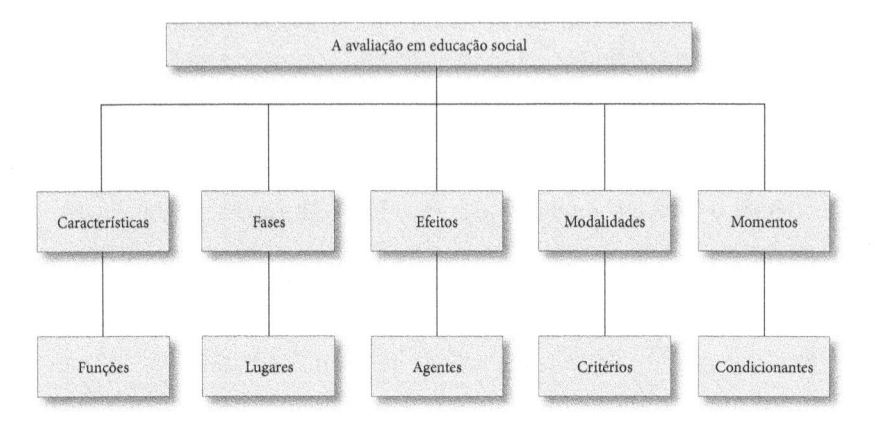

```
                    A avaliação em educação social
    ┌──────────┬──────────┬──────────┬──────────┐
Características  Fases    Efeitos  Modalidades  Momentos

  Funções    Lugares   Agentes   Critérios   Condicionantes
```

4. Conteúdos

4.1 Significado da avaliação em educação social

Na atualidade, percebe-se a avaliação como um dos aspectos que adquiriram maior relevância no âmbito socioeducacional, na medida em que tanto administradores quanto educadores sociais e toda a sociedade em seu conjunto são mais conscientes que nunca da importância e das repercussões que derivam do fato de avaliar ou ser avaliado. Talvez um dos fatores mais importantes que explicam por que a avaliação ocupa um lugar tão destacado no âmbito socioeducacional seja a compreensão, por parte dos profissionais, de que, na realidade, a avaliação constitui uma disciplina científica que serve como elemento de motivação e de ordenação intrínseca dos projetos de intervenção socioeducacional. Todos esses fatores estão nos levando a uma "cultura da avaliação em educação social", que se estende a todas as atividades sociais e faz parte de todos os projetos de intervenção, o que explica que a maioria dos países, cientes dessa realidade, tenha fornecido recursos financeiros, materiais e humanos, dada a necessidade de avaliação.

Por isso, e dada sua importância, faremos a seguir um breve trajeto pela evolução do termo "*avaliação*" e por algumas de suas definições.

A palavra "avaliação" sofreu uma profunda transformação histórica desde que foi implantada e divulgada no campo da educação, há apenas um século, proveniente do âmbito industrial. Desde que Tyler, nos primeiros anos da década de 1930, introduziu o termo "avaliação educacional", sua esfera de estudo sobre os aspectos socioeducacionais só se ampliou. Seguindo o trajeto histórico realizado por Garanto (1989), podemos distinguir na evolução do conceito os seguintes momentos fundamentais:

› **Primeiro momento**: A avaliação como medida. Situado entre o final do século XIX e o início do XX, trata-se de uma concepção da avaliação baseada na psicologia comportamental (Skinner, Watson). Centrada principalmente no estabelecimento das diferenças individuais entre pessoas, utilizava como técnica predominante e quase excludente a aplicação de testes, tanto no âmbito individual quanto no grupal (baterias). Desse modo, a avaliação tinha pouco a ver com os programas desenvolvidos em âmbitos educacionais.

› **Segundo momento**: A avaliação considerada como o grau de congruência entre objetivos e seu grau de obtenção. Essa forma de conceber a avaliação surgiu nas décadas de 1930-1940, quando, graças a Tyler, passou-se a conceber a educação como um processo sistemático, destinado a gerar mudanças na conduta dos alunos por meio da instrução. A avaliação foi considerada o procedimento que permitia verificar o grau de obtenção dos objetivos propostos.

› **Terceiro momento**: A avaliação considerada na totalidade do âmbito educacional. Essa concepção da avaliação foi desenvolvida nos Estados Unidos nas décadas de 1960-1970, como consequência de um movimento de "responsabilidade escolar" surgido por conta do progressivo descontentamento no país com a escola pública, apesar da grande quantidade de recursos econômicos designados a ela. A concepção que se tem da avaliação nesse tempo faz com que afete não somente o rendimento dos alunos, mas todos os fatores que convergem em um programa educacional, ou seja, professor, recursos, conteúdos, atividades, organização, métodos, programas etc. Nesse momento, é importante destacar, entre outros, a contribuição de dois autores: Cronbach e Scriven. O primeiro, em 1963, definiu a avaliação como: "Compilação e uso de informação para a tomada de decisões". Insistia na avaliação do processo, enquanto reclamava sobre a necessidade de uma avaliação referente ao critério, por meio de objetivos previamente estabelecidos. O segundo, por sua vez, definia a avaliação como: "Processo pelo qual estimamos o mérito ou o valor de algo que se avalia (dos resultados)". Para Scriven, trata-se de avaliar os resultados reais independentemente das metas e dos critérios preestabelecidos, dando especial atenção às atitudes geradas pelo programa nas pessoas implicadas.

› **Quarto momento**: Novos enfoques ou tendências na avaliação. Essas tendências que irrompem na década de 1970 são definidas fundamentalmente pelos seguintes aspectos: avaliação orientada em dois níveis – sujeitos e tomada de decisões sobre o programa ou o método; e avaliação entendida como "análise da mudança ocorrida no aluno como consequência de uma ação educacional sistemática", principalmente por meio de uma boa e prévia formulação de objetivos educacionais. É o auge das taxonomias (Bloom, Mager, Gagné), embora não tenham faltado críticas (Atkin, 1968). Por outro lado, a ênfase dos objetivos operacionais como indicadores do sucesso de um programa reclama a necessidade de enfrentá-la mediante a avaliação criterial. Esta oferece informação real e descritiva da situação do aluno em relação aos objetivos de ensino previstos, em vez de avaliá-lo por comparação, com um padrão ou critério de realizações desejáveis em um sujeito determinado.

› **Quinto momento**: Proliferação de modelos. Os anos 1970 e seguintes caracterizam-se pela proliferação de modelos avaliadores, associados aos dois grandes paradigmas sobre avaliação: os baseados na avaliação quantitativa (paradigma quantitativo), e os baseados na avaliação qualitativa (paradigma qualitativo). Embora o enfoque de ambos os paradigmas sobre avaliação (quantitativo e qualitativo) seja bem diferente e seus esquemas estejam claramente diferenciados, ambos coexistem em muitos casos nos dias atuais, pois, assim como em épocas anteriores, não existe um único modo de conceber a avaliação nem de aplicá-la. Com a transformação do conceito de avaliação, foram incorporando-se novos elementos provenientes de outras disciplinas, que aprofundaram seu sentido e tornaram complexa sua concepção.

Evolução do conceito "avaliação" (Garanto, 1989)	
Momentos	Avaliação entendida como:
1º	Medida
2º	Grau de obtenção de objetivos
3º	Totalidade do sistema educacional
4º	Análise da mudança ocorrida no aluno
5º	Quantitativa/qualitativa

O conceito de avaliação não é, portanto, uniforme; poderíamos considerá-lo como a soma de muitos fatores diferentes e, certas vezes, diversos entre si, que pretendem configurar um elemento ou conceito comum. É por isso que tentar definir o conceito de "avaliação" no que se refere à educação social não é fácil, de modo que podemos encontrar definições muito diversas, e de todas elas poderíamos extrair algum elemento válido para chegar a uma definição de resultados completos e operacionais para o âmbito socioeducacional, tendo em vista, ao fazê-lo, as diversas conotações que o termo "avaliação" adquire.

Na tentativa de ilustrar o conceito "avaliação", vamos apresentar algumas delas:

› Para o Comitê Phi Delta Cappa sobre avaliação do ensino nos EUA, "a avaliação é o procedimento que define, obtém e oferece informação útil para julgar decisões alternativas". Já Tyler (1950) considerava que "o processo de avaliação é essencialmente o processo de determinar até que ponto os objetivos educacionais foram atualmente alcançados mediante os programas e currículos de ensino". Para aplicar esse processo, Tyler elencava oito fases de trabalho:
  1. Estabelecimento de objetivos;
  2. Organização dos objetivos em classificações amplas;
  3. Definição dos objetivos em termos de comportamento;
  4. Estabelecimento das situações adequadas para que se possa demonstrar a obtenção dos objetivos;
  5. Explicação dos propósitos da estratégia às pessoas responsáveis, nas situações apropriadas;
  6. Seleção ou desenvolvimento das medidas técnicas adequadas;
  7. Compilação dos dados de trabalho;
  8. Comparação dos dados com os objetivos de comportamento.
› Cronbach (1963) define a avaliação como "coleta e uso da informação para tomar decisões sobre um programa educacional"; definitivamente, como ato de emitir juízos de valor.
› De acordo com Stufflebeam (1973), "avaliar é o processo de planejar, colher e obter informação utilizável para tomar decisões alternativas".
› Para Mager (1975), "a avaliação é um processo para determinar o grau ou a amplitude de alguma característica associada a um objeto ou pessoa".
› Para Attkinson (1978), a avaliação é "um sistema de ajuda essencial para a tomada de decisões em qualquer nível administrativo do sistema de apoio".
› O Consórcio de Avaliação de Standford (SEC, 1980) define a avaliação como "exame sistemático dos acontecimentos que se dão em um programa, com o fim de melhorá-lo".

- Para De La Orden (1981), "avaliar em educação significa definir, determinar ou analisar qualquer faceta da estrutura, processo ou produto educacional em função de critérios previamente estabelecidos".
- Popham (1983) caracteriza a avaliação como "um conjunto de atividades teóricas e práticas, mas sem um paradigma geralmente aceito, com grande variedade de modelos e no qual se apreciam diferentes modalidades e formas, consideradas como idôneas para avaliar".
- Para Forns (1980), o conceito de avaliação aplicado à educação pode ser abordado sob diferentes pontos de vista:
    - Técnico, porquanto a avaliação visa verificar o funcionamento do sistema educacional. Trata-se de um controle ou balanço que indica se o sistema educacional está cumprindo suas funções.
    - Ideológico, no qual a avaliação tem duas funções importantes e delicadas: por um lado, "legitimar" a herança cultural, ajudando, desse modo, a perpetuar a ordem estabelecida; e, por outro, "eliminar" os sujeitos que não pertencem à classe social dominante, por não assimilarem devidamente os princípios ideológicos que se pretendiam transmitir.
    - Psicopedagógico, visto que se aplica a sujeitos específicos, mais que a entidades.
- Para o *Joint Committee on Standards for Educational Evaluation* (1981), "a avaliação é o julgamento sistemático da valia ou mérito de uma coisa".
- Nevo (1983) entende a avaliação como "processo que provê de razões para uma correta tomada de decisões".
- Lafourcade (1985) escrevia que "a avaliação tem por finalidade verificar, de modo sistemático, em que medida foram atingidos os resultados previstos nos objetivos especificados com antecedência".
- Para Stufflebeam e Shinkfield (1987), "a avaliação consiste na compilação de dados de trabalho mediante a definição de metas que proporcionem escalas comparativas ou numéricas a fim de justificar os instrumentos de compilação de dados, as análises e a seleção das metas".

> García Ramos (1989) compreende a avaliação como "um processo sistemático de identificação, coleta e tratamento de dados sobre elementos e fatos educacionais com o objetivo de avaliá-los primeiro, e sobre essa avaliação tomar decisões".

> Rodríguez Diéguez (1998) pensa que "a avaliação consiste no processo e resultado da coleta de informação sobre um aluno ou uma classe com a finalidade de tomar decisões que afetem as situações de ensino".

Podemos observar uma evolução no conceito de avaliação, desde o significado de estimar um valor até a avaliação para a melhoria desse valor. A definição de avaliação não foi unívoca, mas foi evoluindo ao longo dos anos, o que ficou claro nas diversas contribuições dos autores. A seguir, apresentamos uma relação das contribuições mais relevantes ao longo dos últimos anos:

Ano	Autor	Contribuições relevantes
1887/1898	RICE	Primeira avaliação formal educacional realizada na América.
1916	FAYOL	Demonstrou que em todas as organizações existem determinadas funções fundamentais para seu sucesso: prever, organizar, dirigir, coordenar e controlar.
1942	TYLER	"Pai da avaliação educacional", centrando-se no uso de objetivos definidos claramente, mediante a construção e utilização de instrumentos de avaliação apropriados.
1943/1945	EXÉRCITO DOS ESTADOS UNIDOS	Utilização maciça de testes psicológicos, abrindo o caminho para a aplicação ao alunado, e, dessa forma, conhecer sua aprendizagem/seu rendimento.
1960/1969	BLOOM E STENHOUSE	A avaliação centra-se na análise da mudança produzida no aluno como resultado de uma formulação de objetivos educacionais.
1963	CRONBACH	Avaliação como processo de coleta e uso da informação, com posterior tomada de decisões.

(continua)

(conclusão)

Ano	Autor	Contribuições relevantes
1971	STUFFLEBEAM	Defende a necessidade de avaliar metas e analisar serviços.
1972	PARLETT E HAMILTON	Propuseram o conceito de *avaliação iluminativa*, concedendo grande importância ao contexto a avaliar.
1978	SCRIVEN E STUFFLEBEAM	Propõem o conceito de meta-avaliação a fim de verificar e reforçar a qualidade das avaliações.
1982	STENHOUSE	Propõe o conceito de professor como investigador.
1982	ELLIOT	Propõe o conceito de autoavaliação, mostrando seu interesse pelas interpretações dos integrantes da avaliação.
1986	KEMMIS	Propõe o princípio de pluralidade de valores, no qual prima o conhecimento dos valores para a emissão de juízos apropriados por parte dos avaliadores.
1986	RODRÍGUEZ DIÉGUEZ	Propõe três eixos para a *avaliação*: quantitativo-qualitativo, normativo-criterial e formativo-somativo.
2002	CASTILLO ARREDONDO	Enfoque sistêmico e integrado da avaliação: processo avaliador dentro de outros processos aos quais se integra.

De nossa parte, definimos a avaliação em educação social como o *"processo de análise e tomada de decisões sobre o grau de obtenção dos objetivos propostos em uma intervenção socioeducacional. Esse processo deverá ser precedido de uma análise e diagnóstico da situação a avaliar e da obtenção de dados mediante as técnicas e instrumentos pertinentes. A avaliação deveria incluir tanto os resultados quanto os processos"*.

Autores como Witkin (1996) definem a "avaliação de necessidades" como "um processo sistemático que se desenvolve com o propósito de estabelecer prioridades sobre as necessidades identificadas, tomar decisões sobre atuações futuras e localizar recursos", considerando três fases na avaliação de necessidades:

1. *Pré-avaliadora*, referente a um estudo prévio e exploratório do contexto avaliador e suas necessidades.

2. *Avaliadora*, referente à aplicação da estratégia traçada anteriormente, identificando as necessidades e categorizando-as para facilitar sua priorização.
3. *Pós-avaliadora*, referente ao planejamento da ação em função da priorização das necessidades.

Essas fases seriam definidas como:

> Avaliação *inicial-diagnóstica*;
> Avaliação *processual-formativa e orientadora*;
> Avaliação *final-somativa e abonadora*.

Podemos deduzir que, embora praticamente todas as definições apresentadas concebam o conceito "avaliação" de formas diferentes, existe uma característica comum a todas elas, que é o fato de que todas consideram a avaliação como um dos componentes fundamentais de qualquer processo socioeducacional.

Para Riera (1998), a avaliação em educação social é uma ação sistemática e fundamentada de suporte, mediação e transferência que favorece especificamente o desenvolvimento da sociabilidade do sujeito (pessoa, grupo ou comunidade) ao longo de toda sua vida, a circunstância e os contextos, promovendo sua autonomia, integração e participação crítica, construtiva e transformadora no âmbito sociocultural que envolve, contando em primeiro lugar com os próprios recursos pessoais – tanto do educador quanto do sujeito –, e, em segundo lugar, mobilizando todos os recursos socioculturais necessários do entorno ou criando, por fim, novas alternativas.

As contribuições da avaliação em educação social podem ser classificadas em duas grandes categorias:

> *Contribuições gerais*, formadas pelo conjunto das atividades avaliadoras integrais e integradas nos processos socioeducacionais, e pela atitude que subjaz a todo processo avaliador.
> *Contribuições específicas*, que podem se referir tanto ao âmbito da formação das pessoas destinatárias da intervenção (totalidade, integralidade, adequação, harmonia e coerência) quanto à ação técnica

do agente de intervenção socioeducacional (atuação pedagógica, grau de eficácia e contraste de suas metodologias).

O modelo de avaliação de qualidade que propomos para a educação social é um modelo integral e integrado que abarque a complexidade do sistema, a melhoria da aprendizagem e a formação das pessoas destinatárias da intervenção, a própria intervenção socioeducacional e o aperfeiçoamento dos próprios agentes de intervenção. As características técnicas que a avaliação adquire como fator de qualidade são:

> Seu *enfoque formativo* na função, ao qual devem estar condicionadas as demais funções que a avaliação assume.
> Sua *construção criterial*, que facilita a coerência entre os objetivos pré-fixados e a avaliação.
> A *utilização de uma diversidade de técnicas e instrumentos* que facilitem a informação e evitem o reducionismo.
> A *validez* e *confiabilidade* dos dados, bem como a *justiça* e *equidade* nas análises.

Alguns termos foram utilizados, e às vezes continuam sendo, como sinônimos do termo avaliação, embora cada um tenha seus matizes diferenciais: acompanhamento, checagem, controle, monitoramento, exame, retroalimentação, exploração, diagnóstico etc. Mas, para entender adequadamente o conceito de avaliação em toda sua amplitude, é necessário estabelecer algumas diferenças acerca dos conceitos de avaliação e medição. O conceito de avaliação é o mais amplo dos dois; a atividade avaliadora é uma característica inerente a toda atividade humana "intencional", e requer objetividade e sistematização. Havendo uma intencionalidade, uma objetividade e uma sistematização, tornam-se necessárias algumas escalas ou critérios que sirvam de âmbito de referência. Por isso, avaliar implica medir, e para isso é necessário reunir todos os dados que sejam necessários da forma mais objetiva possível, tanto quantitativos quanto qualitativos. Para Cabrera e Espín (1986), medir constitui "um conjunto de ações voltadas à obtenção e registro de informação quantitativa (sendo sua quantidade, ou grau, expressa em números) sobre qualquer fato ou comportamento". Convém deixar claro, não obstante, que medir é uma condição necessária para avaliar, mas não suficiente. Nos dias atuais, temos ciência de que o processo avaliador é muito mais amplo e muito mais complexo que efetuar uma simples medição, de modo que os dados fornecidos pela medição devem ser interpretados na hora de avaliar, devendo referir-se aos critérios de avaliação estabelecidos para cada programa ou projeto de intervenção socioeducacional. Os dados fornecidos pela medição devem servir, junto com outros obtidos por outros procedimentos, para determinar em que medida foram atingidos ou não todos os objetivos propostos.

Diferenças entre avaliação e medição (García Ramos, 1989)	
Avaliação	Medição
Processual	Pontual
Ampla	Restrita
Interpretação de dados	Obtenção de dados
Todo	Parte

Portanto, o processo constituído pela avaliação é claramente mais amplo e mais complexo, e, embora a avaliação com frequência incorpore a medição, aquela não se detém nesta, dado seu caráter instrumental, visto que sempre se avalia para tomar decisões.

Uma definição que reúne esses aspectos é: "A avaliação é uma atividade ou processo sistemático de identificação, coleta e tratamento de dados sobre os elementos e fatos educacionais, com o objetivo de analisá-los primeiro, e sobre essa análise tomar decisões" (García Ramos, 1989).

Portanto, tendo em conta que a avaliação constitui uma atividade sistemática, contínua e integrada dentro dos processos socioeducacionais, avaliar em educação social implica proporcionar a máxima informação às pessoas destinatárias de programas e projetos de intervenção socioeducacional, para melhorar os processos; reajustar os objetivos; revisar planos, programas, métodos e recursos; e oferecer a máxima ajuda e orientação em caso de necessidade.

Por outro lado, determinar as características da avaliação em educação social apresenta algumas dificuldades, derivadas da diversidade de concepções existentes e já expostas sobre o termo "avaliação". Não obstante, parece-nos conveniente que para determinar as características da avaliação em educação social sejam levadas em conta as seguintes afirmações de Keeves (1990), derivadas de pesquisas sobre avaliação:

1. Os dados a utilizar na avaliação para tomar decisões devem estar diretamente relacionados aos contextos.
2. São necessárias tanto a perspectiva da avaliação geral quanto a avaliação específica de nível.
3. Os dados objetivos da execução fornecem as bases da tomada de decisões.
4. São necessárias estratégias de avaliação de referência múltipla.
5. São requeridas bases empíricas para as práticas avaliadoras.

Para Cardona (1994), as características que a ação avaliadora deve reunir são as seguintes:

1. *Integral e compreensiva*, visto que deve estar presente em todas as variáveis do âmbito sobre o qual vai se aplicar.
2. *Indireta*, visto que, em sua opinião, as variáveis no campo da educação só podem ser mensuráveis e, portanto, analisadas em suas manifestações observáveis.
3. *Científica*, tanto nos instrumentos de medida quanto na metodologia empregada para obter informação.
4. *Referencial*, visto que toda ação avaliadora tem como finalidade essencial relacionar os resultados obtidos com as metas ou objetivos propostos ou programados.
5. *Contínua*, ou seja, integrada nos processos de cada âmbito e sendo parte intrínseca de sua dinâmica.
6. *Cooperativa*, visto que se trata de um processo no qual devem se envolver todos os elementos pessoais que dele participam.

No campo da educação social, a avaliação deve ser, ainda:
> *útil* (para atender às necessidades socioeducacionais);
> *factível ou viável* (para levá-la à prática);
> *ética* (baseada na cooperação e proteção dos direitos);
> *precisa e exata* (dependendo da situação que se avalie, essa característica é a mais difícil de conseguir).

Nesse mesmo sentido, Ventosa (2001: 86) nos fala de "realismo, prudência, diplomacia e eficiência" para avaliar, mas considera que nesse processo se devem evitar erros como pseudoavaliação, intervenção na avaliação, identificação da medida, parcialidade, subjetivismo, mescla de níveis e burocratização. Para esse autor, avaliar no âmbito do social consiste em "coleta e interpretação sistemática de uma informação com o objetivo de emitir um juízo de valor que facilite a tomada de decisões com vistas à melhora do avaliado (programa, projeto, curso, atividade etc.)". A ação avaliadora dentro da intervenção social deve partir da conceituação das necessidades e de sua priorização, tendo em conta o âmbito que estamos avaliando. Por isso, devem ser levados em conta determinados critérios na hora de avaliar: *realismo, eficiência e prudência.*

Sejam quais forem as características atribuídas à avaliação, em todos os casos evidenciam seu caráter intencional, sistêmico e processual, ou seja, trata-se de um processo inserido em outro processo, que é o da intervenção socioeducacional, ao qual dá sentido, que orienta e valida, o que justifica que suas características tenham de estar sempre relacionadas ao programa ou projeto de intervenção do qual faz parte.

4.2 O processo avaliador

A avaliação é concebida como um processo contínuo no qual se podem diferenciar alguns momentos mais relevantes. Entendida como processo, a avaliação em educação social deve conter pelo menos três tipos de atuações que a caracterizam e definem:

a. Coleta de **informação**;

b. Estabelecimento de **juízos**;
c. Tomada de **decisões**.

Todas essas atuações estão relacionadas e interagem entre si, e quando ocorre uma mudança em alguma delas, as outras são igualmente afetadas. Para a coleta de informação, podemos contar com instrumentos adequados, que, além de facilitarem a observação direta da pessoa ou âmbito de intervenção socioeducacional, permitam obter dados necessários para que o agente ou a equipe de intervenção possa estabelecer juízos com um caráter preditivo ou não, mas que sejam consequência da análise que os dados obtidos permitem estabelecer. O processo deve desembocar em uma tomada de decisões que pode ser de diversas naturezas, de acordo com a análise feita e com as necessidades detectadas. Para Castillo e Cabrerizo (2010), o processo avaliador passa pelas seguintes fases:

> - **Fase conceitual-construtiva**, que constitui o âmbito de conceituação e entendimento da ação avaliadora.
> - **Fase antecipatória** ou de previsão de elementos e circunstâncias da ação avaliadora.
> - **Fase organizacional** ou de estruturação e adequação da ação avaliadora.
> - **Fase executiva**, na qual se decide sobre os momentos, procedimentos e critérios da ação avaliadora.
> - **Fase reflexivo-avaliadora**, de análise e revisão do processo avaliador.

A ação avaliadora requer uma definição de tempo, especificado em uma série de momentos ao longo do processo. Esses momentos estabelecem o tipo de avaliação que se deve aplicar e as funções que lhe cabe desempenhar. Existe um consenso generalizado entre os especialistas em educação social de que o processo avaliador deve compreender as seguintes fases:

1. **Planejamento inicial**: Trata-se de fazer uma reflexão inicial sobre o que vamos avaliar. Primeiramente será necessário definir o objeto ou aspecto no qual vamos nos centrar (agentes, âmbitos, projetos etc.). Além disso, delimitar-se-á quais serão as áreas a explorar, as técnicas a utilizar e as pessoas implicadas nessa avaliação.

Para responder a essas perguntas, será necessário fazer uma compilação inicial de informação, para definir os objetivos de partida de forma realista.
2. **Coleta de informação**: Devemos colher toda a informação possível sobre o objeto de estudo. Para isso, empregaremos diversas técnicas e instrumentos, como a observação, entrevistas, questionários, testes e provas objetivas etc. Sobre esse aspecto, aprofundaremos mais adiante e conheceremos as técnicas mais adequadas para o desenvolvimento ou a prática mais adequada da avaliação em educação social. A informação é chave e determina a qualidade da avaliação.
3. **Interpretação e análise da informação (juízo avaliador)**: A análise da informação coletada implica tarefas de seleção, síntese, interpretação e análise dos dados. O objetivo será descrever e explicar a situação analisada. No sentido mais estrito, é a culminação da avaliação, mas o processo não seria completo se não levássemos em conta os passos posteriores.
4. **Tomada de decisões e propostas de intervenção**: Depois de avaliar a informação obtida no campo de análise, é necessário tomar decisões coerentes fundamentadas nos juízos de valor que a informação disponível e contrastada nos permitiu. Devem ser tomadas decisões acerca dos objetivos que foram trabalhados, da metodologia utilizada, das atividades que foram realizadas, dos recursos e dos agentes que se encarregaram da execução.

Nos quadros seguintes, estão as contribuições de alguns autores referentes às fases a seguir em um processo avaliador.

Blanco (1990)
1. Objeto.
2. Audiência: solicitante e receptora.
3. Equipe avaliadora.

(continua)

(conclusão)

Blanco (1990)

4. Características do processo: sistemático, contínuo, integral, cumulativo, participativo e integrado.
5. Projeto metodológico: propósitos, variáveis, processos de obtenção de informação, organização e análise de dados e apresentação de resultados.
6. Funções da avaliação.
7. Critérios de avaliação.

Casanova (1992)

1. Fase de planejamento que leva ao plano de avaliação:
   › Descrição clara do problema ou fator desencadeante do estudo;
   › Definição do âmbito e finalidade da avaliação;
   › Escolha do enfoque metodológico adequado;
   › Identificação das variáveis mais relevantes;
   › Especificação dos indicadores de qualidade que serão utilizados como critérios de avaliação;
   › Especificação ou preparação dos instrumentos e procedimentos de coleta, análise e interpretação de dados;
   › Previsão de mecanismos de discussão e elaboração de conclusões;
   › Designação de responsabilidades aos agentes da avaliação;
   › Fixação do tempo das diversas fases e atuações;
   › Orçamento.
2. Fase de execução.
3. Fase de elaboração e publicação das conclusões.

Santos Guerra (1993)

1. Colher dados de uma forma precisa e prolongada.
2. Utilizar métodos adequados (o que implica o uso de métodos).
3. Submeter os dados à interpretação e análise.

(continua)

(conclusão)

Santos Guerra (1993)
4. Discutir os dados de forma aberta e conjunta.
5. Registrar a reflexão por escrito.
6. Tomar decisões racionais para melhorar a ação.
7. Publicar, para submeter a reflexão ao debate público.

Qualquer processo avaliador em educação social tem de levar em conta os elementos mais determinantes que o afetam, entre outros:

> O **contexto** de avaliação;
> O **momento** em que se avalia;
> A **cultura** das pessoas avaliadas;
> Os **agentes** avaliadores;
> O **procedimento** avaliador.

4.3 Funções da avaliação

Em educação social, a avaliação deve estabelecer em que medida foram atingidos os objetivos determinados; além disso, serve como ponto de partida para as posteriores modificações e correções no processo de consecução dos objetivos. A avaliação contribui, portanto, para o aperfeiçoamento e reforço dos projetos de intervenção socioeducacional e das atuações que neles se desenvolvem.

Não obstante, as funções atribuídas à avaliação em educação social se diversificam em função das necessidades reais de cada âmbito de intervenção em cada momento ao longo do desenvolvimento do processo.

Para Cardona (1994), a aprovação tem as seguintes funções:

a. **Diagnóstica**: Função desempenhada principalmente pela avaliação inicial. A função diagnóstica da avaliação vem satisfazer a necessidade de conhecer os pressupostos de partida para implementar qualquer ação socioeducacional.

b. **Previsora**: Função que facilita a estimação de possibilidades de atuações e rendimentos. Para o autor, a função previsora da avaliação torna-se operacional nas modalidades inicial e formativa, estando voltada para a elaboração contextualizada de projetos.
c. **Retroalimentadora**: Função que, segundo o autor, é exercida pela avaliação formativa e que vai reconduzindo os diversos elementos que formam o projeto de intervenção socioeducacional. Considera que, na avaliação formativa, é possível exercer uma função orientadora dos processos socioeducacionais.
d. **De controle**: Função que, segundo o autor, é necessária pelas exigências feitas pela administração.

Para Froufe e Sánchez (1994), as funções da avaliação são:

a. **Função aprimoradora**, visto que o aperfeiçoamento implica a melhoria de todos os elementos que definem uma intervenção socioeducacional. Aumenta sua eficácia, relacionando o processo aos resultados e melhorando os resultados qualitativos da intervenção.
b. **Função formativa**, visto que a avaliação controla a qualidade e a eficácia de todas as fases do projeto, de tal modo que os dados que vão sendo obtidos diariamente servirão ao agente de intervenção socioeducacional para introduzir modificações na estrutura, no funcionamento e na metodologia da intervenção.
c. **Função orientadora**, que permite ao agente de intervenção conhecer todas as variáveis que incidem sobre a avaliação, servindo como referência para analisar os objetivos atingidos.
d. **Função ecológica**, que permite redefinir com critérios válidos a população-alvo da intervenção, e ao mesmo tempo analisa a interação pessoa-ambiente a fim de oferecer a intervenção socioeducacional mais aconselhável.
e. **Função participativa**, na medida em que propicia a participação em todas as fases do programa às pessoas ou aos grupos implicados na intervenção socioeducacional, e ao mesmo tempo promove a autoavaliação.

f. **Função identificadora**, visto que os resultados obtidos como consequência da aplicação de uma intervenção socioeducacional servem para identificar os contextos, os níveis de execução, os âmbitos de aplicação e as pessoas ou os grupos participantes.
g. **Função preditiva**: Baseia-se na premissa de que o conhecimento do contexto e das necessidades do âmbito de aplicação permite prognosticar ou predizer com certas garantias o sucesso da intervenção socioeducacional, com razoável acerto.
h. **Função ética**, visto que a avaliação deve garantir o acesso aos benefícios derivados de uma intervenção socioeducacional a todos os seus destinatários.
i. **Função homogeneizadora**, na medida em que a avaliação procura equilibrar os esforços dos participantes em uma intervenção socioeducacional com objetivos comuns.

De nossa parte, consideramos que as funções de avaliação em educação social têm de estar em concordância com as atuações próprias da intervenção socioeducacional, entendendo a avaliação:

> como diagnóstico de necessidades e de estudo das características da situação: função diagnóstica;
> como orientação do planejamento da ação: função orientadora;
> como atitude de acompanhamento no desenvolvimento do processo: função processual;
> como indagação e investigação da informação requerida e como apoio à inovação para a melhoria: função investigadora;
> como testemunho e avalização das tarefas realizadas: função abonadora;
> como garantia do processo e dos resultados finais: função referencial.

De qualquer forma, a avaliação em educação social é um processo que faz parte do programa de intervenção socioeducacional, ao qual reorienta e garante uma aplicação adequada. O que é necessário ter em mente é que as funções que a avaliação na educação social possa adquirir dependem principalmente das necessidades dos destinatários dos projetos de intervenção socioeducacional a avaliar, bem como dos programas sociais dos quais dependem.

4.4 Tipos de avaliação

Determinar os tipos de avaliação que podem ser utilizados em educação social é um tema complexo, visto que, sendo múltiplos os critérios que podem ser utilizados para avaliar, os tipos a utilizar podem ser diversos.

Por outro lado, sendo diversos os tipos de avaliação que podem ser aplicados em cada momento e para algum aspecto específico da intervenção socioeducacional, parece-nos conveniente conhecê-los para determinar qual é o mais adequado para cada situação.

Existem diversos tipos de avaliação, denominados de diversas formas: contínua, interna, externa, formativa, diagnóstica, instrutora, integradora, etnográfica, quantitativa, qualitativa, global, parcial, normativa, criterial, inicial, processual, final, intuitiva, naturalista, de processos, de produtos, contextual, autoavaliação, coavaliação, heteroavaliação etc., o que torna difícil estabelecer uma classificação para todas elas. Para Rodríguez Diéguez (1986), a classificação dos diversos tipos de avaliação deve ser feita "em função do lugar que o sujeito que realiza a avaliação ocupa no processo de aprendizagem, e em função do padrão que se tem para realizá-la".

O mesmo Rodríguez Diéguez (1991) estabelece três linhas ou eixos de análise para a avaliação:

1. **Eixo descritivo**, com as polaridades medida e estimação, que faz referência aos tipos de avaliação quantitativa e qualitativa. A avaliação quantitativa serve-se de métodos numéricos (quantifica), enquanto a avaliação qualitativa serve-se de métodos "literários" (qualifica).
2. **Eixo normativo**, com as polaridades referência estatística e referência ao critério, que compreende os tipos de avaliação normativa e criterial. A avaliação referente à norma estabelece comparação com outros grupos ou com outros membros do grupo, enquanto a avaliação criterial faz referência ao critério previamente estabelecido e que deve estar relacionado aos objetivos a atingir.

3. **Eixo de tomada de decisões**, com as polaridades presença e ausência de tomada de decisões, e que faz referência aos tipos de avaliação formativa e somativa. A primeira é contínua e adota decisões técnicas, enquanto a segunda é final (de um período ou do curso) e suas decisões têm implicações administrativas. Para Rosales (1990), as modalidades de avaliação são: inicial, contínua e final.

Como é possível estabelecer uma grande quantidade de classificações sobre os diversos tipos de avaliação que podem ser utilizadas em educação social, apresentamos a seguir, como exemplo, a avaliação realizada por Casanova (1992), que agrupa os diversos tipos de avaliação sob diferentes critérios, que não se deve deduzir que sejam excludentes entre si. Para essa autora, é importante sistematizar e diferenciar os tipos de avaliação, visto que, em sua opinião, é o melhor caminho para otimizar os processos avaliadores.

Tipos de Avaliação (Casanova, 1992)							
Segundo a finalidade da avaliação							
Diagnóstica			Formativa			Somativa	
Segundo sua extensão							
Global			Parcial				
Segundo o agente avaliador							
Interna			Externa				
			Segundo o momento			Segundo o critério	
Autoavaliação	Heteroavaliação	Coavaliação	Inicial	Processual	Final	Normativa	Criterial

Vamos explicá-los brevemente:

1. **Segundo sua finalidade**
   › *Avaliação diagnóstica*: É um tipo de avaliação muito importante para uma intervenção socioeducacional, visto que tem como objetivo que o agente de intervenção a inicie com um conhecimento real das características das pessoas às quais se dirige e a situação pessoal e social destas. Esse conhecimento é fundamental, visto que permitirá ao agente de intervenção socioeducacional criar suas estratégias de intervenção e acomodar sua prática à realidade de todos os seus destinatários. A avaliação diagnóstica deve acontecer no início de qualquer programa de intervenção socioeducacional, por ser esse o momento em que se necessita conhecer a realidade na qual a intervenção será realizada. Por meio de diversas técnicas (observação e outras), é possível obter dados suficientes em quantidade e qualidade para conhecer a situação real de partida para a intervenção e para poder estabelecer as estratégias necessárias.
   › *Avaliação formativa*: É a avaliação que serve como estratégia de melhora para ajustar, durante o andamento, os processos de intervenção socioeducacional. É a mais adequada para a avaliação de processos e costuma se relacionar com a avaliação contínua. A avaliação formativa permite obter informação de todos os elementos que configuram o desenvolvimento do programa de intervenção socioeducacional, e permite reorientar, modificar, reforçar, verificar todos os elementos que o integram, dependendo de cada caso particular. Essa concepção da avaliação se encaixa no conceito que Lafourcade (1985) tem sobre ela: "verificar de modo sistemático em que medida foram obtidos os resultados previstos nos objetivos especificados anteriormente", ou seja, trata-se de uma possibilidade de modificação em função das necessidades de cada momento.
   › *Avaliação somativa*: Aplica-se essa avaliação no final de um período de tempo determinado para verificação dos resultados alcançados nesse período. Pretende-se determinar a valia final

e o grau de consecução dos objetivos propostos para esse período. É a avaliação final que determina a consecução dos objetivos propostos ao fim de um projeto de intervenção socioeducacional. Os resultados da avaliação somativa podem ser o ponto de partida da avaliação diagnóstica para a intervenção socioeducacional no mesmo âmbito de intervenção.

2. **Segundo sua extensão**
   › *Avaliação global*: Pretende abarcar todos os componentes ou dimensões de um programa de intervenção socioeducacional. É como uma totalidade interativa na qual qualquer modificação em um de seus componentes tem consequências no resto.
   › *Avaliação parcial*: Visa ao estudo ou à análise de determinados componentes ou dimensões de um programa de intervenção socioeducacional, sejam individualmente considerados ou como integrantes de uma parte da intervenção.

3. **Segundo o agente avaliador**
   › *Avaliação interna*: A avaliação interna é promovida e realizada de dentro, pelos próprios agentes de intervenção socioeducacional. Trata-se de conhecer, dentro da estrutura interna do âmbito em que ocorre a avaliação, tanto o andamento do processo a avaliar quanto seus resultados finais. A **avaliação interna** oferece, por sua vez, diversas possibilidades de realização:
      › *Autoavaliação*: Os avaliadores avaliam seu próprio trabalho, de modo que as responsabilidades do avaliado e do avaliador coincidem nas mesmas pessoas. Nesse âmbito, a autoavaliação é realizada geralmente pelos agentes de intervenção socioeducacional, que pretendem conhecer tanto o andamento do processo de intervenção que desenvolveram quanto seus resultados finais. A autoavaliação é feita mediante um processo de autorreflexão e com o preenchimento de algum tipo de questionário etc.
      › *Heteroavaliação*: Nessa modalidade de avaliação, os avaliadores e os avaliados não são as mesmas pessoas. É feita sem a participação de avaliadores externos (o agente de

intervenção socioeducacional que avalia alguma pessoa destinatária dessa avaliação).
› *Coavaliação*: Nessa modalidade de avaliação, determinadas pessoas ou grupos se avaliam mutuamente, ou seja, avaliadores e avaliados trocam de papel alternadamente (agentes de intervenção socioeducacional com os destinatários da intervenção).
› *Avaliação externa*: É aquela na qual o avaliado e o avaliador são pessoas ou instâncias diferentes e é feita quando agentes não integrantes habituais de um programa de intervenção socioeducacional avaliam seu funcionamento. Às vezes, faz-se também a denominada "avaliação por especialistas", que costuma ser feita por pessoas de reconhecido prestígio, pesquisadores etc., que procuram avaliar algum programa em andamento.

Ambas as modalidades de avaliação, interna e externa, complementam-se mutuamente e devem ser aplicadas dependendo da natureza do programa de intervenção socioeducacional que será avaliado.

A **avaliação externa**, diferencia-se entre:

› **Segundo o momento da aplicação**
  › *Avaliação inicial*: É a realizada no início de um programa de intervenção socioeducacional. Consiste na coleta de dados de todo tipo, em quantidade e qualidade, na situação de partida, e sua finalidade é que o agente de intervenção a inicie com um conhecimento real das características de cada destinatário, o que deve lhe permitir criar suas estratégias e acomodar suas atuações à realidade de todos eles. Essas razões fazem com que a realização da avaliação inicial seja fundamental para um adequado desenvolvimento do programa de intervenção. Além disso, a avaliação inicial vai servir de referência para analisar o final da intervenção socioeducacional e verificar se os resultados foram satisfatórios ou insatisfatórios.
  › *Avaliação processual*: Consiste na análise, por meio da coleta contínua e sistemática de dados, do desenvolvimento e da aplicação de uma intervenção socioeducacional, ao longo de

um período de tempo predeterminado. A avaliação processual serve como estratégia de melhoria para ajustar, durante seu andamento, os processos de intervenção (por isso seu nome). Costuma relacionar-se com a avaliação formativa e com a avaliação contínua. A avaliação processual permite obter informação do desenvolvimento do processo de intervenção socioeducacional e de todos os seus destinatários ao longo do tempo de duração, proporcionando dados que devem permitir reorientar, modificar ou reforçar o processo em caso de necessidade.

› *Avaliação final:* Consiste na coleta e análise de dados ao finalizar um período de tempo previsto para a realização de um programa de intervenção socioeducacional, como constatação da consecução dos objetivos esperados. A avaliação final é aplicada ao término de um período de tempo determinado e pretende estabelecer o grau de consecução dos objetivos propostos na aplicação de um programa de intervenção socioeducacional, e os resultados fornecidos podem ser o ponto de partida da avaliação inicial da intervenção seguinte, no mesmo âmbito.

› **Segundo o critério de comparação**
  › *Avaliação normativa:* Nesse tipo de avaliação, a referência de comparação é um grupo normativo determinado (outros programas, projetos ou intervenções) e estabelece-se a comparação entre os resultados obtidos por cada pessoa ou grupo determinado com os obtidos por outras pessoas ou grupos aos quais foi aplicado um programa de intervenção socioeducacional similar. Trata-se de uma modalidade de avaliação que não personaliza o processo avaliador e que pode prejudicar uma determinada pessoa em função do grupo em que está incluída. Esta modalidade de avaliação pode ser útil quando se procura conhecer dados estatísticos sobre o rendimento específico de alguma pessoa ou grupo de intervenção em relação a outros grupos.
  › *Avaliação criterial:* Diz-se que a avaliação é criterial quando o referencial ou critério de comparação é o programa de intervenção

socioeducacional em relação aos objetivos para ele propostos. A avaliação criterial não estabelece, portanto, elementos de comparação com outras pessoas ou com outros grupos, mas, sim, visa proporcionar uma avaliação mediante o desenvolvimento de um processo avaliador que compare cada pessoa ou grupo de intervenção com as metas para ele propostas.

A seguir, apresentamos uma tabela que mostra, de modo esquemático, as principais diferenças entre a avaliação normativa e a avaliação criterial:

Diferenças entre avaliação normativa e criterial		
Tipo de avaliação/ aspectos	Avaliação normativa	Avaliação criterial
Objeto da avaliação	Diferenciar entre sujeitos.	Determinar as competências que o sujeito tem.
Universo de referência	População de sujeitos.	Domínio instrucional.
Regras de conexão entre universo-teste	Não existem ou são muito difusas.	Existem e costumam ser muito precisas.
Amplitude do universo de medida	Universo grande.	Universo reduzido.
Poder de generalização	Alto.	Baixo.
Dimensão temporal (medida da mudança)	Não diretamente assumida (instabilidade = erro).	Assumida (a mudança educacional é um fato definidor).
Nível teórico de definição das variáveis	Alto (construções teóricas não observáveis).	Baixo (construções mais ou menos estruturadas de observações empíricas).
Âmbito das variáveis	Cognitivo e não cognitivo.	Cognitivo.

Dada a complexidade do processo de avaliação, avaliar em educação social requer uma ação coordenada, motivo pelo qual é frequente que ocorram, de forma simultânea, diversos tipos de avaliação que foram expostos anteriormente.

4.5 Momentos para avaliar

Qualquer intervenção socioeducacional exige que os agentes de intervenção tenham consciência dos progressos que vão sendo obtidos. A avaliação, nesse sentido, é concebida como um processo que regula a própria intervenção com o objetivo de reforçar ações ou reformar propostas do programa socioeducacional em execução. Portanto, qualquer momento é bom para avaliar, visto que se trata de obter informação pertinente sobre o desenvolvimento do projeto de intervenção socioeducacional. Não obstante, embora já tenhamos nos referido anteriormente a esses aspectos, vamos nos referir agora com mais detalhes aos **três momentos-chave** do processo avaliador da intervenção.

a. **Avaliação inicial-diagnóstica**
   Tem uma finalidade exploratória e diagnóstica. Serve para determinar qual é o ponto de partida, e é a base para planejar adequadamente a ação socioeducacional com cada pessoa ou grupo. Dependendo do contexto em que o processo se desenrola, vários agentes participam da avaliação inicial diagnóstica: professores, educadores, equipe especializada, psicopedagogos, educadores sociais, agentes sanitários, pais etc. A avaliação inicial deveria compreender:
   › Análise do contexto onde será realizada a intervenção socioeducacional. Para analisar o contexto, é possível recorrer a instrumentos ou questionários.
   › Análise das características das pessoas com quem vai se realizar a intervenção socioeducacional: seus problemas, suas dificuldades, suas expectativas, seus objetivos etc.
   › Detecção de necessidades para a intervenção socioeducacional.

b. **Avaliação processual-formativa**
   Costuma identificar-se com a formação contínua, e é feita de forma constante e sistemática. Nesse sentido, a avaliação processual-formativa consiste em ir analisando o processo de intervenção socioeducacional para conhecer possíveis deficiências, e para reorientá-lo em caso de necessidade. A avaliação processual-formativa destaca os pontos fracos do processo, e aquilo em que se deve insistir para atingir os objetivos estabelecidos.

Características que podemos atribuir à avaliação processual-formativa:
- É *sistemática*, porque é um processo desenhado e planejado que é levado em conta no programa de trabalho do educador social. Com isso, determina-se quando, o que e como se realiza o processo avaliador.
- É *permanente*, na medida em que não é concebida como algo ocasional ou pontual. Trata-se de um processo ininterrupto que requer uma constante atitude avaliadora por parte do educador social, como expressão de uma permanente busca de melhora.
- É *integral*, visto que abarca todos os fatores que incidem no processo de intervenção socioeducacional.
- É *consequente*, pois sua finalidade é detectar as deficiências enquanto surgem, para solucionar o problema de imediato.
- É *personalizada*, visto que parte da premissa de que cada pessoa e cada grupo são diferentes. É preciso orientar cada um segundo suas peculiaridades, favorecendo o desenvolvimento de suas aptidões, seus interesses e suas atitudes.
- É um processo *científico*, porque emprega técnicas e instrumentos específicos e adequados a cada situação.
- É um processo *coordenado*, visto que os profissionais coordenam todos os aspectos do processo avaliador para oferecer uma visão ampla do programa em desenvolvimento.
- É um processo *participativo*, no qual intervêm todos os agentes implicados em um programa de intervenção socioeducacional.
- Tem um valor *diagnóstico*, uma vez que reflete as dificuldades ou possíveis erros e permite enfrentar sua correção o quanto antes.

A avaliação processual-formativa constitui uma base permanente do planejamento diário do trabalho do educador social.

c. **Avaliação final-somativa**

A avaliação final-somativa é entendida como a resultante de todas as avaliações verificadas ao longo do processo de intervenção socioeducacional, registrando o resultado depois da intervenção realizada. Proporciona informação acerca dos resultados obtidos e do nível de consecução dos objetivos propostos. Além disso, cumpre uma função de prognóstico e serve de ponto de partida para avaliações seguintes.

4.6 O desenho da avaliação em educação social

Criar um processo avaliador requer ter ideias claras a respeito, o que demanda a formulação de algumas perguntas prévias feitas pelos *designers* do processo:

Por que é preciso avaliar?
A resposta para esta pergunta poderá ser dada depois de realizado o diagnóstico de uma situação específica para obter uma melhoria. No caso de um projeto de intervenção socioeducacional, a avaliação cuida de todos os elementos e de seu conjunto, para melhorar sua aplicação e seu desenvolvimento nos diferentes âmbitos de intervenção. Nesse sentido, os princípios que inspiram a avaliação da intervenção socioeducacional são basicamente três:

> *Prevenção*: É preciso avaliar porque é necessário prevenir, o que implica anteciparmo-nos a determinados acontecimentos, seja para evitar que ocorram, seja para minimizar seus efeitos.
> *Desenvolvimento*: É preciso avaliar porque as ações socioeducacionais são concebidas como processos, não como atos pontuais. E a avaliação regula e analisa esses processos.
> *Intervenção social*: É preciso avaliar porque é necessário saber como a intervenção vai se desenrolando em um determinado contexto, visto que pode ser necessário modificar alguns aspectos que impedem a realização pessoal e proporcionar as condições e oportunidades mais favoráveis.

Portanto, avaliar é necessário para que informações sejam obtidas e decisões de melhoria sejam tomadas, tanto ao longo do processo quanto em sua conclusão.

O que é preciso avaliar?
A resposta dependerá do que se pretende avaliar:
> Um programa de intervenção socioeducacional;
> Um projeto de intervenção socioeducacional;
> Uma determinada intervenção socioeducacional;
> Os agentes de intervenção socioeducacional;

› Algum aspecto específico.

E, de qualquer forma, será avaliado tanto o processo de intervenção quanto o grau de consecução dos objetivos propostos.

Quem avalia?

No campo socioeducacional, não é só o educador social que realiza as atuações; ele pode estar acompanhado por um grupo multidisciplinar de especialistas: educadores, psicólogos, pedagogos, sociólogos etc. Todas essas pessoas, de uma forma ou de outra, podem ser os agentes avaliadores. As funções do educador social no processo avaliador são apresentadas no gráfico seguinte.

Funções do educador social no processo avaliador					
› Examinar › Diagnosticar	› Estudar › Planejar › Projetar	› Aplicar programas e projetos › Coordenar	› Fazer acompanhamento › Análise	› Fazer supervisão › Fazer autoavaliação	› Orientar › Dar assessoria

Como se avalia

Para fazer a avaliação, é necessário definir a metodologia que será seguida. Os paradigmas metodológicos tradicionais são: *paradigma quantitativo e paradigma qualitativo*. Diversos autores julgam que a metodologia quantitativa é a mais adequada para realizar um processo de avaliação mais rigoroso que a metodologia qualitativa, por ser esta menos objetiva na obtenção dos resultados. A essa opinião contrapõe-se a daqueles que defendem a metodologia qualitativa, mais subjetiva, mas com maiores possibilidades para obtenção de informação mais variada, rica e cheia de matizes.

De qualquer forma, a complementaridade metodológica enriquece o processo de avaliação, tanto na coleta de informação quanto na análise dos mesmos dados.

É preciso estar ciente de que uma intervenção socioeducacional é uma atuação complexa que pode requerer intervenções em níveis diferentes (educacional, social, familiar, sanitário etc.), o que significa que deve ser feita por diferentes agentes que trabalhem coordenados, mas cada um com suas próprias responsabilidades. A avaliação, nesse caso, tem a função de integrar e coordenar as diversas atuações, expondo as falhas ou as lacunas de cada uma delas, e dentro do programa em seu conjunto. Por isso, será utilizado um ou outro paradigma em função das necessidades em cada caso.

Com que se avalia?

Essa pergunta faz referência às técnicas e aos instrumentos utilizados para avaliar em educação social (ver Capítulo 7 desta obra). Algumas técnicas são de caráter quantitativo (questionário ou escala), referentes à obtenção de dados numéricos, e outras são de caráter mais qualitativo (entrevistas, observação participante, anotações de campo, grupos de discussão). Com estas últimas podemos obter, além de um resultado numérico, uma descrição do problema ou situação.

Rodríguez Gómez, Gil Flores e García Jiménez (1996) apresentam a seguinte classificação dos procedimentos e técnicas de coleta de dados em função do tipo de objetivo a atingir.

Procedimentos e técnicas de coleta de dados	
Objetivos	Procedimentos e técnicas
Diagnosticar e descrever uma situação.	Questionários, observação não estruturada, entrevista não estruturada, escala, inventários.
Contrastar uma explicação.	Testes, lista de controle, sistema de categorias, sistema de sinais, escala de estimativa, entrevista estruturada.
Interpretar o que outros pensam.	Diário, documento, biografia, entrevista não estruturada, história de vida.
Analisar o que eu penso.	Autobiografia, diário, observação não estruturada, fotografia, questionário autoaplicável.
Ajudar outros a tomarem consciência.	Diário, unidades narrativas, triangulação, enquete, *feedback*, grupo de discussão, técnicas de grupos.

De qualquer forma, as técnicas e os instrumentos empregados na coleta de dados devem garantir a objetividade e o rigor da informação coletada. Dizemos que os dados são *válidos* quando foram colhidos com precisão, com o instrumento adequado e com o rigor necessário para garantir sua veracidade. Por outro lado, falamos de *confiabilidade* querendo dizer que a informação com que trabalhamos é realmente a adequada para analisar o objeto de estudo, ou seja, que se conta com os dados mais oportunos, com as manifestações daquele traço que queremos avaliar. Só contando com dados válidos e confiáveis é que as posteriores atuações do processo de avaliação serão adequadas.

Quando se avalia?

Como já é sabido, a avaliação se desenvolve ao longo de um processo, no qual podem se distinguir três modalidades, segundo o momento:

› *Avaliação inicial-diagnóstica*: A realizada como diagnóstico prévio para obter informação do estado de necessidades do âmbito que vamos analisar. É aplicada no começo e é anterior ao início da intervenção socioeducacional.
› *Avaliação processual-formativa*: Acontece durante o desenvolvimento das ações do processo de intervenção socioeducacional.
› *Avaliação final-somativa*: É a avaliação feita no final de um programa de intervenção socioeducacional.

Onde se avalia?

Nos mesmos âmbitos onde se aplicou o projeto de intervenção socioeducacional.

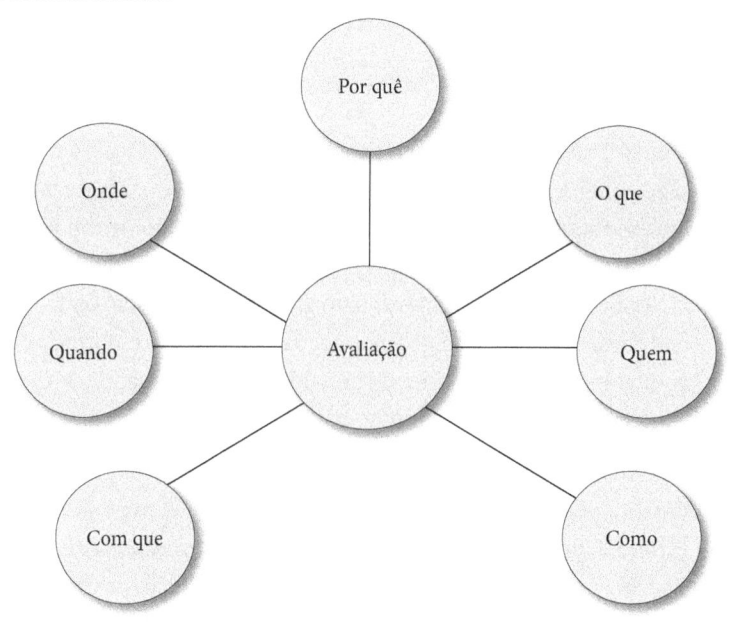

Conhecidas as respostas a essas perguntas, será necessário coordenar os diferentes elementos que integrarão o processo avaliador, e o modo de proceder em cada momento. Para isso, sugerimos os seguintes passos:

1. Contextualização da avaliação no que é preciso avaliar;
2. Estabelecimento da metodologia específica;
3. Aplicação dos diversos instrumentos de coleta de informação;
4. Análise dos dados coletados e elaboração de conclusões;
5. Propostas de melhoria;
6. Elaboração de um relatório final para divulgação e publicação dos achados obtidos.

Em educação social, é muito importante tomar as necessidades como ponto de partida, em função das quais haverão de se estabelecer os critérios e indicadores para a avaliação.

Os critérios e indicadores utilizados para avaliar projetos de intervenção socioeducacional são aspectos nos quais deveremos prestar atenção se quisermos desenvolver um processo avaliador rigoroso e de acordo com as necessidades detectadas. Trata-se de critérios e indicadores que dependerão da natureza do projeto e da área em que têm sua incidência.

Convém, portanto, estabelecer a diferença entre critério de avaliação e indicador:

> Entendemos por critérios de avaliação de projetos de intervenção socioeducacional os elementos de juízo ou normas de discernimento em função dos quais se fundamenta a avaliação de um projeto em sua totalidade, ou de algum dos elementos que o configuram.
> Entendemos por indicadores para avaliar em educação social as diretrizes, as condutas ou os elementos observáveis, em função dos quais se definem e evidenciam o conteúdo e a finalidade de um critério, fixando-o e delimitando-o.

Cada critério, portanto, vem definido por uma série de indicadores que constituem cada um dos elementos a analisar, e cujo conjunto define o critério. Um indicador, por sua vez, como o nome apresenta, faz referência a uma unidade que serve para medir ou verificar, de uma forma observável e passível de evidenciação, o grau de consecução de um objetivo, uma execução ou um resultado específico.

4.7 Avaliação em educação social e qualidade

A avaliação, entendida como um processo de orientação, assessoria e melhoria da qualidade, adquiriu um grande destaque no âmbito socioeducacional, provavelmente, devido ao fato de existir, hoje, uma maior consciência da necessidade de atingir maiores cotas de qualidade e de aproveitar ao máximo os recursos disponíveis na sociedade.

Essa mudança na forma de conceber e de aplicar a avaliação resultou em importantes transformações, tanto na concepção quanto na prática; no entanto, esses processos de mudança podem ser numerosos e abarcar diversos âmbitos. Todos esses fatores estão nos levando a uma cultura da avaliação como fator de qualidade, que se estende a todas as atividades sociais e, portanto, também aos programas e projetos de intervenção socioeducacional.

Essa é a razão pela qual foram desenvolvidos modelos que tentam contribuir com critérios de qualidade aplicáveis a todo tipo de atuação socioeducacional. A esse respeito, Gento (1996) considera em seu modelo diversos tipos de indicadores de qualidade, que são apresentados no quadro seguinte:

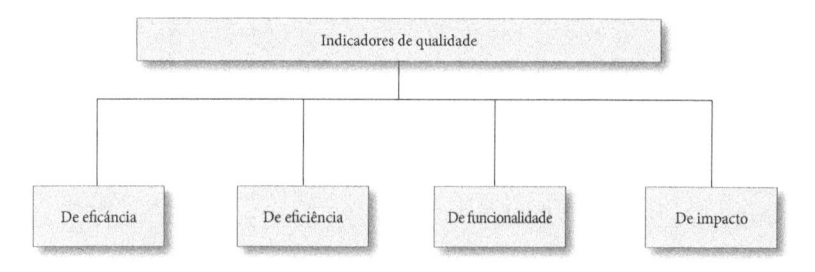

```
                    Indicadores de qualidade
                              |
        ┌──────────────┬──────┴──────┬──────────────┐
   De eficácia    De eficiência   De funcionalidade   De impacto
```

> **Indicadores de eficácia**: Procuram chegar à estimativa dos resultados obtidos ou produtos conseguidos, mas sem lamentar a

repercussão que os elementos que constituem o *input* (basicamente, o contexto e os recursos com que se contou) possam ter tido sobre eles.
› **Indicadores de eficiência**: Procuram determinar se os resultados mostram um elevado grau de rentabilidade do plano de qualidade, no mais amplo sentido, que poderia também ser entendido como nível de produtividade, ou inclusive como perfil econômico do projeto.
› **Indicadores de funcionalidade**: Procuram analisar a idoneidade do processo de execução do projeto em si, independentemente dos resultados obtidos e, dentro do possível, dos recursos postos em ação.
› **Indicadores de impacto**: Expõem os efeitos que produz no âmbito de incidência de seus resultados fora da instituição e sem referência explícita a esses efeitos.

O impacto da avaliação influi nos seguintes âmbitos:

```
                    ┌─────────────┐
                    │ Âmbito social│
                    └──────┬──────┘
                           │
┌──────────────────┐  ┌────┴─────────────┐  ┌──────────────────┐
│ Âmbito trabalhista├──┤ IMPACTO DA AVALIAÇÃO ├──┤ Âmbito acadêmico │
└──────────────────┘  └────┬─────────────┘  └──────────────────┘
                           │
                    ┌──────┴──────┐
                    │Âmbito familiar│
                    └─────────────┘
```

Outros modelos que fazem referência à qualidade, em relação a diversas características da avaliação da intervenção socioeducacional, estão baseados em diferentes critérios e indicadores:

Modelo de Le Boterf (1993)
Esse modelo diz respeito à avaliação na intervenção socioeducacional orientada à formação. Seu autor define a qualidade com os seguintes indicadores, que representamos no esquema a seguir:

Diagrama

Qualidade de orientação:
- Transferência de conteúdos
- Eficácia
- Adaptabilidade
- Manutenção

Qualidade de concepção:
- Pertinência e controle estratégico

Qualidade de aplicação:
- Graus de realização dos objetivos
- Relação pedagógica
- Métodos e níveis de motivação

Qualidade de conexão pedagógica. Intercomunicação:
- Coerência
- Sincronização
- Eficácia
- Consistência

Indicadores de qualidade

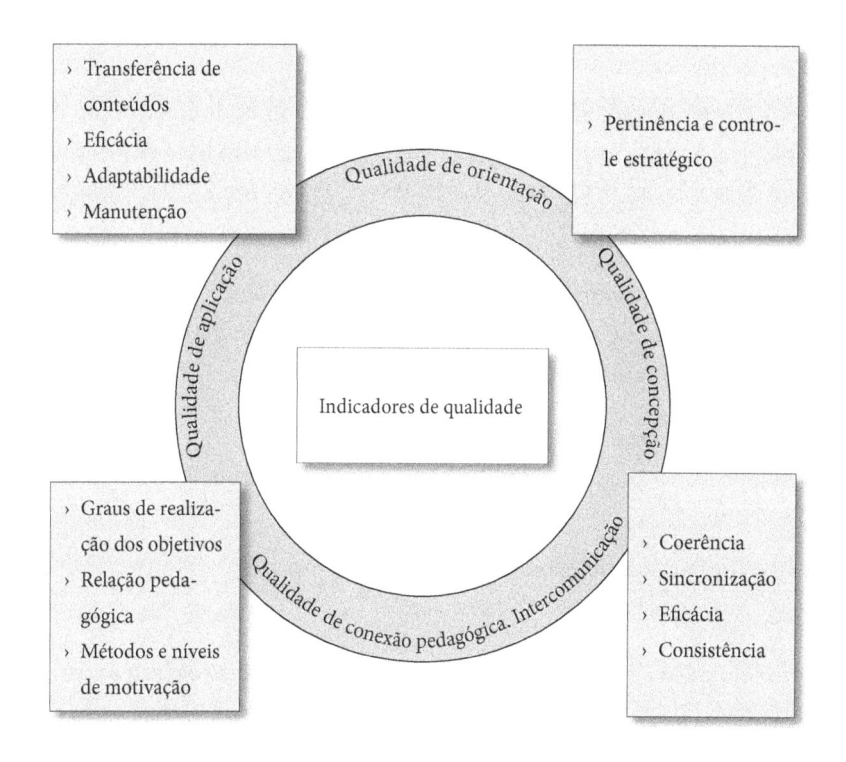

Modelo de qualidade na orientação

Dirige-se às audiências, ou aos destinatários, aos atores da ação e aos meios e procedimentos nos quais se fundamenta o conceito de orientação no contexto da formação de agentes de intervenção socioeducacional. Este modelo mostra a qualidade por meio da consistência e adequação em relação às necessidades e demandas dos clientes.

Modelo de qualidade na concepção

Este modelo enquadra-se no momento de engenharia da formação, de agentes de intervenção socioeducacional, e centra-se na coordenação dos métodos e da implementação dos sistemas de formação como fator de qualidade. Destaca os indicadores de coerência, sincronização, eficácia e consistência.

Modelo de qualidade de conexão (interface) pedagógica
Diz respeito ao contato com os atores da formação, considerando que os indicadores de qualidade mais relevantes são: o grau de consecução de objetivos pedagógicos, as relações pedagógicas, os métodos e os níveis de motivação durante a formação de agentes de intervenção socioeducacional.

Modelo da aplicação de competências
Este modelo está voltado à capacidade de desenvolver competências, por isso considera que seus indicadores de qualidade são: transferência, eficácia e manutenção de competências.

Modelo de enfoque de investimento
Este modelo é pensado para a empresa, e considera que a qualidade se centra em:

> definição e detecção de necessidades;
> especificação de competências.

Modelo de avaliação da gestão de processos em recursos humanos
Este modelo advoga pela metodologia da avaliação quantitativa como fator de qualidade, definindo as variáveis representativas e quantificáveis.

Os fatores ou indicadores, nesse caso, estão relacionados com técnicas, habilidades diretivas e aspectos formativos. Os critérios a considerar são: objetividade, capacidade interpretativa, causalidade, confiabilidade e representatividade.

Modelo de avaliação da formação de Barbier
Barbier (1993) centra-se nos processos de avaliação da formação e destaca diversos tipos funcionais da avaliação da formação adaptados à formação contínua como fator de qualidade, insistindo na avaliação de processos e considerando os resultados de formação como fatores muito importantes de qualidade. No quadro a seguir, sintetizamos a ideia de Barbier:

Campos de atividades	Avaliação dos agentes	Avaliação das intervenções
Produção de meios.	› Avaliação dos perfis sociais; › Qualificação social.	Avaliação de atividades e processos de evolução social.
Exercício do trabalho.	› Avaliação dos perfis profissionais; › Qualificação profissional.	Avaliação de atividades ou processos de evolução profissional.
Formação.	› Avaliação dos perfis de formação; › Certificação; › Qualificação escolar.	Avaliação de ações ou de atividades de formação.
Pedagogia.	› Avaliação dos níveis de atuação pedagógicos; › Qualificação.	Avaliação de trabalho pedagógico dos métodos pedagógicos ou das sequências pedagógicas.
Operações de constituição dos dados de referência: › Determinação de indicadores; › Produção de informação.	› Designação pertinente de comportamentos que possam servir de instrumentos de apreensão do estado que interessa; › Apreensão de atuações específicas, autónomas, estáveis e diferenciadas.	Determinação de indicadores de funcionamento e de resultados da ação.
Operações de constituição do referencial: › Identificação de objetivos; › Especificação de critérios.	› Identificação de modelos de comportamentos; › Elaboração de normas e escalas de atuação.	› Explicação de estratégias; › Especificação de critérios de realização de projetos.
Relações de avaliação.	Exercício unilateral para detectar modelos de conduta;	› O direito a avaliar é de todos. › O poder de avaliar recai na organização de referência; › A avaliação tende a explicitar o poder da organização.
Juízo de valor.	Classificação.	Balanço de pontos fortes e fracos da ação avaliada.

Esses modelos voltados para a avaliação da formação vêm determinados por seus resultados de curto prazo.

Para obter qualidade na avaliação em educação social, podemos utilizar a triangulação como técnica avaliadora, considerando também a triangulação de processos, de dados, dos profissionais que participam e de metodologias. A triangulação se transforma em um procedimento da avaliação para verificar se esses fatores satisfazem as necessidades para as quais foram propostos. Para Santos (1990), a triangulação é utilizada para "estabelecer contrastes sob diferentes perspectivas, para apreciar acordos ou desacordos e para precisar elementos que permitam decidir sobre a credibilidade da informação", e distingue alguns tipos de triangulação:

> Triangulação de métodos;
> Triangulação de sujeitos;
> Triangulação de momentos;
> Triangulação de profissionais.

A esse respeito, em 1980 foi redigido um documento de grande importância: o *Standard for Evaluations of Educational Programs, Projects and Materials*. Esse documento oferece trinta recomendações para uma avaliação de qualidade, agrupadas em quatro áreas de intervenção padronizadas:

> **Padrões de utilidade**: Têm o propósito de assegurar uma avaliação que satisfaça as necessidades práticas de informação de audiências, o que está representado no gráfico seguinte.

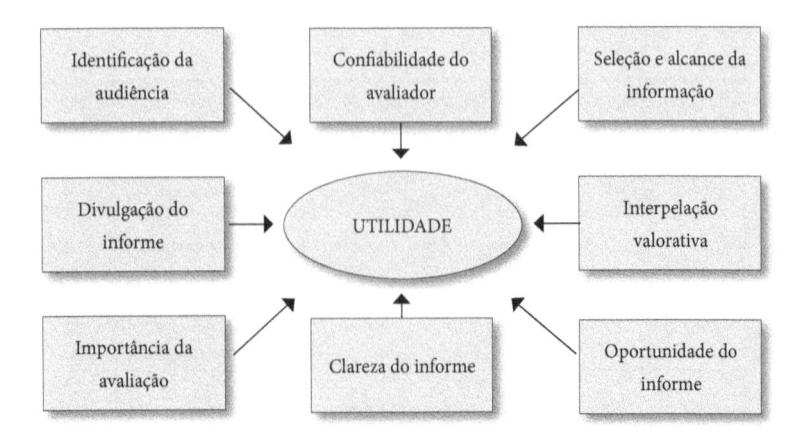

Como se pode observar, a utilidade como característica da avaliação deve satisfazer as necessidades da audiência. Para isso, o avaliador deve acreditar nela, emitir juízos de valor coerentes com a elaboração de seu informe e apresentá-lo com clareza e possibilidade de divulgação.

> **Padrões de factibilidade**: Têm o propósito de assegurar uma avaliação de qualidade que seja realista, prudente e prática. Estão baseadas no procedimento de realização da avaliação e no modo de conseguir que esta seja realizada em um contexto determinado. Desse modo, conseguimos que seja viável na hora da realização:

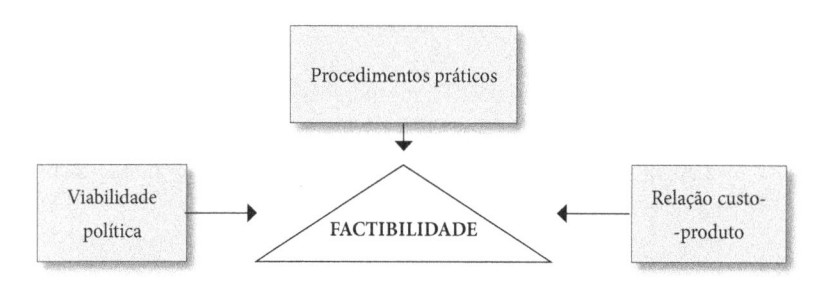

```
                    ┌─────────────────────┐
                    │ Procedimentos práticos │
                    └──────────┬──────────┘
                               │
                               ▼
┌─────────────┐          ╱──────────╲          ┌─────────────┐
│ Viabilidade │ ───────▶│ FACTIBILIDADE │◀─────── │ Relação custo-│
│  política   │          ╲──────────╱          │   -produto   │
└─────────────┘                                  └─────────────┘
```

Nesse sentido, a avaliação de qualidade nos propicia informação necessária para aplicar atuações na prática, após planejamento em um contexto ou âmbito de intervenção. Esse planejamento leva à ação prática da avaliação, e, para isso, é necessário investir em recursos humanos e materiais para executá-la nas condições mais adequadas.

> **Padrões de adequação**: Têm o propósito de assegurar que uma avaliação de qualidade seja dirigida, legalmente e com ética, em benefício de quem participa da avaliação e daqueles a quem os resultados afetam.

A responsabilidade da pessoa que vai fazer a avaliação, o como, o quando e o porquê devem ser determinados de forma que fique clara a incorporação das partes no processo, e, por isso, é necessário registrar esses fatores por escrito, para não interferir no processo.

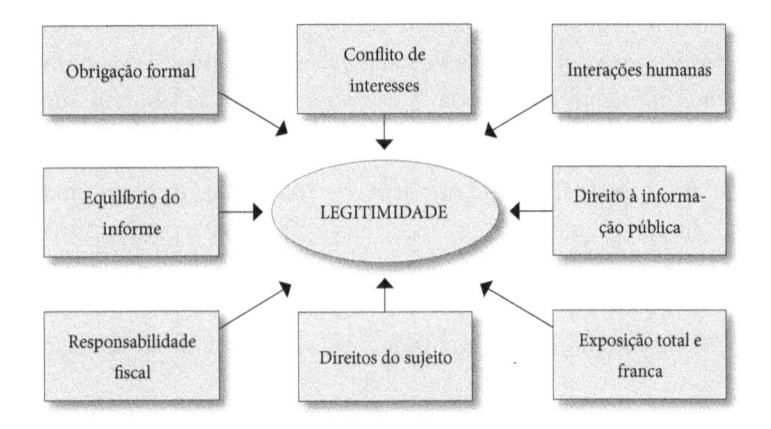

```
┌─────────────────┐      ┌─────────────┐       ┌──────────────────┐
│ Obrigação formal│      │  Conflito de│       │ Interações humanas│
│                 │      │  interesses │       │                  │
└─────────────────┘      └─────────────┘       └──────────────────┘
          │                     │                       │
          ▼                     ▼                       ▼
┌─────────────────┐         ╭─────────╮         ┌──────────────────┐
│  Equilíbrio do  │────────▶│LEGITIMI-│◀────────│ Direito à informa-│
│    informe      │         │  DADE   │         │   ção pública    │
└─────────────────┘         ╰─────────╯         └──────────────────┘
          ▲                  ▲    ▲                     ▲
          │                  │    │                     │
┌─────────────────┐      ┌─────────────┐       ┌──────────────────┐
│ Responsabilidade│      │  Direitos   │       │  Exposição total e│
│     fiscal      │      │  do sujeito │       │       franca     │
└─────────────────┘      └─────────────┘       └──────────────────┘
```

> **Padrões de seguridade**: Têm o propósito de assegurar que uma avaliação de qualidade revele e propicie a informação tecnicamente apropriada acerca dos traços do objeto de estudo que determinam seu valor ou mérito.

Análise da informação qualitativa	Informe Objetivo	Normas de precisão	Identificação do objeto
Conclusões fundamentais	PRECISÃO		Análise de contexto
Controle sistemático de dados			Propósitos e procedimentos descritos
Medição confiavel	Fontes de informação confiável		Medição válida

5. Resumo

O conceito de avaliação em educação social não é um conceito unívoco. Poderíamos considerá-lo como a soma de muitos fatores diferentes, e às vezes diversos entre si, que pretendem configurar um elemento ou conceito comum. A avaliação constitui uma atividade sistemática e contínua, integrada aos processos socioeducacionais, razão pela qual a avaliação em educação social constitui o processo de análise e tomada de decisões sobre o grau de consecução dos objetivos propostos em um projeto de intervenção socioeducacional. Esse processo deverá ser precedido por uma análise e um diagnóstico da situação a avaliar pela obtenção de dados mediante as técnicas e os instrumentos pertinentes. Essa avaliação deve incluir tanto os resultados quanto os processos.

No campo da educação social, a avaliação deve partir das necessidades do avaliado, com realismo, prudência, moderação e eficiência.

As funções da avaliação em educação social têm de estar em concordância com as atuações próprias dessa matéria, segundo a concepção que se tenha sobre a avaliação:

› Como diagnóstico de necessidades e de estudo das características da situação.
› Como orientação do planejamento da ação.
› Como atitude de acompanhamento no desenvolvimento do processo.
› Como indagação e pesquisa de resultados.
› Como apoio à inovação para a melhoria.
› Como testemunho e avaliação das tarefas realizadas.

A avaliação em educação social deve ter pelo menos três partes:

› Coleta de informação;
› Estabelecimento de um juízo;
› Tomada de decisões.

É possível estabelecer uma grande quantidade de classificações sobre as diversas modalidades de avaliação que se podem utilizar para avaliar em educação social.

A avaliação, entendida como fator de qualidade dos processos de orientação e assessoria, adquiriu um grande destaque no âmbito socioeducacional. Por isso, fala-se de uma cultura da avaliação como fator de qualidade, que se estende a todas as atividades sociais e, portanto, também aos programas e projetos de intervenção socioeducacional. Essa é a razão pela qual foram desenvolvidos modelos que tentam oferecer critérios de qualidade à avaliação em educação social.

6. Atividades

› Recordar o papel que o educador social representa no processo de avaliação de um programa de intervenção socioeducacional.
› Apontar três modalidades de avaliação, descrevendo suas características.
› Fazer um projeto de avaliação de um programa de intervenção socioeducacional, descrevendo seus elementos mais representativos.

7. Autoavaliação

1. A metodologia de avaliação mais adequada no campo socioeducacional é:
    a. Metodologia qualitativa.
    b. Metodologia quantitativa.
    c. Ambas as metodologias, qualitativa e quantitativa.
2. Que autor diferencia os três tipos de avaliação?
    a. Rodríguez Diéguez.
    b. Tyler.
    c. Tejedor.
3. O termo "audiências", dentro do processo de avaliação, está relacionado com:
    a. o conjunto de pessoas às quais se dirige a ação de avaliar.
    b. as pessoas destinatárias da ação e de elementos que repercutem delas.
    c. os promotores da ação.

Soluções:

1. c
2. a
3. b

unidade didática
quatro

avaliação de agentes de
intervenção socioeducacional

1. Introdução

O fato de que um agente de intervenção socioeducacional atenda a diferentes necessidades sociais e a diferentes tipos de pessoas ou coletividades faz com que seu trabalho adquira um significado especial. O desempenho de suas funções é essencialmente de caráter social e educacional, seu campo profissional muito amplo e suas atuações dirigidas a uma grande variedade de grupos de população muito diferente. Por isso, é imprescindível avaliar suas atuações. Tendo em conta que em sua atividade profissional um agente de intervenção socioeducacional desenvolve suas tarefas no seio de um projeto de intervenção determinado, a análise de sua atividade deverá ser feita dentro desta intervenção.

Essa análise é de grande importância, por ser o agente a pessoa que desenvolve diretamente a ação e por ser quem mais diretamente está em contato com as pessoas ou coletividades objeto da intervenção.

Neste capítulo, abordamos diversos aspectos relacionados com a avaliação de agentes de intervenção socioeducacional, a fim de analisar e melhorar suas possibilidades de ação profissional.

2. Competências

Com este capítulo, pretende-se favorecer ao estudante a aquisição das seguintes competências:

1. Administrar e planejar a atividade profissional;
2. Desenvolver processos cognitivos superiores;
3. Administrar processos de melhora, qualidade e inovação;
4. Trabalhar em equipe;
5. Promover atitudes acordes aos direitos humanos e os princípios democráticos;
6. Criar e implementar processos de avaliação de agentes, âmbitos, projetos e estratégias de intervenção socioeducacional em diversos contextos.

3. Mapa conceitual

```
Avaliação do agente de intervenção socioeducacional
├── Indicadores
├── Critérios
├── Processo
│   ├── Início
│   ├── Desenvolvimento
│   └── Final
└── Resultados
```

4. Conteúdos

4.1 Aspectos gerais

A avaliação de agentes de intervenção socioeducacional é um aspecto de grande importância em educação social, visto que sua atividade profissional pode dirigir-se a uma grande variedade de pessoas ou grupos de características muito diferentes, fato pelo qual suas possibilidades de atuação adquirem uma grande versatilidade.

A avaliação de agentes de intervenção socioeducacional pretende, portanto, conhecer de que forma este desenvolve suas competências profissionais, visto que estas implicam aspectos formativos que configuram sua atividade de forma dinâmica e complexa.

Nesse sentido, as características que o *Joint Comittee on Standards for Educational Evaluation* (1988) atribui à avaliação em educação social (útil, viável, correta e exata) podem ser também aplicadas à avaliação de agentes de intervenção socioeducacional. Além disso, deve ser também objetiva, válida e contextualizada.

Nesse processo, o agente avaliado não deve ser o mero receptor da avaliação de seu desempenho profissional; precisa, sim, assumir um papel ativo, fornecendo meios e facilitando o processo avaliativo. A avaliação do desempenho é um processo sistemático e periódico de estimação quantitativa e qualitativa do grau de eficácia de uma pessoa em seu trabalho, devendo ser realizada em relação às atuações do avaliado para potencializar seus pontos fortes e desenvolver as áreas passíveis de melhoria.

A finalidade principal de um sistema de avaliação do desempenho de um agente de intervenção socioeducacional é melhorar seu desenvolvimento profissional, e, para isso, ele deve contemplar seu futuro e analisar o que pode fazer para desenvolver e aplicar seu máximo potencial a seu trabalho. Desse modo, um sistema de avaliação do desempenho permite:

› **À organização**: Deixar clara a importância e o significado das atuações dos agentes de intervenção socioeducacional, estimulá-los em seu trabalho, analisar capacidades pessoais e melhorar suas atuações presentes e futuras.
› **Aos avaliadores**: Estimular a comunicação e cooperação com o agente de intervenção socioeducacional avaliado, dar sentido à sua atividade dentro da organização e potencializar as relações interpessoais.
› **Aos avaliados**: Melhorar a comunicação com sua organização, ter informação sobre como é percebida sua atuação profissional e definir planos de ação para melhorar sua competência profissional.

4.1.1 Tipos de agentes de intervenção socioeducacional

A intervenção socioeducacional é entendida, em geral, como aos conjunto de atuações desenvolvidas pelos agentes de intervenção, sejam institucionais, sejam pessoais, para executar um projeto de intervenção socioeducacional (atuações de caráter motivacional, pedagógico, metodológico, de avaliação etc.), cujo objetivo é fazer com que a pessoa ou o grupo com quem intervém atinja os objetivos propostos no plano.

Em relação aos tipos de agentes que podem intervir, sabemos que podem ser muito variados, visto que, de uma forma ou de outra, agentes de intervenção socioeducacional são todos aqueles que participam de um projeto referente à sua área de atuação, sejam de caráter institucional, sejam de aspecto pessoal. Nesse sentido, os agentes que intervêm em uma ação socioeducacional costumam ser os mesmos que intervêm em estimulação sociocultural, e são os que se apresentam no gráfico seguinte (Sarrate, 2002):

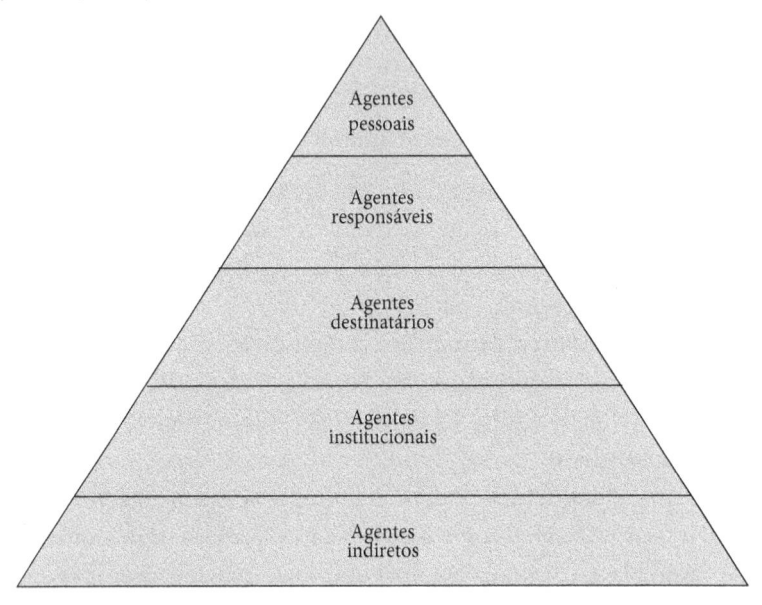

```
                    /\
                   /  \
                  / Agentes \
                 / pessoais \
                /------------\
               /   Agentes    \
              /  responsáveis  \
             /------------------\
            /      Agentes       \
           /    destinatários     \
          /------------------------\
         /        Agentes           \
        /     institucionais         \
       /------------------------------\
      /           Agentes              \
     /          indiretos               \
    /------------------------------------\
```

Como se pode observar na pirâmide, são vários os tipos de agentes diretos ou indiretos que podem participar de um projeto de intervenção socioeducacional:

› Agentes **pessoais**: Referem-se àquelas pessoas que participam do planejamento do projeto. São os técnicos ou especialistas que se responsabilizam pela elaboração de um plano.
› Agentes **responsáveis**: Referem-se aos que diretamente executam os projetos (educadores, técnicos, voluntários etc.).

› Agentes **destinatários**: Como o nome indica, são os beneficiários desses projetos.
› Agentes **institucionais**: Instituições, organizações ou associações que participam dos projetos, política, social ou financeiramente.
› Agentes **indiretos**: São aqueles que são afetados de maneira indireta, sem que o projeto seja dirigido a eles.

Se o que se pretende é uma intervenção socioeducacional eficaz, avaliar a prática do agente de intervenção é uma necessidade, visto que significa adotar decisões sobre os aspectos relativos à sua prática profissional que mais favorecem o desenvolvimento do projeto de intervenção, e sobre os que possam dificultá-lo. Portanto, a finalidade da avaliação do agente de intervenção socioeducacional é seu próprio aperfeiçoamento e atualização profissional e pessoal, além da melhoria do projeto socioeducacional em seu conjunto.

4.1.2 Funções e competências do agente de intervenção socioeducacional

Segundo o Conselho Geral de Colégios de Educadoras e Educadores Sociais (julho, 2007), as **funções** e **competências** do educador social, considerado como agente de intervenção socioeducacional, são as seguintes:

Função: Transmissão, formação, desenvolvimento e promoção da cultura.
Competências:

› Reconhecimento dos bens culturais de valor social;
› Domínio das metodologias educacionais e de formação;
› Domínio das metodologias de assessoria e orientação;
› Capacidade de particularizar as formas de transmissão cultural à singularidade dos sujeitos da educação;
› Domínio das metodologias de dinamização social e cultural;
› Capacidade de divulgação e de gestão participativa da cultura.

Função: Geração de redes sociais, contextos, processos e recursos educacionais e sociais.

Competências:

> Perícia para identificar os diversos lugares que geram e possibilitam o desenvolvimento da sociabilidade, a circulação social e a promoção social e cultural;
> Conhecimento e destreza para criar e promover redes entre indivíduos, coletividades e instituições;
> Capacidade de potencializar as relações interpessoais e dos grupos sociais;
> Capacidade de criar e estabelecer âmbitos propiciadores de relação educacional particularizados;
> Capacidade de construir ferramentas e instrumentos para enriquecer e melhorar os processos educacionais;
> Destreza para a execução de processos de dinamização social e cultural.

Função: Mediação social, cultural e educacional.

Competências:

> Conhecimentos teóricos e metodológicos sobre mediação em suas diferentes acepções;
> Destreza para reconhecer os conteúdos culturais, lugares, indivíduos ou grupos a relacionar;
> Transmissão dos passos ou das ferramentas dos processos na própria prática;
> Capacidade de relacionar entre si conteúdos, indivíduos, coletividades e instituições.

Função: Conhecimento, análise e investigação dos contextos sociais e educacionais.

Competências:

> Capacidade de detectar as necessidades educacionais de um contexto determinado;
> Domínio dos planos de desenvolvimento da comunidade e desenvolvimento local;
> Domínio de métodos, estratégias e técnicas de análise de contextos socioeducacionais;

› Perícia para discriminar as possíveis respostas educacionais a necessidades, diferenciando-as de outros tipos de respostas possíveis (assistenciais, sanitárias, terapêuticas etc.);
› Conhecimento e aplicação dos diversos quadros legislativos que possibilitam, orientam e legitimam as ações do educador e da educadora social;
› Capacidade de análise e avaliação do meio social e educacional (análise da realidade);
› Conhecimento das diferentes políticas sociais, educacionais e culturais.

Função: Desenho, implementação e avaliação de programas e projetos em qualquer contexto educacional.

Competências:

› Capacidade de formalizar os documentos básicos que regulam a ação socioeducacional: projeto de instituição, regulamento de regime interno, plano de trabalho, projeto educacional individualizado e outros informes socioeducacionais;
› Domínio de técnicas de planejamento, programação e elaboração de programas e projetos;
› Capacidade de aplicar planos, programas, projetos educacionais e ações docentes;
› Conhecimento das diversas técnicas e métodos de avaliação.

Função: Gestão, direção, coordenação e organização de instituições e recursos educacionais.

Competências:

› Domínio dos diversos modelos, técnicas e estratégias de direção de projetos, equipamentos e recursos humanos;
› Destreza em gestão de programas, projetos, instituições e recursos educacionais;
› Capacidade da organização e gestão educacional de entidades e instituições de caráter social e educacional;
› Capacidade de supervisionar o serviço oferecido em relação aos objetivos determinados;
› Domínio de técnicas e estratégias de divulgação dos projetos.

4.2 O desempenho profissional do agente de intervenção

Entendemos por desempenho profissional o modo como um indivíduo desenvolve sua atividade em um contexto determinado, exercitando, para isso, as competências profissionais inerentes a seu posto. Para Tejada (2009), o conceito analisado nesse item constitui o modo de expressão do desenvolvimento alcançado pelo profissional em suas competências, que são as que o qualificam e distinguem no cumprimento das exigências sociotrabalhistas nos diversos contextos nos quais desempenhe suas atividades, tarefas ou papéis inerentes à realização das funções e dos processos associados à profissão.

Para o citado autor, as características do desempenho profissional são as seguintes:

> Emerge e se modifica na mesma medida em que muda o cenário e suas exigências;
> Coexiste com as competências, mas facilita sua redefinição e reacomodação pessoal;
> Constitui uma expressão pessoal, porquanto qualifica a competência;
> É consubstancial à competência em sua relação com a idoneidade profissional;
> Tem um caráter totalizador, ao integrar de forma dialética os elementos que caracterizam a competência ou conjunto delas;
> É demonstrável na ação específica na atividade profissional contextual;
> Manifesta-se em si mesmo o grau de possibilidade de transferência e flexibilidade das competências e recursos pessoais do profissional.

Em relação às competências necessárias para um adequado desempenho profissional, a Oficina Internacional do Trabalho (OIT-2003) define a competência como: "*capacidade de articular e mobilizar condições intelectuais e emocionais em termos de conhecimentos, habilidades, atitudes e práticas necessárias para o desempenho de uma determinada função ou atividade, de maneira eficiente, eficaz e criativa, em conformidade com a natureza do trabalho"*. Capacidade produtiva de um indivíduo que se define e mede em termos de desempenho real, demonstrando em determinado contexto de trabalho, e que não resulta só da instrução, mas da experiência em situações específicas de exercício ocupacional. Essa definição apresenta o conceito de competência sob dois pontos de vista:

> › Por um lado, concebem-se as competências como a capacidade de organizar e entrar em ação (primeira parte), articulando condições intelectuais e emocionais: conhecimentos, habilidades, atitudes e prática.
> › Por outro lado, relaciona as competências mais em termos de resultados profissionais identificados com parâmetros produtivos do mercado.

As competências profissionais proporcionam a capacidade de saber atuar profissionalmente, integrando, para isso, diferentes capacidades (*psicomotoras, cognitivas* e *afetivas*), que, combinadas entre si e mobilizadas adequadamente, permitem um desempenho profissional efetivo.

Por isso, a competência comporta todo um conjunto integrado de conhecimentos, habilidades e atitudes que são pessoais e que se complementam entre si, de modo que, para atuar com eficácia em face das situações profissionais, o indivíduo deve: *saber, saber fazer, saber estar* e *saber ser*. Outros autores (Rodríguez Diéguez, 2002) consideram, ainda, outras competências relativas ao *saber aprender* e ao *fazer saber*, oferecendo uma visão de conjunto dos "tipos" de competência, tal como apresentamos no quadro seguinte:

Competências técnicas	Implicam o domínio dos conhecimentos e destrezas específicos de um determinado campo profissional.	Saber	Conhecimentos gerais ou específicos, teóricos, especulativos ou técnico-científicos.
		Saber fazer	Domínio dos métodos e técnicas específicas de determinados campos profissionais.
Competências sociais	Incluem motivações, valores, capacidade de relacionamento em um contexto social organizacional.	Saber aprender	Capacidade de formação permanente ao ritmo da evolução que se dá nas profissões, na tecnologia e nas organizações.
		Saber estar	Atitudes de conduta no trabalho e formas de atuar e interagir.
		Fazer saber	Possibilitar que no local de trabalho se desenvolvam aprendizagens como resultado da intercomunicação pessoal.

É conveniente ressaltar, também, que muitos autores consideram as competências profissionais definíveis somente na ação em situações trabalhistas, motivo pelo qual passam a defini-las como competências de ação profissional, que integram conhecimentos, habilidades e atitudes que se mobilizam. Sob essa perspectiva, ganha especial relevância o contexto profissional que permite o desenvolvimento de determinadas competências em um momento específico. Trata-se de saber atuar mobilizando todos os recursos.

Por isso, adquirir competências em uma profissão significa estar capacitado para realizar tarefas próprias desta, que integram os conhecimentos adquiridos, as habilidades desenvolvidas e as atitudes mostradas, tais como: manejo adequado de informações, capacidade de comunicação, capacidade de planejamento, capacidade de tomar decisões em função de critérios, capacidade de refletir sobre as atuações levadas a cabo e de avaliar seus resultados etc.

As habilidades se apoiam em um suporte prévio que podemos denominar aptidão, e que pode ser definida como o talento ou a qualidade que uma pessoa dispõe para realizar uma determinada atividade. Desse ponto de vista, as aptidões existem antes das habilidades e destrezas, e antes das competências, embora seja difícil definir que parte das aptidões corresponde a fatores inatos e que parte é adquirida ou desenvolvida com base nas potencialidades que temos ao nascer. As habilidades e destrezas estão diretamente relacionadas com as competências profissionais, e em consonância com estas. Segundo a Oficina Internacional do Trabalho (OIT: 2003), podemos distinguir vários tipos de habilidades, segundo seu grau de generalidade:

> **Básicas**: As que se desenvolvem nos primeiros níveis escolares e que servem para fundamentar e desenvolver outras habilidades mais específicas. Entre elas podemos citar a leitura e a escrita, ou as habilidades de compreensão e expressão oral e escrita.
> **Genéricas**: São úteis para o exercício de qualquer atividade profissional e costumam abarcar toda a personalidade do indivíduo. Entre elas podemos citar as de caráter intelectual, cognitivo, afetivo ou psicomotor.

> **Específicas**: Trata-se de habilidades próprias de uma profissão específica para serem desenvolvidas no exercício profissional. Embora admitam vários graus de especificidade, são necessárias para desempenhar adequadamente uma determinada profissão, sem que isso signifique que, se houver especialização no seio da profissão, não será necessário adquirir competências mais específicas para desempenhá-la.
> **Transversais**: Sem ser gerais, estas habilidades são comuns a diversas atividades profissionais e facilitam a mudança e adaptação a novas situações profissionais. São habilidades comuns ao desempenho de profissões que se encontram no seio da mesma família profissional.

Em função do momento em que se desenvolvem, podemos falar de habilidades:

> desenvolvidas na *formação inicial*;
> desenvolvidas na *formação contínua*;
> desenvolvidas no *exercício profissional*;
> desenvolvidas na *interação* entre a formação inicial, a contínua e o exercício profissional.

Um elemento de grande importância para manter um adequado desempenho profissional do agente de intervenção socioeducacional é o processo de superação pessoal e profissional constante que sempre deve presidir suas atuações e que se transforma em melhorias, crescimento, inovação, mudanças e qualidade da intervenção (*aprendizagem e formação ao longo da vida*). No processo, exercem influência fatores como o desenvolvimento constante da tecnologia e a versatilidade dos âmbitos de atuação do agente de intervenção socioeducacional. Nesse processo, o agente deve adotar um papel ativo, deixando o papel passivo que estivera representando no processo de aprendizagem acadêmico. Esse agente deve se envolver nesse processo, propondo a si mesmo um aumento da responsabilidade em sua formação contínua.

Independentemente dos benefícios que possa trazer o reconhecimento das competências e sua aplicação no processo de superação e melhoria profissional, importa a compreensão dessas competências por parte do agente de intervenção socioeducacional, que as deve perceber e identificar como uma parte de si mesmo e relacioná-las com o desempenho e enriquecimento de seu trabalho.

Por isso, um processo de superação profissional do agente de intervenção socioeducacional implica uma melhora para si mesmo e grandes vantagens para a organização na qual desempenha sua atividade. Esse processo constitui um ciclo no qual a organização recebe esses benefícios à medida que cria as oportunidades para que seus agentes de intervenção possam desenvolver seus processos de melhoria.

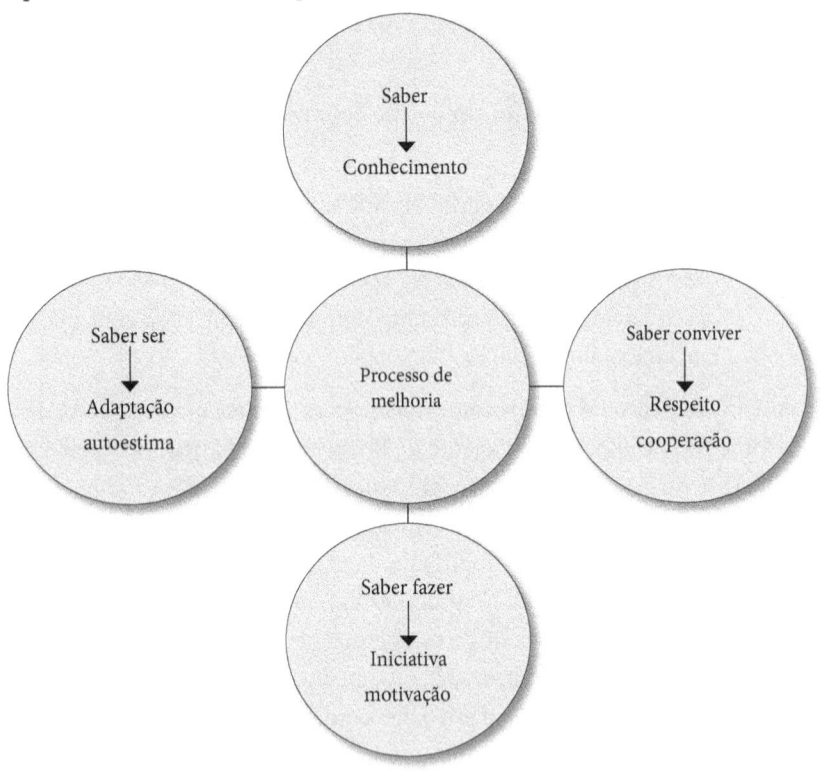

```
              Saber
                ↓
           Conhecimento

Saber ser              Processo de              Saber conviver
    ↓                   melhoria                      ↓
Adaptação                                          Respeito
autoestima                                        cooperação

              Saber fazer
                  ↓
              Iniciativa
              motivação
```

É preciso ter em mente que os conhecimentos teóricos adquiridos pelo agente de intervenção socioeducacional não garantem, por si sós, que este seja competente, de modo que, para um adequado desempenho profissional, é necessária uma constante atualização focada na prática (conhecimento prático). Um adequado desempenho profissional requer, nos dias atuais, uma formação cada vez mais exigente, que implica ter determinadas habilidades, atitudes, capacidades, destrezas e procedimentos para executar atividades em que se utilizem, entre outros, instrumentos, técnicas e tecnologias, e, assim, melhorar a qualidade de seu desempenho.

O desempenho profissional de um agente de intervenção socioeducacional exige uma integração de todos esses componentes para obter atuações de acordo com as necessidades em cada momento, tendo em conta a versatilidade de seu trabalho e dos contextos de intervenção. Essas exigências demandam o aumento e a melhoria de conhecimentos, habilidades e destrezas dos recursos, requerendo um profissional capaz de dar uma resposta adequada aos problemas que se apresentem nos diversos âmbitos de atuação.

As competências profissionais são adaptáveis e transferíveis, fato pelo qual não podem se limitar a uma tarefa única e repetitiva. Requerem a capacidade de aprender, de inovar e de comunicar os processos de inovação, compreendendo as diversas circunstâncias profissionais e a capacidade de adaptar o conhecimento a elas.

As habilidades e destrezas são de caráter eminentemente prático e exigem uma determinada forma de proceder que costuma se relacionar com o bom fazer, e que é a base para chegar à "obra benfeita". Desse ponto de vista, ter habilidade significa demonstrar maestria ao fazer algo, de modo que podemos considerar um profissional hábil aquele que atinge melhor que outro seus objetivos. Por isso, podemos dizer que o conceito de habilidade está estreitamente ligado ao conhecimento prático e à sua aplicação à realidade e à qualificação profissional.

No que diz respeito à Espanha, segundo a Lei nº 5/2002 das qualificações e da formação profissional, uma qualificação profissional é um "conjunto de competências profissionais com significação no emprego que podem ser adquiridas mediante formação modular ou outros tipos de formação, bem como por meio da experiência profissional". Entende-se que uma pessoa está qualificada quando em seu desempenho profissional obtém os resultados esperados, com os recursos e o nível de qualidade devidos. Por sua vez, a citada norma conceitua a unidade de competência como o "agregado mínimo de competências profissionais, passível de reconhecimento e credenciamento parcial".

Tanto na intervenção socioeducacional quanto no entorno trabalhista em geral, não basta possuir um conhecimento teórico-prático para obter um desempenho profissional excelente. Confluem outras dimensões de tipo pessoal-relacional que garantem o sucesso, na maioria dos casos. Trata-se das atitudes e dos valores mostrados pela pessoa no desempenho de sua atividade profissional. Outros elementos de grande importância no desempenho profissional do agente de intervenção socioeducacional, que servem como indicadores ou evidências, são os seguintes:

> Grau de compromisso do agente;
> Capacidade de estabelecer relações sociais;
> Nível de compromisso adquirido;
> Perseverança na tarefa;
> Capacidade de trabalho em equipe;
> Confiança em si mesmo;
> Capacidade comunicativa;
> Integridade pessoal;
> Iniciativa pessoal;
> Capacidade de atender às demandas existentes;
> Capacidade de análise;
> Capacidade de formular propostas adequadas em cada momento;
> Capacidade de tomar decisões;
> Autocontrole do estresse;
> Habilidades de informática;
> Capacidade de falar em público;
> Capacidade de manejar e controlar grupos;
> Automotivação;
> Inteligência emocional;
> Gestão eficaz do tempo.

Trata-se de elementos evidenciáveis que transcendem as atitudes propriamente ditas e mostram um domínio do entorno profissional, a ponto de um domínio suficiente de todos ou alguns deles poder constituir a demonstração-chave de um adequado desempenho profissional que determine o sucesso ou fracasso de um projeto. Para analisá-los, é necessário constatar sua existência e objetivar, na medida do possível, sua influência no desempenho profissional do agente de intervenção socioeducacional.

4.3 Avaliação do desempenho profissional do agente

Podemos considerar a avaliação do desempenho profissional como um processo sistemático e periódico de estimativa quantitativa e qualitativa do grau de eficácia de uma pessoa em seu trabalho. Avaliar o desempenho profissional significa analisar como um profissional desenvolve sua atividade profissional em um contexto determinado, pondo em prática e exercitando determinadas competências profissionais. Isso implica analisar o grau em que cada trabalhador mantém sua idoneidade e atinge os objetivos do trabalho que desempenha (eficácia), bem como a forma como utiliza seus recursos para atingir os objetivos (eficiência).

Para Harper e Lynch (1992), a avaliação de desempenho tende a apreciar, da forma mais sistemática e objetiva possível, o rendimento dos empregados de uma organização. Essa avaliação é feita com base no trabalho desenvolvido, nos objetivos determinados, nas responsabilidades assumidas e nas características pessoais, tudo isso com vistas ao planejamento e à projeção de ações futuras visando ao maior desenvolvimento do indivíduo, do grupo e da organização. Esses autores também defendem que deve ser considerada como uma revisão e contraste de opiniões, voltada, entre outras coisas, para o fomento da comunicação vertical e horizontal no seio da organização. De qualquer forma, deve ser um procedimento contínuo, sistemático, orgânico e em cascata de expressão de juízos acerca do pessoal de uma empresa, em relação a seu trabalho habitual, que pretende substituir os juízos ocasionais e formulados de acordo com os mais variados critérios (Puchol, 1995). Esse autor apresenta, ainda, uma série de características que, em sua opinião, qualquer sistema de avaliação deve possuir:

- É um procedimento de expressão de opiniões;
- Pretende analisar e quantificar o valor que o indivíduo tem para a organização;
- Tem uma visão histórica;
- Tem uma visão prospectiva;
- Sua finalidade é a integração;
- Potencializa a comunicação e cooperação com o profissional avaliado;
- Mostra-lhe seus pontos fortes e fracos;
- Potencializa suas competências profissionais;
- Melhora sua prática profissional.

As implicações de um processo de avaliação do desempenho profissional são importantes, na medida em que:

- Constituem uma fonte de informação de extrema importância, tanto para o profissional quanto para a organização;
- Permitem definir o perfil profissional adequado para cada cargo;
- Facilitam a identificação das competências que os profissionais devem possuir;
- Detectam as áreas de melhoria profissional;
- Permitem adequar melhor cada pessoa a cada contexto de intervenção.

As fontes de evidência da competência profissional proporcionam informação suficiente para que o avaliador possa tomar a decisão sobre a competência profissional do avaliado. As fontes mais relevantes de evidência são:

- o desempenho profissional da pessoa no local de trabalho, ou, à falta disso, em condições as mais parecidas possíveis;
- os conhecimentos a respeito da profissão desempenhada;
- a aprendizagem prévia em relação à competência que põe em prática;
- possíveis informes existentes em relação à competência a avaliar.

Na avaliação do desempenho profissional de um agente de intervenção socioeducacional, é muito conveniente dar prioridade à informação diretamente observável no lugar de trabalho, ou, à falta disso, em condições o mais parecidas possível. De qualquer modo, o desejável é que a avaliação do grau de aquisição de sua competência profissional atenda a um processo sistemático e estruturado, mais que ao resultado da aplicação pontual de determinados instrumentos de avaliação. Nesse sentido, existe uma opinião bastante geral de que as evidências da competência obtidas no local de trabalho, na atividade profissional corriqueira, são as fontes mais válidas, objetivas e confiáveis para a avaliação. Por isso, as atividades no local de trabalho são as mais recomendadas por organismos da União Europeia para obter tais evidências, que, por serem patentes e demonstráveis, adquirem mais valor que as fornecidas em certificados acadêmicos ou as obtidas pela utilização de métodos e instrumentos de avaliação.

Em relação à avaliação de desempenho, é preciso levar em conta os seguintes princípios:

> É necessário que as avaliações de desempenho tenham níveis de medição, ou padrões, completamente verificáveis.
> Os sistemas de avaliação devem estar diretamente relacionados ao cargo, ou seja, ao desenho do cargo. Se isso não for respeitado, a avaliação carecerá de validez.
> A avaliação do desempenho é um processo contínuo, que tem por finalidade elevar a qualidade da atuação e dos resultados dos empregados.
> A avaliação do desempenho é feita com base nos resultados do trabalho e acorde aos objetivos aprovados para cada etapa.
> Toda avaliação deverá ser informada ao avaliado.
> As avaliações do desempenho obterão resultados únicos e particulares para cada pessoa, não padronizados.
> Deve permitir ao avaliado ser parte ativa na identificação de seus próprios pontos fortes e fracos, ficando a seu cargo toda decisão que tome em relação ao objetivo de melhorar seu desempenho.
> O avaliado deve saber com antecedência a data da avaliação, que será feita em um clima favorável entre avaliador e avaliado.
> O avaliado deve se sentir motivado a se avaliar em cada objetivo.

Os objetivos que a avaliação de desempenho dos agentes de intervenção socioeducacional deve atingir são:

> Conhecer o profissionalismo dos agentes em relação ao exigido para o cargo que cada um ocupa;
> Estimar a competência do agente avaliado, em relação ao exigido para o cargo que ocupa;
> Analisar periodicamente a importância das contribuições e resultados de cada agente ao desempenho de cargo;
> Propiciar elementos motivadores para que o agente de intervenção socioeducacional avaliado se conheça profissionalmente e melhore em caso de necessidade;
> Ajudar a tomar decisões necessárias para o seu próprio benefício e o da organização.

O procedimento avaliador deve estar diretamente relacionado ao que se pretende avaliar, além de ser prático e confiável. Considera-se prático quando é compreendido por avaliadores e avaliados. E confiável quando os resultados obtidos são acordes com a realidade do agente avaliado. Para isso, o procedimento avaliador deverá definir "critérios de desempenho". Trata-se de parâmetros que permitem uma medição mais objetiva (medição do desempenho), e que devem ter relação com os resultados desejados em cada cargo ou "padrões do desempenho".

Dentro das medições do desempenho, podemos encontrar dois aspectos que podem fazer variar o resultado da medição: a objetividade e a subjetividade. As medições objetivas são as que são verificáveis por outras pessoas. Em geral, tendem a ser de índole quantitativa; baseiam-se em aspectos como o número de unidades produzidas, o número de unidades defeituosas etc. As medições subjetivas do desempenho são valorações não verificáveis que podem ser consideradas opiniões do avaliador.

Um sistema de **avaliação de desempenho** permite:

À organização ou entidade:

> Estabelecer um estilo de direção comum;
> Deixar clara a importância e o significado dos cargos;
> Estimular as pessoas a obterem melhores resultados;

> Analisar objetivamente as contribuições individuais;
> Identificar o grau de adequação das pessoas aos cargos e otimizar as capacidades pessoais;
> Melhorar o rigor e a equidade das decisões que afetam a gestão dos recursos humanos (por exemplo, promoção e retribuição).

Ao avaliador:

> Promover a comunicação e a cooperação com o avaliado;
> Dar sentido à atividade dos avaliados dentro da organização, mostrando-lhes seus pontos fortes e suas áreas de melhoria;
> Dar informação aos colaboradores sobre as prioridades e diretrizes para o desenvolvimento de seu trabalho;
> Reforçar a sensação de equidade graças ao reconhecimento dos esforços pessoais;
> Potencializar o conhecimento e as relações interpessoais com seus colaboradores.

Ao avaliado:

> Desenvolver a comunicação e o conhecimento com seu superior imediato;
> Ter informação sobre como sua atuação profissional é percebida;
> Definir, com seu avaliador, planos de ação para melhorar sua competência profissional;
> Conhecer os parâmetros pelos quais será avaliada sua atividade profissional.

Em síntese, o sistema de avaliação do desempenho de agentes de intervenção socioeducacional constitui uma extraordinária fonte de informação, na medida em que repercute nas demais áreas de desenvolvimento dos recursos humanos, e permite:

> melhorar o desempenho profissional, mediante a retroalimentação;
> ajudar a determinar quem merece receber prêmios;
> tomar determinadas decisões em relação à atividade profissional: promoção, mudança ou afastamento de um cargo baseiam-se nos dados obtidos na avaliação de desempenho;

> facilitar o conhecimento sobre as necessidades existentes de formação ou capacitação;
> contribuir para tomar decisões sobre o desenvolvimento da carreira profissional do agente avaliado;
> ajudar a conhecer os elementos alheios ao posto profissional que estão incidindo positiva ou negativamente no trabalhador que o desempenha;
> selecionar agentes, definindo o perfil no que diz respeito a conhecimentos e qualidades para desempenhar determinado cargo;
> melhorar a formação dos agentes de intervenção socioeducacional, visto que a avaliação de desempenho permite detectar as áreas de melhoria em que é preciso incidir;
> conhecer o potencial que cada agente pode dar à organização em seu cargo, ou em outros cargos;
> fazer ajustes entre agente e cargos, visto que, quando uma pessoa está em um cargo inadequado, não desenvolve seu potencial profissional;
> melhorar a comunicação entre agente e organização;
> introduzir elementos de motivação nos profissionais;
> melhorar as retribuições.

4.3.1 Meios de obtenção de evidências para a avaliação

Para fazer uma adequada avaliação do desempenho de agentes de intervenção socioeducacional, devem ser obtidas evidências suficientes que avaliem suas competências profissionais. Para isso, devem estabelecer-se meios que proporcionem ao avaliador, da forma mais confiável e objetiva possível, informação sobre o grau de aquisição e desempenho da competência. Nesse sentido, existem basicamente quatro meios de proporcionar diferentes tipos de evidências:

a. **Evidências obtidas na atividade trabalhista corriqueira**
A atividade trabalhista corriqueira permite ao agente que será avaliado desenvolver-se em sua atividade cotidiana em seu cargo.

Desse modo, as evidências podem ser compiladas enquanto o agente desenvolve suas funções profissionais habituais. Essa via é a que mais evidências fornece e a que o faz de forma mais real. Quando não for possível obter as evidências em sua atividade cotidiana, em seu trabalho diário, deverão ser geradas situações as mais parecidas possíveis a um local de trabalho real (para determinadas profissões, há simuladores da atividade). É o meio preferencial para a obtenção de evidências e o que fornece as mais confiáveis e objetivas para avaliar o desempenho profissional de um agente de intervenção socioeducacional.

b. **Evidências obtidas de dados históricos fornecidos**
Outro meio para obter evidências suficientes é a contribuição de dados históricos do agente a avaliar. Trata-se de fornecer documentos ou certificações das atividades que o agente a avaliar desempenhou no passado, tanto no trabalho como fora dele. Além dos dados fornecidos, é possível encontrar também outros dados em registros de empresas ou em outro tipo de registro (de produção, de controle de qualidade, de processos etc.). E, além disso, o agente pode fornecer também todos os méritos que considere relevantes no que diz respeito às competências a avaliar: artigos, livros e, em geral, qualquer material ou produto elaborado pela pessoa ao longo de sua vida profissional.

c. **Evidências obtidas pela aplicação de instrumentos adequados**
Outra via para obter evidências suficientes do desenvolvimento profissional a utilizar, caso as duas vias anteriores não forneçam evidências suficientes, é a aplicação de instrumentos adequados a serem selecionados pelo avaliador. Nesse caso, deverão ser utilizadas ferramentas confiáveis que facilitem a obtenção de uma ideia clara para adotar a decisão pertinente. Com essa finalidade, devem ser utilizados métodos e instrumentos adequados a cada situação, e, principalmente, à competência profissional a avaliar, visto que de outro modo o avaliador pode incorrer em subjetivismos que tornarão questionável sua imparcialidade. Nesse sentido, um bom avaliador será aquele que souber optar, em cada circunstância,

pelo método ou instrumento que melhor se adapte a cada realidade avaliadora.
d. **Evidências obtidas pela combinação de algumas das anteriores**
É possível utilizar duas das evidências elencadas, e até as três, quando, na opinião do avaliador, for considerado necessário. Assim será possível obter evidências complementares entre si, que enriquecerão a informação usada pelo avaliador para analisar o desempenho profissional de um agente de intervenção socioeducacional.

Com todas as evidências obtidas por qualquer uma das vias indicadas, o avaliador poderá formar o denominado "portfólio de evidências". Trata-se de um instrumento utilizado para avaliar execuções ou procedimentos específicos, apoiado na coleta e no armazenamento de informação teórica e prática sobre os objetivos alcançados durante um período de formação ou avaliação. Surgido nos Estados Unidos na década de 1980, materializa-se em uma pasta que facilita a análise do processo avaliador realizado, em relação aos critérios previamente fixados. O avaliador pode fazer também um *e-portfólio* como recurso virtual agregado e de reforço ao portfólio.

4.3.2 Fases do processo avaliador

Conforme as propostas já expostas em relação ao desenvolvimento da avaliação na educação social, é lógico também diferenciarmos fases em um sistema de avaliação do desempenho profissional do agente de intervenção socioeducacional:

> **Fase de desenho e planejamento**: Nesta fase, trata-se de fornecer ideias sobre:
>   > os objetivos que se pretende atingir com a avaliação de desempenho;
>   > as competências a avaliar;
>   > os profissionais destinatários da avaliação;
>   > o enfoque, os critérios, os métodos e os prazos;
>   > os meios com que se contará: técnicos, humanos, econômicos etc.

> **Fase de implantação e aplicação**: É uma fase operacional, e nela se estabelecem as bases para que a avaliação tenha sucesso (comunicação aos interessados, lugares, momentos etc.), e trata-se aspectos relacionados com os questionários a aplicar, como convocações, comunicação de datas etc.
> **Fase de desenvolvimento e acompanhamento**: Nesta fase, realiza-se um acompanhamento do processo, verificando se ele se ajusta aos objetivos fixados.
> **Fase de conclusões**: Que permitam tomar decisões de melhoria.

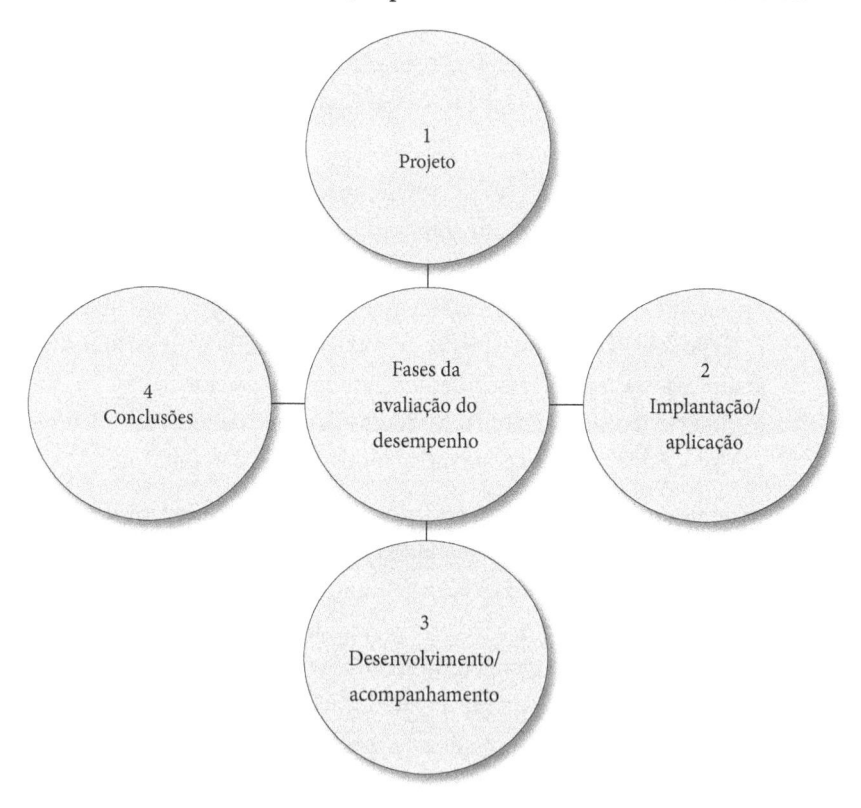

```
        ┌─────────┐
        │    1    │
        │ Projeto │
        └─────────┘
┌───────────┐  ┌──────────────┐  ┌──────────────┐
│     4     │  │   Fases da   │  │      2       │
│ Conclusões│──│ avaliação do │──│ Implantação/ │
│           │  │  desempenho  │  │   aplicação  │
└───────────┘  └──────────────┘  └──────────────┘
        ┌──────────────────┐
        │         3        │
        │ Desenvolvimento/ │
        │  acompanhamento  │
        └──────────────────┘
```

4.3.3 Modalidades de avaliação

A avaliação do desempenho da prática profissional de um agente de intervenção socioeducacional não costuma ser tarefa fácil. Embora essa avaliação procure beneficiar o próprio agente e seu trabalho, costumam aparecer certas resistências. Uma das questões que surgem no momento de avaliar a prática profissional de um agente de intervenção socioeducacional é qual modalidade de avaliação se deve utilizar e quem deve ser o agente avaliador. Para responder a essas questões, é necessário ter em mente que praticamente todos os projetos de intervenção socioeducacional dependem de instituições, sejam de caráter local, sejam de caráter estatal. Portanto, a instituição responsável pelo projeto será encarregada de avaliar todos os pontos relacionados com seu desenho, seu planejamento, sua aplicação, sua obtenção de resultados etc., por conseguinte, encarregada de avaliar o agente de intervenção socioeducacional.

As modalidades de avaliação mais habituais às quais se costuma recorrer são as seguintes:

> *Interna à instituição*: Mediante um processo de avaliação institucional realizada por avaliadores ou supervisores internos e ligados à instituição que avaliza o projeto de intervenção socioeducacional.
> *Externa à instituição*: Mediante um processo de avaliação realizada por avaliadores ou supervisores externos e alheios à instituição que avaliza o projeto de intervenção socioeducacional.
> *Autoavaliação*: Mediante um processo de reflexão pessoal.
> *Misto*: Pode compreender várias modalidades das anteriores.

Em qualquer que seja a modalidade que se aplique, o próprio agente deve ter um papel fundamental (ele é quem desenha e desenvolve sua prática profissional, embora esta esteja muito condicionada por fatores alheios a ele), de modo que a terceira modalidade de avaliação das apresentadas (autoavaliação) ganha uma especial relevância no processo avaliativo de agentes de intervenção socioeducacional. Em um sentido amplo, podemos dizer que ocorre autoavaliação quando uma pessoa analisa suas próprias atuações. Referente ao âmbito socioeducacional, essa modalidade consiste em que cada agente de intervenção faça uma análise de suas próprias atuações. Por tratar-se de uma análise pessoal feita por cada agente de intervenção socioeducacional, transforma-se, na prática, em uma modalidade de avaliação muito motivadora, com um forte caráter formativo, que não exclui a aplicação de outras modalidades de avaliação do desempenho da prática profissional. Dizemos que é motivadora porque, ao se autoavaliar, o profissional está desenvolvendo uma capacidade de analisar sua prática profissional, o que vai lhe permitir assumir maior responsabilidade em futuras atuações.

4.3.4 Critérios e indicadores de avaliação

A avaliação do desempenho profissional de um agente de intervenção socioeducacional estará condicionada pela formação recebida pelo próprio agente, que, por sua vez, condiciona o tipo de intervenção que realiza, visto que suas atuações profissionais estarão sempre baseadas nessa formação. Um agente de intervenção socioeducacional de formação comportamental não atua profissionalmente igual a outro que tenha adquirido uma formação cognitivista ou interacionista-interpretativa. Sua concepção da intervenção varia em função de sua formação e, portanto, também as atuações postas em prática, e é lógico que não sejam todos avaliados com os mesmos critérios, sem levar em conta essa formação.

Alguns tipos de informação recebida por agentes de intervenção socioeducacional			
Comportamental	Interacionista	Construtivista	Colaborativa
› Resultados;	› Análise;	› Relações mútuas;	› Clima social;
› Reforços;	› Relações mútuas;	› Ações conjuntas;	› Experiências;
› Comportamentos observáveis;	› Comparação de capacidades;	› Contextualização;	› Interações;
› Fins;	› Interdependência.	› Possibilidades;	› Metodologia.
› Quantificação;		› Cognitivismo.	
› Associação de quantidade à qualidade;			
› Excelência.			

Vejamos alguns critérios de avaliação de desempenho de agentes de intervenção socioeducacional em relação ao tipo de formação recebida:

a. **Agentes de formação comportamental**
Para realizar a avaliação de desempenho de um agente de intervenção socioeducacional de formação comportamental, podemos levar em conta os seguintes critérios, com alguns indicadores:
› Critério: *Domínio da motivação*
  › Confiança;
  › Empatia;
  › Aproximação.
› Critério: *Domínio da comunicação*
  › Expressão verbal;
  › Síntese do expresso;
  › Apresentação ordenada de mensagens;
  › Dedução lógica de ideias;
  › Inferências.
› Critério: *Domínio da exposição, narração e interrogação*
  › Capacidade de perguntar;
  › Domínio da comunicação não verbal;
  › Utilização de gestos e entonação da voz.

b. **Agentes de formação construtivista**
Para realizar a avaliação de desempenho de um agente de intervenção socioeducacional de formação cognitivista, podemos considerar os seguintes critérios, com alguns indicadores:
› Critério: *Razões que motivaram a intervenção*
  › Situação das pessoas às quais se dirigiu;
  › Ponto de partida delas em relação ao contexto;
  › Relação entre sua situação e a prática da intervenção.
› Critério: *Seleção adequada dos elementos da intervenção*
  › Ajuste à situação real de partida;
  › Adequação à realidade;
  › Concordância com o ponto de vista do agente.

c. **Agentes de formação interacionista-interpretativa**
Para realizar a avaliação de desempenho de um agente de intervenção socioeducacional de formação interacionista, podemos considerar os seguintes critérios, com alguns indicadores:

- › Critério: *Capacidade de compreensão das causas que motivaram a intervenção*
  - › Conhecimento detalhado da situação do grupo;
  - › Interações existentes entre seus membros;
  - › Certeza da necessidade da intervenção socioeducacional.
- › Critério: *Nível de interação entre o agente de intervenção e o grupo*
  - › Relação entre o agente de intervenção e as pessoas do grupo;
  - › Grau de colaboração com elas;
  - › Nível de aceitação do agente de intervenção socioeducacional.
- › Critério: *Com respeito à cultura do grupo no qual se inverveio*
  - › Conhecimento de suas características socioculturais;
  - › Aceitação dessa cultura por parte do agente de intervenção;
  - › Respeito a suas formas de fazer e se comportar.

d. **Agentes de formação colaborativa**

Para realizar a avaliação de desempenho de um agente de intervenção socioeducacional de formação colaborativa, podemos considerar os seguintes critérios, com alguns indicadores:

- › Critério: *Clima social gerado no grupo em que se interveio*
  - › Abertura às pessoas com quem se trabalhou;
  - › Valores cooperativos gerados para com elas;
  - › Grau de colaboração entre o agente de intervenção e o grupo.
- › Critério: *Metodologia colaborativa desenvolvida*
  - › Metodologia adequada para a intervenção realizada;
  - › Decisões adotadas acordes com as necessidades;
  - › Pertinência dos processos desenvolvidos.
- › Critério: *atuações vividas durante a intervenção socioeducacional*
  - › Contribuições recebidas das pessoas com quem se trabalhou;
  - › Nível de interação com elas;
  - › Grau de participação em atividades.

Todos os critérios e indicadores citados estarão relacionados com o projeto de intervenção socioeducacional que se esteja executando. A esse respeito, Fernández Barrera (1999) propõe uma série de critérios para avaliar o agente de intervenção socioeducacional, de caráter coavaliador (a ser posto em prática pelo avaliador e pelo avaliado):

› Clareza de comunicação;
› Planejamento e atribuição do trabalho;
› Capacidade de delegar;
› Capacidade de guiar e revisar o trabalho realizado;
› Capacidade de coordenar e integrar o trabalho;
› Capacidade de resolver problemas técnicos;
› Habilidade para motivar os trabalhadores;
› Integração do trabalhador ao centro de trabalho;
› Capacidade de dar instruções;
› Capacidade de fazer manifestações de apoio;
› Objetividade e compreensão de suas avaliações.

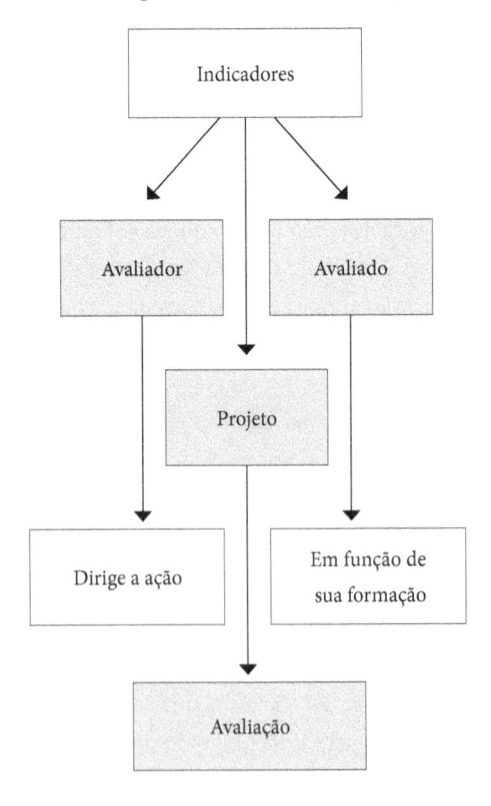

```
         ┌─────────────┐
         │ Indicadores │
         └──────┬──────┘
         ┌─────┴─────┐
         ▼           ▼
    ┌─────────┐  ┌─────────┐
    │Avaliador│  │ Avaliado│
    └────┬────┘  └────┬────┘
         │            │
         │       ┌────▼────┐
         │       │ Projeto │
         │       └────┬────┘
         │       ┌────┴────────┐
         ▼       ▼             ▼
   ┌──────────┐         ┌──────────────┐
   │Dirige a  │         │ Em função de │
   │  ação    │         │ sua formação │
   └──────────┘         └──────────────┘
         │
         ▼
   ┌──────────┐
   │ Avaliação│
   └──────────┘
```

Em geral, os critérios e indicadores que podemos utilizar para avaliar o desempenho profissional de agentes de intervenção socioeducacional podem ser muito diversos, na medida em que sua atividade se desenvolve em âmbitos muito diferentes quanto a pessoas, grupos, dificuldades específicas, situações de partida, características da intervenção etc. A fixação, a quantidade e a variedade dos critérios a utilizar para avaliar agentes de intervenção socioeducacional dependerão, ainda, de outros fatores, como a própria estrutura do projeto de intervenção, a instituição que patrocina ou promove o projeto etc.

A título de exemplo, tendo em conta que o desempenho profissional dos educadores sociais está orientado geralmente a tarefas preventivas, assistenciais e educacionais, propomos como critérios de avaliação de seu desempenho profissional os seguintes:

› Grau de informação proporcionada;
› Grau de identificação das necessidades das famílias sobre as quais o projeto intervém;
› Grau de estímulo da participação de pessoas ou grupos;
› Gestão e organização de pessoas e recursos;
› Nível de coordenação dos trabalhos e das atividades em equipe.

E, quando se trata de realizar a avaliação do desempenho profissional de trabalhadores sociais, poderíamos estabelecer os seguintes critérios:

› Detecção adequada dos problemas nos quais intervir;
› Estabelecimento de contatos com pessoas ou grupos específicos;
› Grau de coordenação dos grupos nos quais exerceu sua intervenção;
› Obtenção de dados, suficientes em quantidade e qualidade, como passo prévio à sua intervenção;
› Nível de colaboração na elaboração dos projetos.

4.3.5 Métodos de avaliação

Quanto aos possíveis métodos para avaliar o desempenho profissional de agentes de intervenção socioeducacional, é importante selecionar aqueles que reflitam a realidade específica de cada agente com um alto grau de objetividade. Apresentamos alguns:

a. **Avaliação por objetivos**

Quando o avaliador estima por objetivos, compara os resultados obtidos pelo profissional com o que se esperava dele. Se, uma vez analisados os resultados, percebe-se uma disfunção notável entre os resultados obtidos e os esperados, buscam-se as causas para incorporar as modificações oportunas. Trata-se de um método que facilita modificar os critérios ao longo do processo, que não compara os resultados obtidos por uma pessoa com os de outros avaliados. Para utilizar esse tipo de avaliação, o agente deve conhecer inicialmente os objetivos ou resultados que se esperam dele.

As vantagens da avaliação por objetivos são:

> Alto nível de objetividade;
> Foco na análise dos resultados da pessoa;
> Personalização da avaliação;
> Incorporação de elementos motivadores;
> Possibilidade de que a pessoa avaliada perceba seus progressos e suas deficiências;
> Planejamento facilitado dos recursos;
> Comunicação entre avaliador e avaliado propiciada.

Os inconvenientes da avaliação por objetivos são:

> Não é fácil estabelecer objetivos específicos e objetiváveis;
> Requer uma formação específica do avaliador;
> Os objetivos costumam ser variáveis no decorrer do tempo;
> A avaliação de cada competência profissional requer objetivos específicos.

b. **Avaliação por escalas**

Nessa modalidade de avaliação, estabelecem-se previamente níveis de rendimento para cada critério que se pretende avaliar. O avaliador deve marcar para cada critério o ponto da escala que especifique o desempenho do avaliado. O normal é que se aplique uma mesma escala a todos os critérios. Existem diversos tipos de escalas com diversas valorações de tipo qualitativo e quantitativo.

Vantagens da avaliação por escalas:

› Dá homogeneidade ao processo avaliador;
› Todos os avaliados utilizam a mesma escala;
› Os dados obtidos são facilmente comparáveis.

Inconvenientes da avaliação por escalas:

› É muito reducionista;
› A pouca variabilidade dos instrumentos de avaliação torna os dados pouco confiáveis;
› As escalas qualitativas são subjetivas de responder e de analisar.

c. **Avaliação por rubricas**

Uma rubrica é um instrumento, ou quadro de avaliação, que, em forma de guia ou matriz, permite avaliar as atividades específicas realizadas por uma pessoa, baseando-se na soma de uma gama completa de critérios estabelecidos por níveis. Trata-se de uma ferramenta de avaliação que, utilizando escalas, pode ser usada para medir a atividade de um profissional por meio de um conjunto de critérios graduados para analisar as competências adquiridas. Por isso, as rubricas constituem um guia de trabalho tanto para os avaliados quanto para os avaliadores. Trata-se de estabelecer uma escala descritiva, atendendo a critérios estabelecidos previamente, segundo um sistema de categorias que reúne claramente os elementos passíveis de serem avaliados e considerados como relevantes, de acordo com os objetivos formulados. Essa formulação pode ir desde um nível de excelência até um nível de deficiência.

Existem rubricas de diversos tipos: global ou holística, parcial, quantitativa, qualitativa, alfabética, gráfica, mista, analítica etc.

Uma rubrica permite ao avaliador especificar claramente o que espera do avaliado e quais são os critérios e as evidências que serão avaliadas. Por isso, em uma rubrica devem estabelecer-se de forma clara os critérios que fundamentam os objetivos de avaliação e as evidências da competência profissional a avaliar. A rubrica costuma ser entregue aos agentes avaliados antes de iniciar a atividade avaliadora para que conheçam previamente todos os critérios, o que representa vantagens para ambos.

Vantagens para o avaliador:

> Facilita o processo avaliador;
> Torna claro o processo avaliador;
> Permite determinar os critérios de avaliação;
> Ajusta a avaliação ao estabelecido.

Vantagens para o agente avaliado:

> Apresenta os critérios com que vai ser avaliado;
> Permite verificar a idoneidade de sua atividade profissional;
> Ajusta seu trabalho ao estabelecido.

d. **Avaliação aberta**

Nesse método de avaliação, o avaliador emite por escrito e de forma espontânea sua análise sobre o desempenho da pessoa avaliada. O avaliador escolhe o enfoque, os fatores e a forma de expor a análise. Não é necessária uma formação específica dos avaliadores, e o custo do processo é reduzido. Existem dois métodos:

> Por classificação: O avaliador estabelece uma classificação entre os agentes que têm de avaliar, e os avaliados são comparados em função da sensação que se tem do desempenho de cada um deles. Como vantagens: tempo reduzido de realização, pouca formação necessária dos avaliadores e baixo custo. E como inconveniente: a alta subjetividade do método, que gera desconfiança e ceticismo.
> Por distribuição determinada: Parte do pressuposto de que há três tipos de agentes a avaliar, segundo seu desempenho seja baixo, médio ou alto. Considera-se que a maioria tem um rendimento normal. Como vantagens: tempo reduzido de realização e pouca formação necessária dos avaliadores. Como inconveniente: faz uma distribuição dos agentes a avaliar sem levar em conta as diferenças dentro de uma equipe de trabalho.

e. **Avaliação por fatos significativos**

Utilizando essa modalidade de avaliação, o avaliador registra em um documento todos os fatos ou acontecimentos que lhe pareceram mais significativos durante o processo de avaliação. Trata-se de uma forma pouco usual de avaliar, visto que atenta somente para uma série de fatos.

Vantagens da avaliação por fatos significativos:

> É muito personalizada;
> É relativamente rápida.

Inconvenientes da avaliação por fatos significativos:

> Os dados obtidos, por si sós, não são significativos, mas complementares dos obtidos com outra modalidade de avaliação;
> É anedótica;
> Pode não refletir a realidade do que se pretende avaliar.

f. **Avaliação espontânea**

Nessa modalidade de avaliação, o avaliador emite por escrito e de forma espontânea sua análise sobre a atividade que percebe na pessoa avaliada. A análise responde não a um modelo preestabelecido, mas ao estilo do avaliador e à sua forma de perceber a situação.

Vantagens da avaliação espontânea:

> É imediata;
> Precisa de pouco tempo e preparação;
> Não requer uma formação específica do avaliador;
> Tem custo financeiro reduzido.

Inconvenientes da avaliação espontânea:

> Os resultados obtidos são pouco confiáveis;
> É muito subjetiva;
> O informe depende de cada avaliador;
> Gera desconfiança no avaliado.

g. **Avaliação 360º**

Este método recebeu este nome por conta do circuito percorrido pelo processo de avaliação do desempenho profissional: avaliador-avaliado--outras pessoas-avaliador. Essa modalidade de avaliação consiste em preencher um questionário confidencial (todas as pessoas relacionadas com o agente avaliado o preenchem). Esse questionário busca obter informação acerca do desenvolvimento das competências do agente avaliado para uma determinada atividade. Todas as pessoas relacionadas com o agente podem participar do questionário: seus superiores, colegas, subordinados, agentes externos e pessoas que tenham relação profissional com o avaliado e com o cargo que ocupa.

Vantagens da avaliação 360°:

> Fornece informação enriquecedora;
> É muito participativa;
> Na realidade, é uma coavaliação.

Inconvenientes da avaliação 360°:

> Fornece informação muito subjetiva;
> Alguma pessoa com intenção de prejudicar o avaliado pode participar;
> A informação recebida não é objetivável.

h. **Autoavaliação**

Em um sentido amplo, podemos dizer que ocorre autoavaliação quando uma pessoa avalia suas próprias atuações. Em relação ao âmbito profissional, a autoavaliação é uma modalidade de avaliação que consiste em que um profissional realize uma análise de uma atuação específica ou de seus próprios progressos em um momento determinado de sua vida profissional. Trata-se, portanto, de uma modalidade de avaliação muito motivadora, porque, quando uma pessoa se autoavalia, não somente está assumindo um maior destaque em sua atividade profissional, mas também está desenvolvendo a capacidade de analisá-la, o que implica assumir também mais responsabilidade em suas atuações. Para um profissional, a autoavaliação significa realizar um processo de reflexão pessoal acerca de sua atividade profissional, de seus resultados e de suas carências, o que a transforma em um fator desencadeante de estímulos para obter a superação pessoal. A autoavaliação considera o profissional não como um elemento passivo dentro do processo avaliador, ao contrário:

é considerado um elemento ativo e responsável que promove sua participação no processo.

Desse modo, a autoavaliação se transforma na base da regulação permanente da atividade profissional do agente de intervenção socioeducacional, visto que pode ser realizada a cada momento, fato pelo qual deve ser muito bem planejada, com critérios precisos.

As vantagens da autoavaliação são:

› Promove o interesse do profissional por sua atividade;
› Faz com que o profissional se responsabilize por ela;
› Permite que controle sua atividade trabalhista a todo momento;
› Propicia-lhe o conhecimento de seus resultados e carências;
› Envolve as pessoas em seus objetivos;
› Estimula-as a melhorar seus resultados.

Combinada com outras modalidades de avaliação, a autoavaliação do agente de intervenção socioeducacional é muito enriquecedora, e parece-nos que não apresenta inconvenientes relevantes para o processo de avaliação de suas competências profissionais e de seu desempenho profissional.

i. **Avaliação baseada em critérios de competência profissional**

É a mais adequada para avaliar competências profissionais e o desempenho profissional. A avaliação baseada em critérios de competência profissional é o procedimento mediante o qual se reúnem evidências suficientes sobre o desempenho profissional de uma pessoa. Trata-se de uma modalidade de avaliação que pretende conhecer o grau de aquisição das competências. Nesse sentido, os sistemas de avaliação e confirmação têm como finalidade certificar o grau de aquisição e desempenho das competências profissionais adquiridas por qualquer procedimento formativo, seja formal, seja informal.

Essa forma de avaliar um agente de intervenção socioeducacional requer analisar cada um dos componentes que constituem suas competências profissionais em um contexto e momento determinados, de forma que o resultado possa ser expresso (quantitativa ou qualitativamente), constituindo seu *nível de desempenho* nesse momento. O *nível de desempenho* é de grande importância na gestão dos recursos humanos, na medida em que permite tomar decisões sobre a promoção, ou realocação de pessoas, e no potencial destas em face ao futuro.

Em geral, o grande objetivo pretendido pela avaliação deve consistir em proporcionar uma descrição mais exata e confiável possível da forma como o profissional desenvolve as competências profissionais necessárias ao cargo que ocupa. Portanto, os sistemas de avaliação devem ajustar-se às características do cargo e ser eminentemente práticos e confiáveis. Dessa forma, o modelo avaliará só os elementos de importância fundamental para o sucesso.

Os sistemas de avaliação do nível de desempenho baseados em competências incorporam aos padrões de avaliação tradicionais as condutas necessárias para realizar tarefas profissionais específicas. Uma avaliação do nível de desempenho se baseará, portanto, na avaliação das atuações das pessoas em seus cargos, segundo parâmetros predeterminados.

Vantagens da avaliação do agente de intervenção socioeducacional baseada em critérios de competência profissional:

> Obtém informação de cada elemento que integra as competências;
> A informação obtida é confiável;
> A informação obtida permite adequar cada pessoa a seu cargo;
> Propicia a comunicação entre avaliador e avaliado;
> Permite informar às pessoas como o estão fazendo;
> Incorpora elementos de motivação;
> Estimula as pessoas a serem eficientes em seu trabalho.

Acreditamos que, para avaliar as competências profissionais de agentes de intervenção socioeducacional, esta é a modalidade de avaliação mais adequada.

O avaliador é uma figura-chave na avaliação de competências profissionais. O desenvolvimento de sua função implica possuir, além de uma série de qualidades pessoais adequadas (rigor, objetividade, retidão, boa disposição), a qualificação acadêmica suficiente e a experiência profissional confirmada na competência profissional que vai avaliar.

Algumas das funções genéricas do avaliador de competências profissionais são:

› Realizar o planejamento do procedimento de avaliação da competência profissional;
› Obter as evidências de desempenho necessárias sobre a competência profissional a avaliar;
› Selecionar e utilizar os procedimentos que considere mais adequados para isso;
› Elaborar um relatório com os resultados obtidos.

Para Tejada (2009), um avaliador adquire sua relevância como qualificador do desempenho do profissional competente, por expressar o nível esperado deste em correspondência com as requisições e normas estabelecidas pelo contexto socioprofissional. Estas são suas características mais significativas:

› É um qualificador do desempenho, portanto, é uma evidência demonstrada no desempenho;
› Coexiste com o desempenho e as competências;
› Caracteriza as exigências e normas inerentes à profissão, à ocupação, ao cargo, às atividades, às premissas e às funções;
› Modifica-se e se adapta com base nas exigências e requisições do âmbito de desempenho profissional.

Para isso, o avaliador deve comparar os resultados obtidos pelo avaliado com o que for considerado um desempenho excelente da competência profissional a avaliar. A identificação da excelência nos desempenhos profissionais deve empregar diversos órgãos qualificados para tal fim. Na Espanha, o Instituto Nacional das Qualificações (Inqual) desempenha uma parte importante nesse sentido, visto que identifica cada um dos elementos que compõem aquilo que se considera um trabalho "excelentemente realizado" em termos de qualificação técnico-profissional. De qualquer forma, e para poder desempenhar sua função adequadamente, o avaliador deve possuir dados suficientes, quantitativos ou qualitativos, sobre a competência profissional a avaliar, para poder contrastá-los com os obtidos pela pessoa avaliada.

Como síntese, propomos as seguintes funções a desempenhar pelo avaliador no processo de avaliação da competência profissional do agente de intervenção socioeducacional:

a. **Na fase de desenho e planejamento do processo:**

Conhecimento, o mais completo possível, da pessoa ou pessoas cujas competências profissionais a pessoa competente vai avaliar:
> no plano psicológico;
> no plano profissional.

Estruturação do procedimento:
> Estabelecimento do procedimento avaliador;
> Seleção dos métodos de avaliação a desenvolver;
> Fixação dos instrumentos de avaliação a utilizar;
> Prazos da avaliação.

Comunicação de todo o procedimento aos interessados:
> Datas, instrumentos a utilizar etc.

b. **Na fase de aplicação do processo:**
> Aplicação do procedimento avaliador;
> Obtenção das evidências de desempenho profissional necessárias;
> Aplicação dos instrumentos de avaliação fixados na fase anterior;
> Correção.

c. **Na fase de conclusões:**
> Elaboração do informe com os resultados obtidos;
> Comunicação aos interessados;
> Possíveis propostas de melhoria.

Tendo em conta que as medições realizadas para avaliar apresentam certas margens de subjetividade, podem ocorrer distorções que, na medida do possível, precisam ser controladas. Por isso, para realizar sua função avaliadora, além de dotar-se dos métodos e instrumentos adequados, é necessário que o avaliador se despoje:

- › de preconceitos pessoais;
- › de estereótipos;
- › das medidas de tendência central;
- › do "efeito halo" (preocupação com o prestígio);
- › de excessiva permissividade;
- › de efeitos interculturais;
- › do efeito de acontecimentos recentes.

As distorções podem ocorrer – ou ser evitadas – por conta da capacitação de avaliadores e avaliados, do fornecimento de informação do avaliado ao avaliador e da escolha de técnicas e instrumentos de avaliação adequados.

Caso o avaliador utilize alguma técnica ou instrumento para avaliar o desempenho profissional, deverão ser confiáveis e válidos. A *confiabilidade* é definida por diversos autores como o grau de pertinência ou garantia com que realizamos as medições. Refere-se à consistência entre as diversas respostas obtidas pelas técnicas e pelos instrumentos utilizados em condições semelhantes à realidade avaliada.

A esse respeito, Pérez Serrano (1996) considera que existem três métodos para obter a confiabilidade:

1. *Método de repetição do mesmo teste*, realizando a avaliação duas vezes e encontrando a correlação entre as pontuações obtidas.
2. *Método das formas paralelas*, ou duas provas elaboradas de forma paralela aplicadas aos mesmos agentes, correlacionando as pontuações.
3. *Método das duas metades*, dividindo a prova em dois e correlacionando seus resultados.

A *validez*, por sua vez, refere-se ao grau em que uma determinada técnica ou instrumento mede o que se propõe medir. Existem diferentes tipos de validez:

- › **Imediata**: É aquela na qual se tomam decisões baseadas na estrutura e no conteúdo do projeto.
- › **De conteúdo**: Trata de verificar a consistência do projeto.
- › **De constructo**: Refere-se à conceituação teórica e ao desenho do modelo.

> **De contraste:** Refere-se à comprovação dos resultados obtidos, comparando-os com outros resultados de projetos similares.

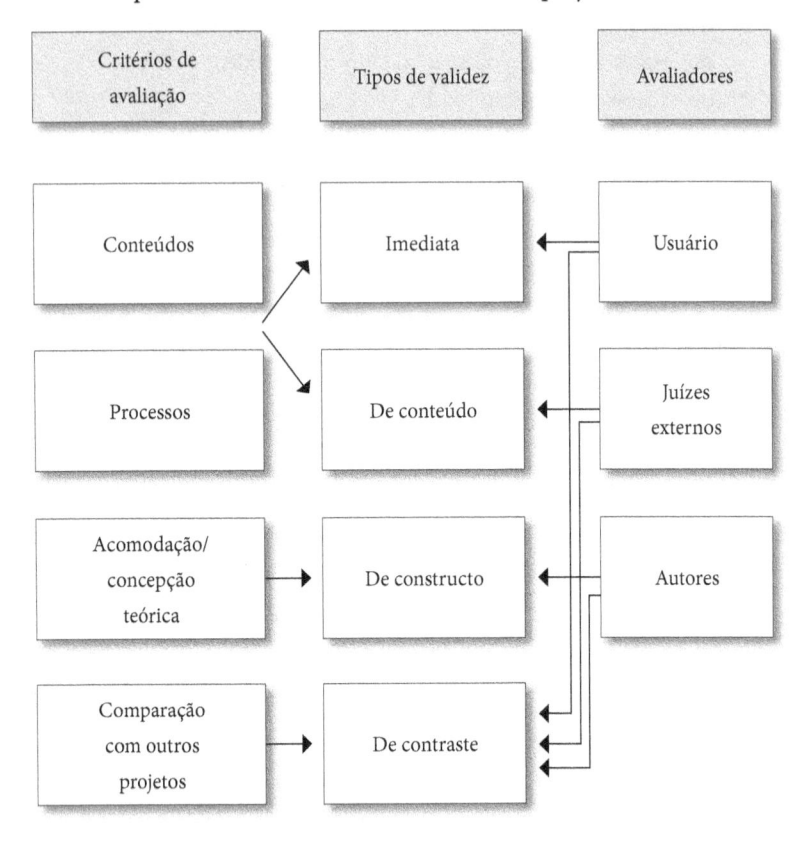

Critérios de avaliação	Tipos de validez	Avaliadores
Conteúdos	Imediata	Usuário
Processos	De conteúdo	Juízes externos
Acomodação/ concepção teórica	De constructo	Autores
Comparação com outros projetos	De contraste	

5. Resumo

A avaliação de agentes de intervenção socioeducacional é um aspecto de grande importância em educação social. Sua atividade profissional pode dirigir-se a uma grande variedade de pessoas ou grupos de diversas tipologias, de modo que suas possibilidades de atuação adquirem uma grande versatilidade. E essa é a razão fundamental pela qual se faz necessário saber como o agente de intervenção socioeducacional desenvolve o processo avaliador, para melhorá-lo e adequá-lo a cada contexto.

A finalidade principal de um sistema de avaliação do desempenho de um agente de intervenção socioeducacional é melhorar seu desenvolvimento profissional, e, para isso, esse agente deve contemplar seu futuro e analisar o que pode fazer para desenvolver e aplicar seu máximo potencial ao trabalho.

Entendemos por desempenho profissional o grau de eficácia com que as pessoas realizam as atividades e responsabilidades dos cargos que ocupam.

Um elemento de grande importância para manter um adequado desempenho profissional é o processo de superação constante que sempre deve presidir suas atuações, e que se transforma em melhorias, crescimento, inovação, mudanças e qualidade da intervenção (aprendizagem e formação ao longo da vida).

É preciso ter em mente que os conhecimentos teóricos adquiridos pelo agente de intervenção socioeducacional não garantem, por si sós, que ele seja competente; portanto, para desenvolver um adequado desempenho profissional é necessária uma constante atualização voltada para a prática (conhecimento prático). Um adequado desempenho profissional requer, nos dias atuais, uma formação cada vez mais exigente, que implica a aquisição de determinadas habilidades, atitudes, capacidades, destrezas e procedimentos para executar atividades nas quais se utilizem, entre outros, instrumentos, técnicas e tecnologias, e, assim, melhorar a qualidade de seu desempenho.

Entendemos a avaliação do desempenho profissional como um processo sistemático e periódico de estimativa do grau de eficácia com que os profissionais realizam as atividades e responsabilidades dos cargos que ocupam. Essa avaliação apresenta diversas fases, modalidades e métodos, e é feita em função de diferentes critérios de avaliação.

6. Atividades

> › Justificar a necessidade de o agente de intervenção socioeducacional ser avaliado.
> › Tentar elaborar uma definição pessoal do conceito de desempenho profissional.

> Fornecer critérios que sirvam para avaliar agentes de intervenção socioeducacional.

7. Autoavaliação

1. Recordar os tipos de agentes de intervenção socioeducacional.
2. Anotar as finalidades da avaliação do desempenho profissional.
3. Citar dois métodos para avaliar o desempenho profissional.

Soluções:

1. Os tipos de agentes de intervenção socioeducacional são:
   > Agentes pessoais.
   > Agentes responsáveis.
   > Agentes destinatários.
   > Agentes institucionais.
   > Agentes indiretos.
2. As finalidades da avaliação do desempenho profissional são:
   > Potencializar a comunicação e cooperação com o profissional avaliado.
   > Mostrar-lhe seus pontos fortes e fracos.
   > Potencializar suas competências profissionais.
   > Melhorar sua prática profissional.
3. Alguns dos métodos para avaliar o desempenho profissional são:
   > Por objetivos.
   > Por escalas.
   > Por rubricas.
   > Avaliação aberta.
   > Avaliação baseada em gestão por competências.

unidade didática
cinco

Avaliação de âmbitos de
intervenção socioeducacional

a

1. Introdução

O agente de intervenção socioeducacional realiza suas funções na aplicação de um projeto, em um âmbito específico de intervenção e dentro de um contexto determinado da vida social. Toda sua atividade tem como centro atender às necessidades da pessoa ou pessoas destinatárias da intervenção, mas tendo em conta que esta deve ser realizada de forma devidamente contextualizada. Essa é a razão pela qual o âmbito de intervenção socioeducacional ganha uma importância essencial em qualquer intervenção, visto que o contrário seria padronizar atuações que não se ajustariam às necessidades reais das pessoas às que se dirigem.

Neste capítulo, analisaremos diversos aspectos relacionados à avaliação de âmbitos de intervenção socioeducacional, sabendo que essa avaliação é garantia da qualidade do próprio projeto a desenvolver.

2. Competências

Neste capítulo, pretendemos favorecer ao estudante a aquisição das seguintes competências:

1. Desenvolver processos cognitivos superiores;
2. Trabalhar em equipe;
3. Promover atitudes acordes com os direitos humanos e os princípios democráticos;
4. Participar de projetos e serviços socioeducacionais e comunitários;
5. Supervisionar instituições, planos, programas e projetos socioeducacionais.

3. Mapa conceitual

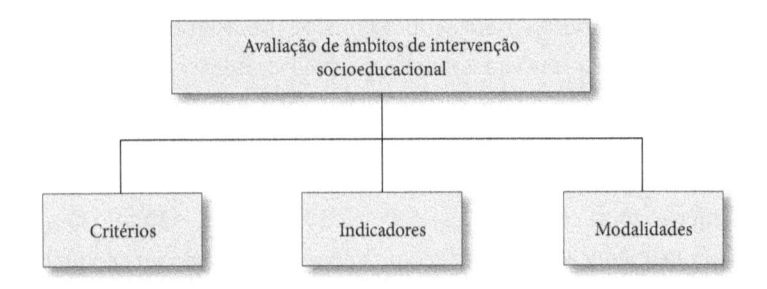

```
        Avaliação de âmbitos de intervenção
                socioeducacional
        ┌───────────────┼───────────────┐
    Critérios       Indicadores      Modalidades
```

4. Conteúdos

4.1 Âmbito de intervenção socioeducacional

Consideramos âmbito de intervenção socioeducacional todos aqueles grupos, pessoas, lugares ou instituições com as quais é possível desenvolver alguma intervenção socioeducacional. Entendemos por avaliação referente a um âmbito de intervenção socioeducacional um processo reflexivo e sistemático de indagação e análise, que atende à realidade em que se realiza, que considera cada situação em particular, e que é regida por critérios de qualidade e utilidade. É justamente em cada um dos diversos âmbitos de intervenção socioeducacional que ocorrem as interações que fazem com que a intervenção se desenvolva de uma determinada forma, e com determinados condicionantes, possibilidades e limitações. Como já dissemos no Capítulo 1, para De la Torre, Pio e Medina (2001), os âmbitos nos quais se pode desenvolver a intervenção socioeducacional estão compreendidos em um desses grandes blocos:

a. **Estimulação sociocultural**: Seus destinatários são todas aquelas pessoas de uma comunidade, uma população ou um território interessadas em desenvolver habilidades pessoais ou sociais, fora do sistema educacional formal, por meio de uma metodologia de intervenção baseada na participação e na comunicação.

b. **Pedagogia do tempo livre:** Seus destinatários são os estudantes e adolescentes fora do horário de aulas, é desenvolvida em locais como bibliotecas, ludotecas etc., com metodologias ativas e participativas.
c. **Educação de adultos:** As intervenções socioeducacionais dirigem-se a pessoas adultas com carências culturais ou sociais, com uma formação abaixo dos níveis exigidos em seu trabalho. A metodologia a utilizar é diferenciada para cada pessoa, tendo em conta suas características e seu modo de aprender.
d. **Formação ocupacional:** Trata-se de um tipo de formação própria da sociedade pós-industrial, na qual as intervenções socioeducacionais dirigem-se à população ativa para ajudá-la a encontrar emprego ou para sair de uma situação de desemprego.
e. **Educação especializada:** Trata-se de um bloco de atuação muito amplo e que compreende muitos âmbitos de intervenção socioeducacional. Seus destinatários são pessoas com risco psicossocial ou com carência de recursos pessoais, de modo que pode abarcar tanto os variados problemas familiares como as desadaptações e os conflitos sociais, a marginalização, a dependência química, os desequilíbrios da personalidade etc.

Trata-se, na realidade, de grandes contextos, nos quais se enquadram os diversos âmbitos de intervenção socioeducacional, como podemos apreciar no gráfico.

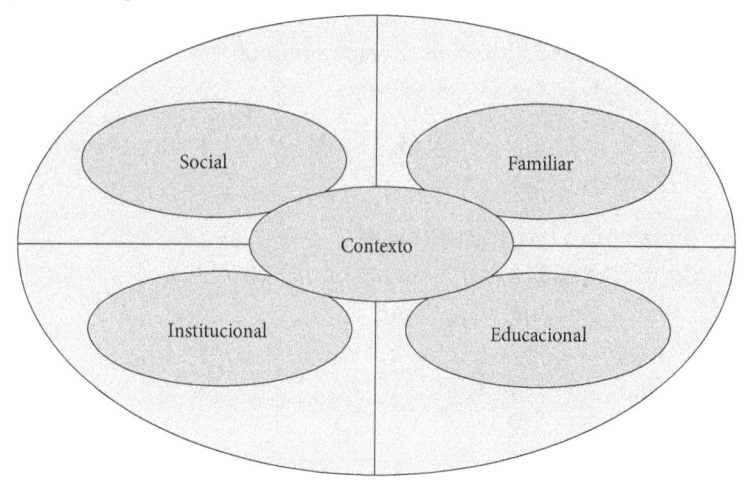

Podemos enumerar com mais detalhes **âmbitos significativos** de intervenção socioeducacional enquadrados nos contextos anteriores, como:

> - ócio e lazer;
> - formação formal e não formal;
> - projetos para situações de risco;
> - meios de comunicação;
> - intervenção em elaboração de projetos;
> - intervenção em famílias;
> - em jovens em situação de risco;
> - adultos;
> - idosos;
> - estimulação sociocultural.

Para Petrus (citado por Riera, 1998), os dez âmbitos sobre os quais se exercem as *funções* do educador social são:

1. Sobre um indivíduo específico;
2. Sobre um grupo determinado;
3. Em uma realidade familiar;
4. Em um espaço escolar;
5. Em um bairro;
6. Dentro de uma estrutura política;
7. Em um espaço trabalhista;
8. Em função do cultural;
9. Em um setor de intervenção especializada;
10. Dentro da sociedade em geral.

As *áreas de atuação* do educador social dentro dos diversos âmbitos são, entre outras, as seguintes:

> - Formação e reciclagem pessoal;
> - Educação não formal de adultos;
> - Pessoas em situação de risco;
> - Tempo livre;
> - Elaboração de projetos;
> - Orientação familiar;

› Incapacidade e inserção trabalhista.

Froufe (1997), por sua vez, refere-se aos âmbitos da intervenção socioeducacional nos seguintes termos:

1. Os âmbitos da educação social surgem para atender a novas necessidades educacionais que não são satisfeitas pelo atual sistema educacional.
2. Os âmbitos de intervenção atuam quase sempre na modalidade de educação não formal.
3. A conexão das atuações nos diversos âmbitos não se encontra em sua maior ou menor afinidade temática, mas em sua intencionalidade educacional.
4. A pluralidade temática e a intencionalidade educacional desses âmbitos de intervenção lhes conferem um caráter multidisciplinar.
5. Todos os processos de intervenção respondem a uma realidade que se apresenta complexa e, normalmente, multicausal.
6. Usamos o termo intervenção em sua vertente educacional.

Para fazer uma intervenção socioeducacional efetiva e poder avaliá-la, primeiro é preciso conhecer a realidade social na qual se vai trabalhar (âmbito de intervenção). Para Wallner (1993), a realidade social pode ser entendida como:

› um conjunto de formas fundamentais dentro das quais as pessoas se comportam e atuam de um modo socialmente relevante;
› a esfera da qual surgiu e continua surgindo toda a cultura e civilização;
› ação social.

E fala de quatro formas de ação social:

› *Racional objetiva*: Quando intencionalmente se pretende um objetivo.
› *Racional valorativa*: Quando se trata da realização de valores religiosos ou estéticos.
› *Afetiva*: Quando se baseia em afetos e sentimentos.
› *Tradicionais*: Quando intervêm ideais tradicionais.

4.2 Tipos de âmbitos

Existem diversas classificações dos contextos nos quais um educador social pode intervir. Uma delas estabelece três grandes contextos e subcontextos:

1. **O da identidade cultural**: Entende-se que a identidade cultural é dada por um conjunto de características que permitem distinguir um grupo humano do resto da sociedade, e pela identificação de um conjunto de elementos que permitem a esse grupo definir-se como tal. Nesse caso, a intervenção socioeducacional propiciará o reconhecimento e a consciência da situação pessoal e coletiva da realidade social, a capacidade de analisar, de interpretar a realidade, de criar e expressar as próprias respostas culturais.
2. **O da relação com os outros**: Nesse caso, a intervenção socioeducacional atuará na comunicação, na cooperação, na solidariedade, na organização social, nas formas de articulação, nas redes de relações interpessoais dentro dos grupos e na comunidade social.
3. **O da relação com o meio**: Nesse caso, a intervenção socioeducacional atuará nas necessidades, nos interesses, nas limitações, nas carências e nas barreiras, bem como nos problemas relacionados com o bem-estar e a qualidade de vida de um grupo determinado ou da comunidade social.

Outra classificação dos âmbitos de intervenção socioeducacional pode ser:

> por faixas etárias: jovens, idosos, crianças etc.;
> por gêneros: mulheres, homens;
> territorial: bairros, aldeias, comarcas, distritos;
> por setores específicos de população: marginalizados, minorias, dependentes químicos, pessoas maltratadas etc.

Os âmbitos de intervenção socioeducacional também podem ser classificados pelo caráter da intervenção:

> De caráter sociocultural: Para promover a participação de grupos, desenvolver o associacionismo e a organização comunitária.

- › De caráter cultural: Para promover a criação e difusão da cultura de base, da participação nos processos culturais e do consumo de cultura.
- › De caráter socioeconômico: Para promover a participação em grupos ou comunidades em processos de desenvolvimento socioeconômico.

Em uma tentativa de esclarecer a classificação dos possíveis âmbitos de intervenção socioeducacional existentes, propomos o seguinte:

1. **Âmbitos relacionados com centros ou instituições para pessoas incapacitadas:**
   - › Instituições-dia para pessoas incapacitadas;
   - › Centros especiais de emprego;
   - › Centros específicos de educação especial;
   - › Centros de estímulo precoce;
   - › Centros ocupacionais;
   - › Centros de reabilitação;
   - › Escolas;
   - › ONGs que atendem a pessoas incapacitadas.

2. **Âmbitos relacionados com orientação familiar:**
   - › Associações de pais;
   - › Centros de idosos;
   - › Centros de orientação familiar;
   - › Centros de planejamento familiar;
   - › Escolas de pais;
   - › Famílias específicas;
   - › ONGs que trabalhem com famílias;
   - › Processos de mediação;
   - › Situações de exclusão social;
   - › Situações de violência familiar.

3. **Âmbitos relacionados com contextos multiculturais:**
   - › Associações de imigrantes;
   - › Centros de apoio a imigrantes;
   - › Centros culturais com apoio a imigrantes;
   - › Grupos desfavorecidos;
   - › Grupos de diversidade cultural;

> Coletividades de ciganos;
> Coletividades de imigrantes;
> ONGs que trabalhem em contextos multiculturais;
> Pessoas específicas.

4. **Âmbitos relacionados com instituições educacionais, públicas e privadas:**
   > Abrigos;
   > Centros de apoio a adolescentes;
   > Escolas de educação infantil;
   > Escolas de ensino fundamental;
   > Escolas de ensino médio;
   > Escolas de formação profissional específica;
   > Internatos ligados a instituições;
   > ONGs que trabalhem com as instituições socioeducacionais.

Em setembro de 1997, celebrou-se na Universidade de Deusto o 12º Seminário Interuniversitário de Pedagogia Social, sob o título: *Novos espaços da educação social*. Nele, levantou-se a necessidade de ampliar a perspectiva desse tema como educação ao longo da vida (Delors, 1996), rompendo as barreiras estabelecidas pela dicotomia educação formal-não formal, e, finalmente, estudou-se o ócio e o lazer, não como novo espaço já existente, mas quanto ao reconhecimento de sua importância e à necessidade de redobrar os esforços socioeducacionais com uma perspectiva de futuro. Outros âmbitos estudados foram: maus-tratos entre iguais; educação intercultural como alternativa ao conflito multicultural; serviços sociais, como o município e o movimento associativo; o esporte como espaço educacional; o mundo da publicidade e sua relação com os valores e o lazer. Todos eles, portanto, podem ser considerados também âmbitos de intervenção socioeducacional.

No que diz respeito à União Europeia, quanto aos âmbitos de intervenção da educação social existem pontos de coincidência na maioria dos países, sendo os grupos mais representativos:

> Marginalização social: delinquência, desadaptação, dependência química etc.;

> Reeducação social;
> Inserção trabalhista;
> Serviços de juventude;
> Estimulação no tempo livre;
> Educação ambiental;
> Deficiências físicas e psíquicas;
> Alfabetização;
> Formação ocupacional.

Além desses campos comuns de atuação profissional, cada país mantém seus âmbitos especializados. De qualquer forma, o âmbito de intervenção socioeducacional é no geral percebido como não somente um espaço de confluência de todos os elementos que o integram e de suas interações, mas como o receptor de todas as influências geradas em seu entorno mais imediato.

4.3 A avaliação do âmbito de intervenção socioeducacional

A avaliação e análise de um âmbito de intervenção socioeducacional, no qual o educador social vai desenvolver sua atividade, é fundamental como passo prévio à intervenção. Trata-se de conhecer todos os elementos que o configuram e suas características. Pois bem, estando o âmbito de intervenção socioeducacional situado e enquadrado em um determinado contexto, é necessário conhecer esse contexto previamente, visto que suas características condicionarão as do âmbito de intervenção. Para isso, é preciso reunir a informação que se considere relevante: situação física do contexto, acessos, recursos da área (econômicos, sociais, culturais, esportivos etc.), características socioeconômicas, características socioculturais, instalações existentes, nível cultural médio das famílias, tipo majoritário de moradia, relações sociais entre vizinhos etc. Uma vez conhecidas as características do contexto, no qual se insere o âmbito de intervenção socioeducacional, entenderemos melhor suas características e as razões que aconselham a intervenção em determinado momento. Entender o contexto significa conhecer o âmbito geral e contribuir para que os projetos desenvolvidos nos âmbitos que integra sejam relevantes e significativos.

Na prática, dada a complexidade de qualquer âmbito de intervenção socioeducacional, não é fácil avaliá-lo. Não obstante, todos percebem, com mais clareza, a necessidade de conhecer as características do próprio cenário das atuações de intervenção. Além disso, sendo o âmbito de intervenção socioeducacional uma estrutura complexa e integrada por subsistemas que se inter-relacionam em seu seio, às vezes os papéis de seus integrantes e alguns interesses agregados interferem nele, o que é um elemento que também dificulta seu conhecimento e análise. De qualquer forma, a análise e conhecimento profundo dessa esfera na qual será feita a intervenção, é um passo prévio e necessário, a ela. Para sua realização, tendo em conta os elementos que o configuram, propomos uma base em um duplo enfoque:

a. Analisando e avaliando o entorno imediato, que configura o âmbito de intervenção socioeducacional.
b. Procurando conhecer os destinatários da intervenção, suas características e interações.

É preciso ter muita ciência, ao avaliar um âmbito de intervenção socioeducacional, da especificidade de cada um e de suas características diferenciais dos demais. A esse respeito, Chelimsky e Shadish (1997) defendem que é necessário considerar:

> a idiossincrasia de cada situação;
> a globalidade, no sentido de que os esforços realizados em cada lugar afetam não só aqueles a quem se dirigem;
> a transnacionalidade, pois os problemas que precisam ser enfrentados podem transcender as fronteiras geográficas, políticas e culturais.

A avaliação de um âmbito de intervenção socioeducacional é considerada um elemento-eixo de qualidade para a melhoria e transformação de uma situação de desvantagem socioeducacional dentro de uma determinada sociedade.

4.3.1 Avaliação do contexto de intervenção

O contexto de intervenção é o entorno imediato no qual ocorrerá a intervenção socioeducacional. Por isso, faz-se necessário conhecê-lo em profundidade. Para facilitar essa tarefa é muito conveniente, além de conhecer *in situ* o entorno da intervenção, recorrer a algum instrumento *ad hoc* que proporcione aos agentes de intervenção toda a informação possível, previamente (análise do contexto).

Caso o agente de intervenção socioeducacional não encontre o instrumento necessário, sugerimos a elaboração de um que aborde a obtenção de toda a informação que necessitará, e que estará relacionada com aspectos como:

› localização geográfica;
› área de influência;
› características socioeducacionais da área;
› economia básica da área;
› relações de vizinhança;
› centros culturais e educacionais;
› nível socioeducacional das pessoas;
› tipo de lazer, *hobbies* etc.

Tudo isso proporcionará um conhecimento essencial antes de iniciar a intervenção socioeducacional.

4.3.2 Avaliação das pessoas destinatárias da intervenção

Para conhecer as pessoas específicas, destinatárias da intervenção socioeducacional, propomos que se faça uma avaliação de caráter diagnóstico para o estudo e a análise das necessidades específicas. Essa avaliação tem como finalidade que o agente de intervenção socioeducacional adquira um conhecimento prévio e real das características dessas pessoas, em todos os aspectos possíveis.

Esse conhecimento é fundamental, e tem como finalidade permitir ao agente de intervenção socioeducacional criar suas estratégias e acomodar sua prática profissional à realidade de todas as pessoas. De qualquer forma, a avaliação diagnóstica deve acontecer como um passo prévio à intervenção, visto que é nesse momento que o agente precisa conhecer a realidade das pessoas com quem vai intervir, antes de iniciar o trabalho. Além disso, a avaliação diagnóstica servirá de referência para analisar o fim do processo de intervenção e para verificar se os resultados foram satisfatórios ou não. Dados sobre características socioeconômicas das pessoas que o configuram, características socioculturais, problemas existentes, nível cultural das famílias com quem se vai intervir, nível de motivação, dificuldades existentes, expectativas de futuro etc., serão de grande utilidade para criar a intervenção socioeducacional.

Esses dados podem ser obtidos mediante a aplicação de algum protocolo *ad hoc* ou mediante um processo de entrevista e observação das pessoas que serão alvo da intervenção socioeducacional, ou utilizando ambas as vias. Existem diversos modelos e protocolos que podem ser úteis. (Para obter mais informação a esse respeito, é possível recorrer à obra – que é um complemento deste livro – CASTILLO ARREDONDO, S.; CABRERIZO DIAGO, J.; RUBIO ROLDÁN, M. J. *La práctica de la evaluación en la intervención socioeducativa. Materiales e instrumentos. Vademécum del educador social*. Madri: Pearson, 2011).

Antecipando-nos aos conteúdos do Capítulo 7 sobre *procedimentos, técnicas e instrumentos* para a avaliação da intervenção socioeducacional, vamos deixar aqui uma breve antecipação de duas técnicas muito úteis na avaliação dos âmbitos de intervenção socioeducacional: a *observação* e a *entrevista*, na medida em que podem ser úteis para avaliar os destinatários da intervenção.

4.3.2.1 A observação

A observação está na própria base das técnicas de avaliação. Foca a obtenção de informação sobre a conduta do avaliado e costuma ser feita em situações naturais do dia a dia, permitindo conhecer os interesses, as atitudes, os problemas, a adaptação etc.

A observação é adquirida mediante instrumentos que permitem o estudo do comportamento espontâneo do avaliado manifestado em condutas observáveis. O observador-avaliador, mediante sua percepção visual e auditiva, registra o surgimento de uma série de comportamentos que serão objeto de análise e avaliação.

Existem diferentes modalidades de observação:

> *Observação não participativa*: Quando há uma máxima distância entre observador e observado, a acessibilidade observada é difícil e não se estabelece nenhum tipo de interação entre eles.
> *Observação participativa*: Quando o observador pode se dirigir à pessoa observada, compartilham o mesmo espaço físico, mas não participam das mesmas atividades.
> *Participação-observação*: Tem como característica a tentativa do observador de se integrar ao entorno natural de sujeito observado, participando com ele das mesmas atividades.
> *Auto-observação*: Quando o observador analisa suas próprias vivências.

Os dados obtidos como consequência da observação devem ser colhidos mediante instrumentos que garantam sua confiabilidade. As principais vantagens da metodologia da observação são:

> a aplicabilidade é muito ampla;
> a objetividade no registro estará garantida se for seguida uma série de requisitos, e se as sessões forem gravadas;
> permite obter informação direta da conduta do observado sem que exista nenhum tipo de ordem ou regra;
> proporciona informação sobre o entorno no qual se dão as condutas.

Os inconvenientes que a observação apresenta são:

> Está limitada ao estudo de condutas que sejam perceptíveis mediante o sentido da visão ou da audição (comportamentos, gestos, movimentos, gritos etc.). Portanto, não será adequada para avaliar processos cognitivos.
> É apropriada para ser aplicada a um só sujeito ou a um grupo reduzido, pois requer dedicação e atenção continuada do observador.

› É necessário tempo para obter vários registros de observação. E uma continuidade temporal até obter dados suficientes e poder fazer a análise.
› A presença do observador pode gerar um efeito de reatividade. O sujeito, ao saber-se observado, pode não se comportar de maneira natural ou espontânea.

Uma vez classificadas as possíveis condutas, é necessário delimitar com muita precisão aquilo que vamos observar, para utilizar um instrumento adequado. Sendo a observação uma técnica que combina a flexibilidade e a adaptabilidade a cada situação com o rigor científico, compõe-se de uma série de fases ordenadas que seguem uma lógica em seu desenvolvimento:

1. Delimitação do problema;
2. Coleta de dados e otimização do instrumento de registro;
3. Análise de dados;
4. Interpretação dos resultados.

Alguns instrumentos que podem ser utilizados para a observação são:

› Listas de controle;
› Escalas de estimativa;
› Registros de informação não sistematizada;
› Notas de campo;
› Registro de casos;
› Registro de amostras;
› Escalas de observação.

A avaliação do entorno imediato que configura o âmbito de intervenção socioeducacional pode ser feita utilizando algum instrumento que forneça informação complementar à obtida na análise do contexto. Dados sobre localização física do âmbito, acessos, recursos da área, condicionantes para a intervenção etc., contribuirão para um melhor conhecimento. Também é possível obter informação sobre o entorno imediato mediante um processo de observação para esse fim.

4.3.2.2 A interrogação

Também é possível obter informação para conhecer melhor as pessoas que configuram o âmbito de intervenção socioeducacional mediante a interrogação, sendo as principais técnicas utilizadas a enquete e a entrevista. Existem diversas modalidades de entrevista para se obter informação:

> *Entrevista estruturada*: O texto e a sequência das perguntas são predeterminados.
> *Entrevista semiestruturada*: Possui um esquema ou pauta de entrevista estabelecida, mas as perguntas a formular não são apresentadas de forma tão rígida, havendo também perguntas abertas.
> *Entrevista aberta*: Não se estabelece com antecedência um esquema a seguir, nem perguntas específicas a formular.

Não vamos desenvolver mais esse tópico, pois ele será tratado de forma bastante aprofundada no Capítulo 7 deste livro.

4.3.3 Critérios e indicadores para a avaliação de âmbitos

Não existe unanimidade para a seleção de critérios a utilizar quando se quer analisar um âmbito de intervenção socioeducacional. É necessário, para isso, ter em conta que qualquer âmbito de intervenção socioeducacional é uma organização viva, aberta, dinâmica, em constante evolução e com uma cultura específica, o que dificulta em boa medida a determinação prévia dos critérios e instrumentos para sua avaliação. E não devemos esquecer que a determinação desses critérios costuma estar condicionada por uma grande quantidade de aspectos, inclusive relacionados à concepção pessoal e com a ideologia de quem vai elaborar a avaliação, e aos fins que se pretende com ela.

Por outro lado, deveríamos levar em conta que a determinação dos critérios e indicadores para avaliar âmbitos de intervenção socioeducacional deve estar enquadrada em um objetivo mais amplo e coerente, de ampla visão e com perspectivas de futuro, em relação às características da sociedade em que vivemos, que está sujeita a processos constantes de mudança. De qualquer forma, é preciso levar em consideração a informação fornecida pela avaliação diagnóstica.

Para avaliar adequadamente um âmbito de intervenção socioeducacional, seria necessário estabelecer critérios e indicadores específicos para ele, o que representa uma especial dificuldade, dada a grande diversidade deles, de sua situação, de suas características, de suas peculiaridades etc., que fazem com que cada âmbito de intervenção socioeducacional seja único, por mais parecido que possa ser com outro. Por isso, pretender unificar um modelo que sirva para avaliar todos é uma tarefa infrutífera, visto que, mesmo pertencendo a um mesmo setor social ou cultural, as diversas características de cada âmbito fazem com que sejam diferentes.

Não obstante, ao avaliar um âmbito de intervenção socioeducacional, deveriam ser levados em conta **critérios** como:

> as razões e os propósitos da avaliação que vai começar;
> as metas e os objetivos principais do estudo;
> os grupos a avaliar e os implicados;
> algumas variáveis cruciais a considerar no âmbito da atuação;
> os métodos gerais de informação a empregar;
> um prazo previsto para fazer o estudo de avaliação;
> as atividades principais a realizar;
> os procedimentos, as técnicas e os instrumentos que serão empregados na coleta de informação;
> as técnicas a empregar no tratamento de informação.

Tendo em vista que um dos âmbitos mais frequentes de intervenção do educador social é a instituições de ensino (tanto de ensino formal quanto não formal), vamos nos referir à avaliação deles para mostrar a dificuldade existente a respeito.

Sobre os critérios a definir e seus correspondentes indicadores para avaliar uma instituição de ensino, há diversidade de opiniões. Para Pérez e Martínez (1989), a avaliação de uma instituição de ensino pode ser feita em função de critérios relacionados com:

> o controle;
> a melhoria;

- a informação;
- o diagnóstico;
- a eficácia;
- as características dos alunos;
- o professorado (características pessoais, profissionais, sua atuação em equipe);
- a organização (projeto educacional, direção, agremiação de professores e alunos, serviços);
- o meio e os recursos;
- a relação entre a instituição e a comunidade.

Para Casanova (1992), a avaliação de uma instituição de ensino deve ser feita visando:

- conhecer a situação de partida da instituição em seus componentes organizacionais-funcionais, no momento de propor a intervenção avaliadora;
- facilitar a formulação de um modelo de atuação adequado, em função dos dados obtidos no objetivo anterior;
- detectar permanentemente as dificuldades e os elementos positivos que surjam durante o desenvolvimento do modelo de atuação escolhido;
- regular o processo de aplicação contínua do modelo de intervenção, propiciando e facilitando a obtenção das metas previstas;
- conhecer e analisar os resultados obtidos no final do período fixado para a implantação do modelo.
- repensar o modelo de atuação da instituição de acordo com a informação coletada e com sua análise e, consequentemente, potencializar os aspectos positivos e corrigir os negativos em sua organização e seu funcionamento.

Para Stufflebeam e Shinkfield (1993), os critérios para avaliar uma instituição devem ser de tipo:

- político (investigação encoberta e estudos baseados nas relações públicas);

> de análise de problemas específicos (estudos baseados em objetivos, com uma dimensão somativa);
> de orientação à tomada de decisões (estudos fundamentados em processos com uma dimensão formativa).

Para Cardona (1994), as dimensões sob as quais se deve abordar a avaliação de instituições são:

> a institucional-comunitária, com as características de ser consensual, integrada, assessorada, participativa e contextualizada;
> a técnico-pedagógica, com as características de ser referencial, contínua, processual e sistemática.

Para Gairín (1996b), os critérios para avaliar uma instituição devem ser:

> aspectos de desenho (modelo a utilizar, alvo de atendimento, referencial, protagonistas, momento etc.);
> aspectos de aplicação (delimitação e configuração da instrumentalização, coleta da informação, síntese e debate entre os participantes da informação, realização do informe e apresentação e debate público do informe).

Para Martínez (1996), os critérios para a avaliação de uma instituição de ensino devem relacionar-se com:

> verificação de metas educacionais;
> sistemas de direção;
> estudo da participação na instituição;
> planejamento educacional;
> utilização e rentabilidade de meios e instrumentos a serviço da educação;
> seleção, formação, aperfeiçoamento e motivação do pessoal;
> integração dos alunos na vida acadêmica e social (comunidade);

Já para García (1998), a avaliação de uma instituição de ensino deve contemplar:

- estudantes;
- equipe educadora;
- recursos materiais;
- organização de atividades;
- relações com as famílias de alunos;
- fatores econômico-profissionais;
- fatores culturais;
- disponibilidade para o lazer;
- consciência e serviços sociais.

Podemos deduzir, do exposto, a dificuldade expressa anteriormente sobre a seleção dos critérios a utilizar quando se quer avaliar um âmbito de intervenção socioeducacional, visto que o exemplo dado sobre dificuldade existente para avaliar uma instituição de ensino é aplicável a qualquer outro âmbito de intervenção socioeducacional, cada um dentro de sua especificidade.

Seguindo com o exemplo proposto de avaliar uma instituição de ensino, e tendo ciência dessa dificuldade, a administração educacional tentou unificar critérios para avaliar instituições de ensino oferecendo um modelo genérico para realizar a avaliação de todos eles. E assim surgiu o Plano de Avaliação de Instituições (Plano EVA), posto em execução pela administração educacional a partir do ano letivo 1991/1992. O resultado foi que o plano deixou de ser aplicado pouco tempo depois de entrar em funcionamento, visto que se percebeu a dificuldade de estabelecer um modelo uniforme para avaliar instituições de ensino, tão diferentes umas das outras.

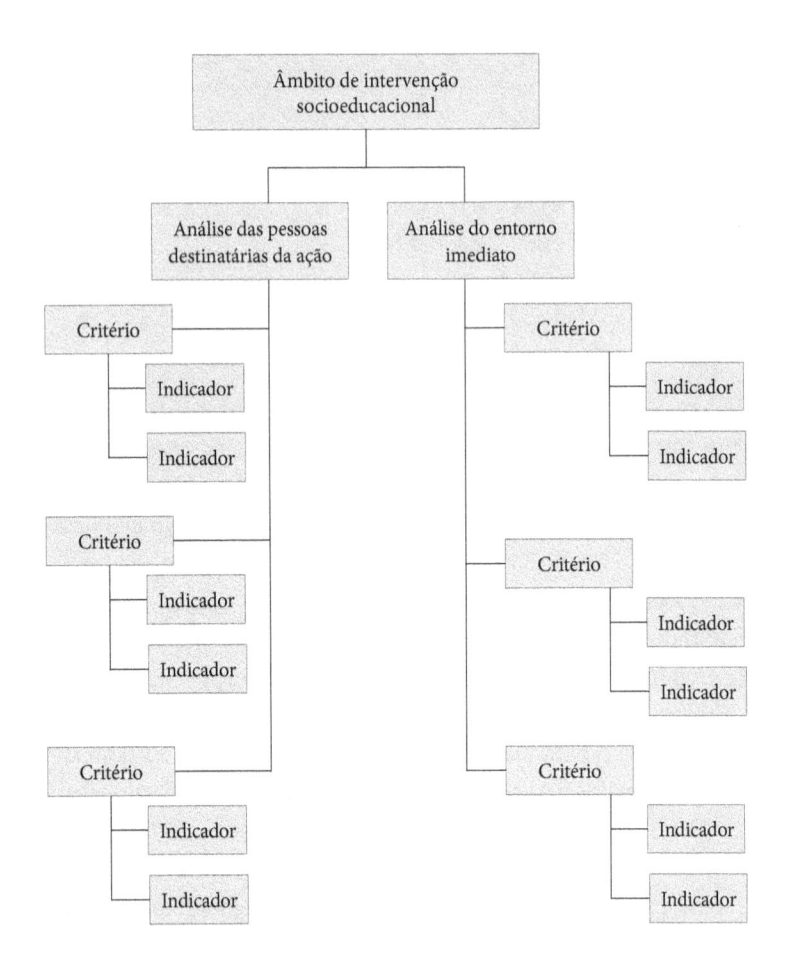

```
                    ┌─────────────────────┐
                    │ Âmbito de intervenção│
                    │  socioeducacional    │
                    └──────────┬──────────┘
                ┌──────────────┴──────────────┐
    ┌───────────────────────┐       ┌───────────────────────┐
    │ Análise das pessoas   │       │  Análise do entorno   │
    │ destinatárias da ação │       │       imediato        │
    └───────────────────────┘       └───────────────────────┘
```

Diagrama: Âmbito de intervenção socioeducacional, desdobrado em Análise das pessoas destinatárias da ação e Análise do entorno imediato, cada um com três Critérios, e cada Critério com dois Indicadores.

4.3.4 Modalidades para a avaliação de âmbitos

Assim como para outras situações ou atuações de avaliação (agentes, projetos, instituições etc.), existem diversas modalidades para avaliar um âmbito de intervenção socioeducacional que, como em outras situações, na prática se apresentam como:

a. Avaliação interna feita no próprio âmbito pelos agentes de intervenção educacional participantes. É a desejável e a mais adequada, por estar centrada no processo, ser de caráter formativo e estar adaptada à realidade de cada âmbito.
b. Avaliação externa, levada a efeito por especialistas ou por equipe alheia ao âmbito. Costuma ser de caráter classificatório e centrada nos resultados.
c. Modelo misto, que participa dos dois modelos anteriores.

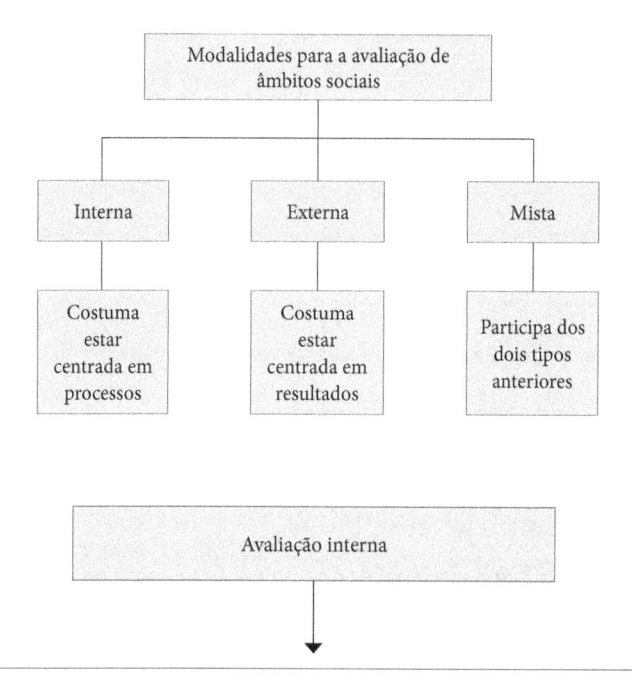

```
                    Modalidades para a avaliação de
                            âmbitos sociais
        ┌───────────────────────┼───────────────────────┐
     Interna                 Externa                  Mista
        │                       │                       │
    Costuma                 Costuma              Participa dos
      estar                   estar               dois tipos
   centrada em             centrada em             anteriores
    processos               resultados
```

```
                    Avaliação interna
                            │
                            ▼
    › Realizada por avaliadores ou supervisores internos;
    › Dependentes do âmbito no qual se desenvolve a intervenção socioeducacional ou da Administração;
    › De caráter formativo;
    › Mais centrada nos processos.
```

Avaliação externa

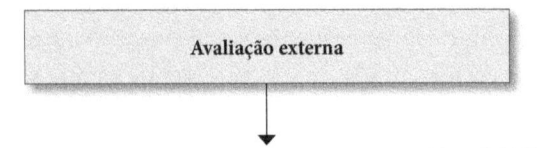

> Realizada por avaliadores ou supervisores externos, alheios ao âmbito no qual se desenvolve a intervenção socioeducacional;
> Utiliza instrumentos padronizados;
> Mais centrada em resultados.

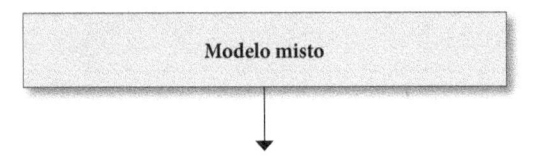

Modelo misto

> Participam avaliadores ou supervisores internos do âmbito no qual se desenvolve a intervenção socioeducacional e avaliadores ou supervisores externos;
> Utiliza instrumentos internos ao âmbito e outros padronizados;
> Centra-se nos processos e nos resultados.

4.4 Tratamento dos resultados da avaliação de âmbitos

Depois de fazer a avaliação de um âmbito de intervenção socioeducacional, obtemos uma informação que nos permitirá chegar a determinadas conclusões. Essas conclusões deverão ser apresentadas em um informe de avaliação diagnóstica. A confecção desse informe é de grande importância para o adequado desenvolvimento de qualquer programa ou projeto de intervenção socioeducacional, visto que fornecerá dados relevantes que permitirão conhecer melhor todo o processo posterior de intervenção. Sua importância fica evidente na hora de criar e desenvolver futuros projetos de intervenção, visto que a informação que proporciona contribui para se tomar decisões fundamentadas com caráter prévio, em função dos dados conhecidos obtidos sobre a realidade.

Os dados dos resultados da avaliação de um âmbito específico ajudarão a definir novos objetivos, destinar outros recursos, selecionar os agentes sociais, apontar possíveis dificuldades etc. Com os dados fornecidos pelo informe de avaliação, tanto os agentes promotores do projeto quanto os executores saberão de que situação partiram, que atuação desempenharam e que resultados obtiveram (tudo o que se relaciona com informes de avaliação que será tratado de maneira aprofundada no Capítulo 8 deste livro).

Uma vez conhecidos os dados fornecidos pelo informe de avaliação de um âmbito, após um período de análises e reflexão, podemos iniciar o processo de reelaboração do projeto, com o objetivo de repensar alguns aspectos para melhorar no futuro. Aspectos como os que se seguem podem ser revisados, melhorados e otimizados:

> Os objetivos do projeto;
> Sua contextualização;
> A atribuição de responsabilidades;
> A metodologia de atuação;
> Os materiais e recursos.

5. Resumo

Consideramos âmbito de intervenção socioeducacional todos aqueles grupos, pessoas, lugares ou instituições com os quais é possível desenvolver algum projeto de intervenção socioeducacional. Entendemos por avaliação referente a um âmbito de intervenção socioeducacional um processo reflexivo e sistemático de indagação e análise, que atende à realidade em que se realiza, que considera cada situação em particular e que é regida por critérios de qualidade e utilidade.

Para fazer uma intervenção socioeducacional efetiva e poder avaliá-la, primeiro é preciso conhecer a realidade social sobre a qual se vai trabalhar (âmbito de intervenção). Há uma grande quantidade de âmbitos de intervenção socioeducacional nos quais o educador social pode exercer sua atividade.

A análise e valoração de um âmbito de intervenção socioeducacional no qual o educador social vai desenvolver sua atividade são fundamentais como passo prévio a essa atividade. Trata-se de conhecer todos os elementos que configuram o âmbito citado e suas características.

Na prática, e dada a complexidade de qualquer âmbito de intervenção socioeducacional, não é fácil avaliá-lo. Além disso, por ser o âmbito de intervenção socioeducacional uma estrutura complexa e integrada por subsistemas que convivem em seu seio, às vezes interferem os papéis de seus integrantes e alguns interesses agregados, o que é um elemento que também dificulta seu conhecimento e sua análise. De qualquer forma, a análise e o conhecimento profundo do âmbito de intervenção socioeducacional no qual será feita a intervenção é um passo prévio e necessário a ela.

Para realizá-la, propomos um duplo enfoque: tentando conhecer as pessoas destinatárias da intervenção e analisando e valorando o entorno imediato. Para isso, podem ser utilizadas diversas técnicas, instrumentos ou protocolos. Com os dados obtidos, elabora-se um informe de avaliação diagnóstica.

6. Atividades

> Tentar fazer uma classificação pessoal dos âmbitos de intervenção socioeducacional.
> Recordar quais aspectos é preciso analisar ao avaliar um âmbito de intervenção socioeducacional.
> Procurar criar um protocolo para avaliar um determinado âmbito de intervenção socioeducacional.

7. Autoavaliação

› Recordar os âmbitos nos quais a intervenção pode ser desenvolvida, segundo De La Torre, Pio e Medina (2001).
› Anotar três âmbitos relacionados com a orientação familiar.
› Quais são as diferentes modalidades de entrevista?

Soluções:

1. Os âmbitos em que a intervenção pode se desenvolver, segundo De La Torre, Pio e Medina (2001), são:
   › Estimulação sociocultural.
   › Pedagogia do tempo livre.
   › Educação de adultos.
   › Formação ocupacional.
   › Educação especializada.
2. Os âmbitos relacionados com orientação familiar são:
   › Associações de pais.
   › Instituições para idosos.
   › Centros de orientação familiar.
   › Centros de planejamento familiar.
   › Escolas de pais.
   › Famílias específicas.
   › ONGs que trabalhem com famílias.
   › Processos de mediação.
   › Situações de exclusão social.
   › Situações de violência familiar.
3. As diferentes modalidades de entrevista são:
   › Entrevista estruturada.
   › Entrevista semiestruturada.
   › Entrevista aberta.

unidade didática
seis

avaliação de projetos de
intervenção socioeducacional

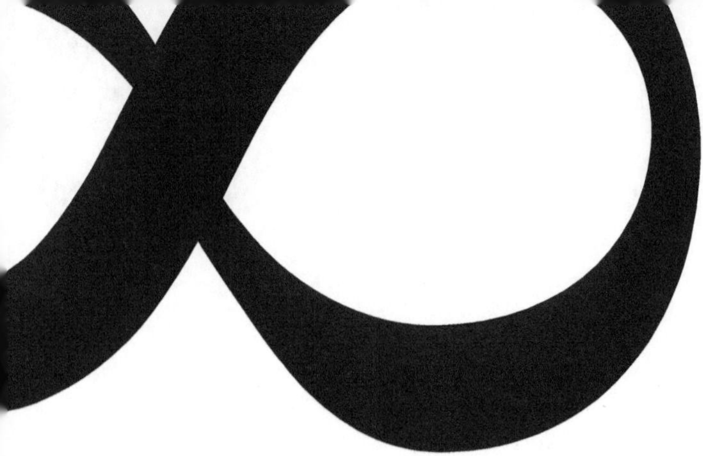

1. Introdução

O ponto de partida de qualquer intervenção socioeducacional é a elaboração de um projeto que planeje a ação profissional. Esse planejamento é fundamental para garantir o sucesso do projeto, visto que contribui com racionalidade, eficácia e um caráter científico à intervenção. Para planejar um projeto de intervenção socioeducacional, é necessário analisar o problema sobre o qual se quer intervir, escolher uma estratégia de ação, formular objetivos e metas específicas, identificar os meios para atingir os objetivos e pôr em marcha as ações previstas, de modo que o projeto possa ser executado.

É preciso pensar, por outro lado, que em algum momento da intervenção socioeducacional será necessário analisar como o projeto está se comportando, ou seja, que possibilidades existem de atingir os objetivos.

Por essa razão, um projeto de intervenção socioeducacional deve contemplar procedimentos de autocorreção (*feedback*) que permitam sua análise de uma maneira racional e empírica.

Não será possível fazer uma boa avaliação se previamente não for realizado o adequado desenho; e, ao contrário, não é possível um completo desenho e planejamento sem que ambos façam parte dos elementos a avaliar.

Na obra anterior (*Evaluación de programas de intervención socioeducativa: agentes y ámbitos*, 2004), dizíamos:

> "Neste livro, vamos nos referir somente a programas de intervenção socioeducacional, sem fazer menção expressa aos projetos ou ao plano geral do qual fazem parte. A diferença fundamental entre eles está, portanto, na previsão temporal de aplicação e na concreção da execução mediante a proposta de ações determinadas" (p. 70).

Também dizíamos que "a avaliação de um programa de intervenção socioeducacional deve ser feita tendo em conta seus referenciais fundamentais: os agentes que o aplicam e o âmbito no qual se desenvolve" (p. 67). A necessária relação de agentes e âmbitos com os planos e programas que os afetam leva-nos a focar prioritariamente o projeto como o âmbito referencial de ação mais próximo ao educador social em sua intervenção socioeducacional.

Ao longo deste sexto capítulo, analisamos tanto os diferentes elementos que devem fazer parte de um projeto de intervenção socioeducacional quanto tudo o que se relaciona à sua avaliação.

2. Competências

Com o estudo deste capítulo, pretendemos facilitar ao estudante a aquisição das seguintes competências como resultado de sua aprendizagem:
1. Criar planos, programas, projetos e atividades de intervenção socioeducacionais.
2. Criar e implementar processos de avaliação de programas, agentes, âmbitos e estratégias de intervenção socioeducacional.
3. Supervisionar instituições, planos, programas e projetos socioeducacionais.
4. Administrar processos de melhoria, qualidade e inovação.

3. Mapa conceitual

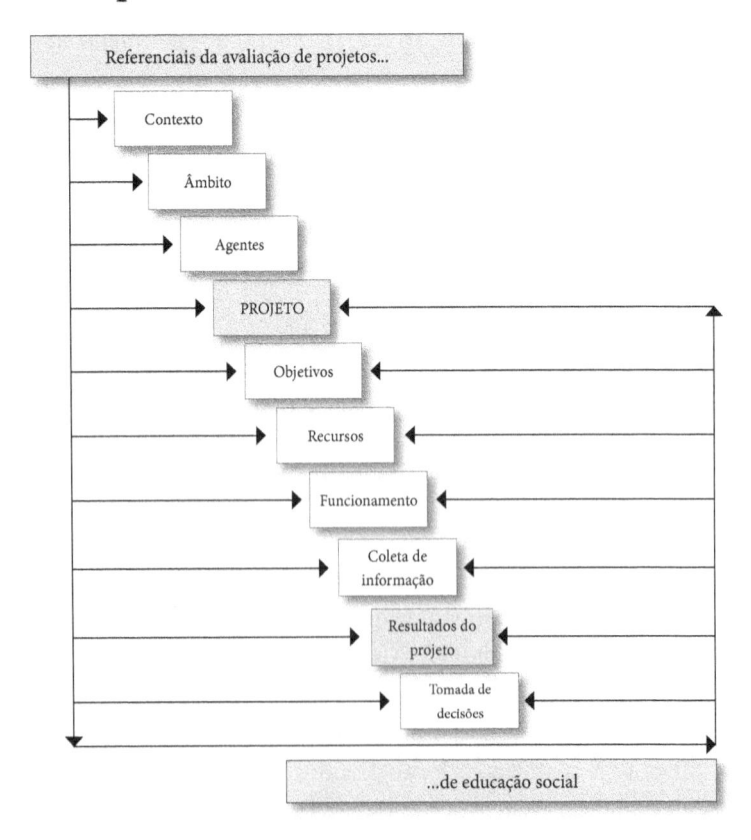

Referenciais da avaliação de projetos...
- Contexto
- Âmbito
- Agentes
- PROJETO
- Objetivos
- Recursos
- Funcionamento
- Coleta de informação
- Resultados do projeto
- Tomada de decisões

...de educação social

4. Conteúdos

4.1 A avaliação de projetos de intervenção socioeducacional

4.1.1 Considerações gerais

A avaliação de um projeto de intervenção socioeducacional é um processo pelo qual se determina o estabelecimento das mudanças geradas pelo projeto com base na comparação entre o estado final e o estado determinado em seu planejamento. Ou seja, procura-se saber até que ponto um projeto atingiu seus objetivos.

Na avaliação de um projeto de intervenção socioeducacional, pretende-se obter uma informação depurada que fundamente a posterior tomada de decisões, fato pelo qual também pode ser considerada uma atividade orientada a melhorar a eficácia do projeto em relação a seus fins, além de promover maior eficiência na designação de recursos. Nesse sentido, convém reforçar que a avaliação não é um fim em si mesma, e sim um meio para otimizar a gestão do projeto, tanto no processo de implementação quanto no resultado obtido.

Levin (1975), sob um enfoque sistêmico, afirmava que a avaliação de um projeto é o exame dos efeitos, resultados e *outputs* do programa.

O *Joint Committee* (1988) define a avaliação como a sistemática investigação do valor ou mérito de algum objeto, e cita quatro áreas de avaliação:

> › Utilidade, referente ao atendimento às necessidades da pessoa que avalia.
>
> › Factibilidade, referente à necessidade de realização da avaliação em contextos reais.
>
> › Probidade, referente à ética e legalidade da própria adequação.
>
> › Adequação da avaliação à realidade.

Por sua vez, Fernández Ballesteros (1995) introduz na avaliação elementos como o sistematismo, ou a cientificidade do procedimento de avaliação.

Em todas as definições sobre evolução de projetos, há elementos comuns: concebê-la como um processo sistemático orientado à tomada de decisões. Sob um enfoque mais funcional, também é possível definir a avaliação de projetos em função de seus propósitos:

a. Para saber se está atingindo os objetivos;
b. Para determinar custos e benefícios;
c. Para avaliar os participantes;
d. Para compilar dados com vistas a outras atuações;
e. Para ajudar na tomada de decisões.

De qualquer forma, concebe-se a avaliação de projetos de intervenção socioeducacional como um processo de melhoria contínua, como processo de indagação e desenvolvimento do planejamento prévio em um âmbito específico, com a finalidade de tomar as decisões pertinentes em cada momento. Trata-se de um processo que pode utilizar técnicas de avaliação, que se aplica às atuações realizadas, com uma problemática específica, com o objetivo de analisar tanto o desenho e elaboração do projeto quanto sua aplicação e seus resultados, bem como o âmbito no qual se desenvolve e os agentes que o executam, com a intenção de melhorá-lo no que for possível (como processo de melhoria).

É preciso ter em mente que as avaliações no campo da educação social devem considerar os destinatários da ação socioeducacional, os agentes que a promovem e os âmbitos onde se realiza a intervenção. Para avaliar projetos de intervenção socioeducacional, deverão ser levadas em conta sua utilidade e pertinência, em função das necessidades a que atendem e considerando seu contexto de aplicação e os objetivos aos quais visam.

A avaliação de um projeto de intervenção socioeducacional pode ser realizada pelos mesmos responsáveis por sua aplicação, como avaliação interna, ou por especialistas alheios ao projeto, como avaliação externa. Inclusive, aconselha-se a realização de ambas para complementar os resultados.

Outro conceito relacionado com a avaliação de projetos de intervenção socioeducacional é o de *intervenção*. A esse respeito, Ventosa (1999) define intervenção como a etapa decisiva na qual se há de levar à prática o projeto desenhado.

A avaliação de projetos de intervenção socioeducacional tem os seguintes objetivos:

> Refletir sobre o projeto que se está aplicando;
> Reforçar o envolvimento e a participação em seu desenvolvimento;
> Permitir tomar decisões internas que podem melhorar o projeto;
> Ajudar a corrigir os erros detectados.

Outros conceitos relacionados com a avaliação de projetos são:

> *Planejamento*: Organização geral do projeto.
> *Desenho*: Sequência de decisões acerca de como coletar, organizar e analisar os dados.
> *Efetividade*: Capacidade de uma ação para produzir algum efeito.
> *Eficácia*: Capacidade de uma ação para produzir o efeito que se busca.
> *Eficiência*: Capacidade de uma ação para produzir o efeito que se busca com uma adequada relação custo-benefício.
> *Avaliabilidade*: Possibilidade de um projeto ser avaliado quantitativa ou qualitativamente.
> *Indicador*: Constructo teórico elaborado para evidenciar execuções e resultados.
> *Meta*: Objetivo último a atingir, que vem precedido de objetivos intermediários ou metas.

Dentro da avaliação de projetos de intervenção socioeducacional, podemos diferenciar diversos aspectos que requerem uma atenção específica:

a. **Avaliação do contexto ou âmbito de intervenção**

Com a avaliação de contexto, define-se o contexto socioeducacional no qual se está atuando, analisam-se suas necessidades, identificando e priorizando as mais urgentes ou graves.

Entre as questões a abordar na avaliação do contexto, constam:

> Em que contexto se aplica e quais são suas características?
> Para quem se dirige o projeto?
> Que recursos oferece?
> Que necessidades o projeto abrange?
> Que limitações pode ter?

b. **Avaliação do desenho e planejamento do projeto**
Refere-se aos componentes fundamentais que constituem o projeto de intervenção socioeducacional:
> Os objetivos relativos às necessidades que o projeto atende estão bem definidos?
> Quais as finalidades do projeto?
> O planejamento de tarefas é adequado?
> Existe uma sequenciação das atividades?
> Qual é o cronograma do projeto?

c. **Avaliação do processo**
Avalia-se o projeto de intervenção socioeducacional analisando os procedimentos e as atividades propostas. As questões que o avaliador levanta são:
> Quem executa o projeto e como este é encaminhado?
> O planejamento prévio das atividades é cumprido?
> Que limitações ou dificuldades surgem em sua aplicação?
> Que melhorias são introduzidas no próprio projeto?
> Como se participa de sua aplicação?
> Como é recebido pelos participantes?
> Os recursos que oferece são adequados?

d. **Avaliação do produto**
Avaliam-se os efeitos que produziram, os resultados e as limitações do projeto, tanto no processo de aplicação quanto na análise dos resultados. Levantam-se questões como as seguintes:
> Que resultados foram obtidos?
> Que dificuldades houve?
> Quais as limitações do projeto?
> Qual foi a melhoria?

4.1.2 Modalidades na avaliação de projetos

No processo de avaliação de projetos, devemos abordar questões como as seguintes:

O que se avalia	Objetivos
Onde se avalia	Âmbito
Quem avalia	Agentes
Por que se avalia	Resultados
Como se avalia	Modalidade
Com que se avalia	Técnicas e Instrumentos
Quando se avalia	Cronograma

Em função das respostas dadas a essas questões, um projeto será avaliado de uma ou outra forma. De qualquer maneira, a proposta para avaliar um projeto de intervenção socioeducacional deve partir, em um primeiro momento, da identificação das necessidades e a priorização destas, para passar, mais tarde, a selecionar e delimitar o problema a tratar. O conhecimento da situação ajuda a estabelecer os objetivos do projeto para a melhoria de uma situação carencial ou desfavorável dentro do campo socioeducacional onde será aplicado. Nesse caso, avaliamos o que queremos conseguir com o projeto, fato que nos obriga a ajustar os objetivos que pretendemos atingir.

Os elementos que configuram um projeto são apresentados no gráfico seguinte, e todos eles devem ser avaliados.

Para Stufflebeam (1993), uma intervenção socioeducacional pode ser avaliada utilizando as seguintes modalidades de avaliação:
a. Avaliação do contexto, para a qual é necessário:
   › definir o âmbito de intervenção;
   › analisar as necessidades da população com quem vamos trabalhar;
   › diagnosticar os problemas existentes;
   › julgar se os objetivos propostos são coerentes.
b. Avaliação do desenho:
   › avaliando as estratégias mais adequadas para desenvolver os objetivos do projeto;
   › selecionando os recursos;
   › estruturando as atividades.
c. Avaliação do processo:
   › descrição do processo;
   › observação das atividades;
   › interação com outros profissionais que também participam.
d. Avaliação do produto:
   › interpretando os resultados obtidos;
   › tomando decisões em caso de necessidade.

Para García (1998), a avaliação de projetos apresenta uma série de vantagens, como:
a. ter um contínuo conhecimento sobre sua efetividade;
b. identificar os destinatários que têm dificuldades;
c. selecionar as estratégias de intervenção eficazes e eliminar as inadequadas;
d. justificar a solicitação de recursos de pessoal e materiais;
e. contribuir para a qualidade de vida dos destinatários.

Autores como Díaz Barriga e Hernández Rojas (1998) afirmam que avaliar implica ter em conta seis aspectos fundamentais:
1. A demarcação do objeto, situação ou nível de referência que se deve avaliar.

2. O uso de determinados critérios para a realização da avaliação.
3. Certa sistematização mínima necessária para a obtenção da informação (técnicas, procedimentos e instrumentos).
4. A elaboração de uma apresentação a mais fidedigna possível do objeto de avaliação.
5. A emissão de juízos essencialmente qualitativos sobre o que avaliamos.
6. A tomada de decisões para produzir retroalimentação.

A avaliação pode ser feita sobre o projeto de intervenção socioeducacional em geral, mas também podemos fazer a avaliação sobre aspectos como:

> *Elaboração*: Em que se poderá observar as audiências implicadas no projeto e seu âmbito de intervenção.
> *Fundamentação teórica*: Referente às bases conceituais sobre as quais se fundamenta o projeto.
> *Contextualização do projeto*: Quando avaliamos esse aspecto, consideramos em que âmbito e a quem se dirige, sabendo que as dimensões educacional, social, política etc. têm um papel muito importante.
> *Perfil do usuário*: Referente à experiência, às necessidades e aos interesses que o projeto deve satisfazer.
> *Qualidade do projeto*: Referente a todos os componentes e à consecução dos objetivos, tendo em conta a própria metodologia de avaliação aplicada.

A avaliação de um projeto de intervenção socioeducacional pode ser feita sob diversas modalidades, que dependem de quem realiza a avaliação, da concepção que o avaliador tem desta e dos fins que pretende com ela. Assim como apontamos na avaliação dos âmbitos de intervenção socioeducacional, as modalidades para avaliar um projeto de intervenção socioeducacional, na prática, são:

a. Avaliação interna, feita pela equipe que elaborou e aplicou o projeto, com um enfoque mais formativo, e, portanto, centrada nos processos. Essa é a modalidade mais desejável para avaliar um projeto de intervenção socioeducacional.

b. Avaliação externa, a cargo de especialistas ou da instituição responsável pelo projeto, que costuma estar mais centrada nos rendimentos e nos resultados.
c. Modelo misto, do qual participam tanto os profissionais que elaboraram e aplicaram o programa quanto outras pessoas designadas pela instituição responsável ou pela administração.

O tratamento dos dados obtidos na avaliação de projetos de intervenção socioeducacional será feito em função da modalidade de avaliação utilizada:

> *Experimentalista*, que utiliza desenhos experimentais ou semiexperimentais, tentando estabelecer relações causais entre projetos e resultados.
> *Eclética*, que busca a causalidade múltipla mediante a utilização de desenhos experimentais de relações causais.
> *Descritiva*, que faz descrições profundas do projeto no contexto em que se desenvolve. É a mais adequada.
> *Orçamentária*, que determina se um projeto é viável e sustentável ou não em relação ao custo-benefício.

De qualquer forma, avaliar um projeto de intervenção socioeducacional é um processo complexo que requer uma sequenciação e um planejamento. Para realizar a avaliação, é necessário abordar cada um dos elementos que o configuram, estabelecendo com clareza os critérios que vão reger a função avaliadora. Para Marín (citado por Martínez, 1996): "Junto às posições clássicas que pretendem verificar se foram atingidas as metas ou se serve para a tomada de decisões, um critério que ganhou uma ampla audiência é o de identificar as necessidades, as ideias ou os valores sociais ou a qualidade de objetivos ou projetos alternativos", visto que, em sua opinião, conforme a necessidade da avaliação de cada âmbito, mudará a informação, o tratamento dos dados e a apresentação de resultados. Contribuem para isso algumas dimensões da avaliação de projetos de intervenção socioeducacional:

a. *Dimensão didática*: A dimensão didática da avaliação de projetos de intervenção socioeducacional tem seu fundamento na ajuda que presta aos processos formativos socioeducacionais, constituindo um elemento fundamental de planejamento e de análise dos projetos.
b. *Dimensão psicopedagógica*: Sob essa óptica avaliadora, a função formativa da avaliação adquire seu pleno sentido ao permitir o desenvolvimento das pessoas mediante projetos de intervenção socioeducacional. A dimensão psicopedagógica da avaliação permite colher informação relevante e útil para a finalidade que se pretende: por um lado, determinar as causas dos possíveis problemas de desenvolvimento do projeto de intervenção socioeducacional e, por outro, permitir que as pessoas às quais se dirige tenham ciência das estratégias que mais as favorecem.
c. *Dimensão social*: A avaliação de projetos de intervenção socioeducacional está ligada também a determinadas atuações que incidem de forma notável nos aspectos sociais da pessoa: relacionamentos em seu entorno social, relações com amigos, colegas, outras pessoas etc. As decisões adotadas pela avaliação de projetos de intervenção socioeducacional adquirem relevância no aspecto social, no familiar e, portanto, no pessoal.

Para avaliar um projeto de intervenção socioeducacional, é conveniente ter em conta a utilização das seguintes modalidades de avaliação em função dos executores:

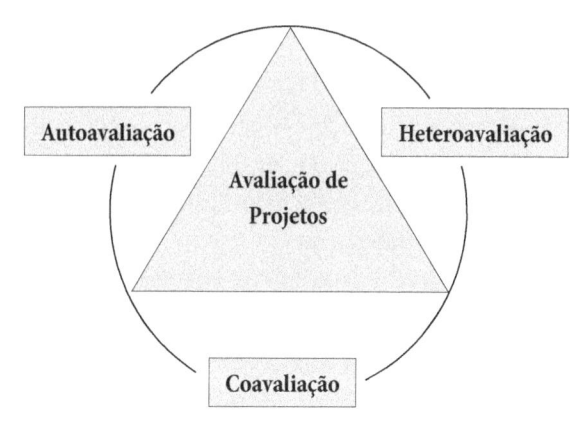

Essas modalidades de avaliação já foram explicadas no Capítulo 3 desta obra.

4.1.3 Elementos e fases da avaliação de projetos

Os elementos para avaliar um projeto de intervenção socioeducacional são os seguintes:

1. **Identificação das necessidades**
   Em um estudo inicial, determinam-se as carências ou deficiências que um grupo social ou um indivíduo apresenta em uma situação ou âmbito desfavorável ou de necessidade. É o momento de definir a situação e as necessidades que se deve considerar previamente ao desenho do projeto. O estudo prévio da situação do contexto ou âmbito de intervenção é um dos fatores determinantes na elaboração de um projeto e de sua aplicação, visando sua eficácia final. Os objetivos e as finalidades do projeto dependem das necessidades detectadas no estudo prévio.

2. **Planejamento de tarefas, recursos e prazos**
   Uma vez estudado o contexto no qual se aplica e ao qual se dirige a atuação socioeducacional, deve-se pensar em que tipo de tarefas e recursos e em que prazos serão utilizados, visto que os recursos, tanto materiais quanto humanos, são os que tornarão possível a execução e o desenvolvimento do projeto com garantia de sucesso suficiente.

3. **Aplicação do projeto**
   A aplicação ou execução do projeto deve responder às seguintes questões levantadas na fase anterior:
   > Quem o executará? – Agente educador da intervenção;
   > Quando? – Cronograma;
   > Com que meios? – Seleção dos recursos a utilizar;
   > A quem se aplica? – Destinatários da intervenção.

4. **Avaliação propriamente dita**
   A avaliação desempenha um papel decisivo durante toda a vida do projeto, e dela depende seu sucesso ou fracasso. Por essa razão, a avaliação constitui um instrumento por meio do qual podemos saber se atingimos ou não os objetivos propostos no projeto.

No processo de avaliação de um projeto de intervenção socioeducacional, podemos distinguir três fases:

› **Primeira fase**
  Consiste em familiarizar-se com o projeto a avaliar, mediante a observação e a análise de documentação. Trata-se de conhecer todos os pontos sobre o projeto: características, estrutura, população a que se dirige, necessidades e oportunidades etc., para elaborar um desenho avaliador acertado. Podemos dizer que se trata de uma avaliação inicial de caráter diagnóstico. A fase diagnóstica transforma-se em uma fase de informação acerca da comunidade para conhecer, em toda sua extensão, suas necessidades e seus problemas.

› **Segunda fase**
  Nessa fase, considerar-se-á a viabilidade da avaliação, ou seja, sua pertinência, seu grau de adequação do projeto avaliador realizado (quantitativo, qualitativo ou misto), sua oportunidade etc., mediante a comparação do desenho feito com a realidade percebida na primeira fase, detecção de possíveis dificuldades etc. Isso pode ser feito por meio de análise documental, observação participativa, registros, entrevistas com os responsáveis pelo projeto etc. Trata-se de uma avaliação de processo.

› **Terceira fase**
  Consistirá em realizar a avaliação propriamente dita, de acordo com o desenho avaliador previamente elaborado, e na obtenção de conclusões que serão registradas em um relatório final.

   Pois bem, por não existir um modelo unificado, a avaliação de programas pode ser abordada sob vários paradigmas, entendendo como tal o âmbito de referência ideológico ou conceitual utilizado

para interpretar uma realidade. A avaliação de projetos costuma ser feita em função de um desses três paradigmas:
- Paradigma quantitativo;
- Paradigma qualitativo;
- Paradigma misto.

A escolha de um ou outro dependerá do tipo de projeto a avaliar e dos critérios que se estabeleçam, tendo em conta que a escolha de um ou outro paradigma condicionará tanto as técnicas e instrumentos a utilizar quanto o informe de avaliação.

a. As fases para avaliar um projeto, sob o *paradigma quantitativo*, são:
- Organização da informação existente;
- Seleção da técnica e instrumentos de avaliação;
- Coleta e tratamento de dados;
- Análise de resultados;
- Elaboração do informe quantitativo.

b. As fases para avaliar um projeto, sob o *paradigma qualitativo*, são:
- Observação generalizada: participativa, não participativa, etnográfica etc.;
- Compilação de dados;
- Troca de impressões;
- Elaboração do informe qualitativo.

c. As fases que podem ser desenvolvidas para avaliar um projeto, sob o *paradigma misto*, são uma combinação das fases dos dois paradigmas anteriores.

| Avaliação da intervenção socioeducacional

Avaliação de projetos de intervenção socioeducacional

Avaliação do contexto — Com critérios de →
- Aplicabilidade
- Predisposição
- Viabilidade

Avaliação do planejamento — Com critérios de →
- Coerência
- Pertinência
- Adequação

Avaliação do processo — Com critérios de →
- Eficiência
- Ajuste
- Satisfação

Avaliação dos resultados — Com critérios de →
- Eficácia
- Efetividade
- Suficiência
- Satisfação

Avaliação diferida — Com critérios de →
- Repercussão
- Permanência
- Projeção

É preciso ter em mente que a avaliação deve fazer parte da elaboração de todo projeto de intervenção socioeducacional, em vez de ser considerada como algo estranho ou apendicular. É por isso que a elaboração da avaliação de um projeto de intervenção socioeducacional deve ser feita quando se está preparando o próprio projeto, e, portanto, os momentos avaliadores estarão definidos em função do cronograma em que forem desenvolvidos.

Em caráter geral, podemos estabelecer os seguintes momentos para avaliar projetos de intervenção socioeducacional, em relação com o objeto de avaliação e as dimensões a avaliar:

Momentos	Dimensões a avaliar	Objeto de avaliação
1. Inicial (avalia-se o projeto em si)	Qualidade intrínseca do projeto	Conteúdo do projeto;
		Qualidade técnica;
		Possibilidade de ser avaliado.
	Adequação ao contexto	Resposta a necessidades e carências.
		Priorização.
	Adequação à situação de partida	Viabilidade.
2. Processual (o projeto em seu desenvolvimento)	Execução	Atividades;
		Sequências;
		Tempo;
		Flexibilidade.
	Âmbito	Clima;
		Coerência.
3. Final (o projeto em seus resultados)	Medida e resultados	Resposta;
		Contraste.
	Análise	Critérios;
		Referências.
	Continuidade	Decisões;
		Incorporação das melhoras;
		Acompanhamento.

No que diz respeito às técnicas para avaliar projetos de intervenção socioeducacional, embora sejam tratadas com profundidade no Capítulo 7 deste livro, podem ser utilizadas algumas das seguintes:

Técnicas quantitativas	Técnicas qualitativas
Enquetes formais;	Entrevistas com informantes;
Enquetes informais;	Entrevistas de grupo;
Medição direta;	Entrevistas comunitárias;
Análise custo-benefício;	Análise documental;
Análise custo-eficácia;	Observação participativa e não participativa;
Outras.	Outras.

4.1.4 Modelos de avaliação de projetos

Para avaliar projetos de intervenção socioeducacional, é necessário definir alguns critérios adequados e os correspondentes indicadores segundo as características do projeto. Sobre esse particular, existem diversos enfoques que foram materializados em modelos específicos e que utilizam critérios diferentes. Recordamos, aqui, de forma sucinta, alguns modelos e seus autores, que já foram citados em páginas anteriores:

a. O modelo de Tyler foi um dos primeiros utilizados para a avaliação, centrado na obtenção de objetivos, e não leva em consideração os contextos de aplicação nem outros elementos complementares.

b. O modelo de Stake é mais centrado nas necessidades das pessoas que participam do projeto.

c. O modelo de Cronbach defende o uso de desenhos funcionais para a avaliação de projetos, contra desenhos mais estruturais.

d. O modelo de Rossi, Freeman, Wright e Chen, de caráter compreensivo, implica uma tentativa de atualizar a avaliação de projetos, oferecendo três conceitos não conhecidos até esse momento: avaliação compreensiva, avaliação adaptada e avaliação conduzida pela teoria.

e. O modelo de Stufflebeam e Shinkfield (1993) defende que a avaliação de projetos deve ser programada como um processo cíclico para analisar se foram atingidos os objetivos, ou se outros efeitos e resultados foram constatados. Por isso, consideram necessário:

- identificar os objetivos do projeto;
- identificar as necessidades dos participantes;
- estabelecer indicadores;
- colher dados relativos às variáveis ou indicadores selecionados;
- analisar quais objetivos foram alcançados;
- julgar o valor ou o mérito em sua consecução.

De nossa parte, propomos os seguintes critérios a considerar para avaliar um projeto de intervenção socioeducacional:

- Se o caso ou âmbito foi selecionado corretamente;
- Se os dados obtidos foram suficientes em quantidade e em qualidade;
- Se seu tratamento foi adequado;
- Se o pressuposto de partida foi correto;
- Se o projeto de intervenção socioeducacional foi bem desenhado;
- Se sua execução foi adequada.

Em caráter geral, um modelo de avaliação de um projeto de intervenção socioeducacional deve se caracterizar pelas seguintes dimensões:

a. **Contextualização** do modelo de avaliação e sua fundamentação, que deve centrar-se na delimitação do âmbito ou área de aplicação, de modo que possamos identificar a situação problemática.

b. **Análise** e **diagnóstico**, que deve servir para saber de que meios e recursos dispomos, e as circunstâncias socioeducacionais ou de qualquer outro tipo dos destinatários a quem se dirige.

c. **Programação** dos objetivos, das atividades, dos métodos, dos recursos, do tempo e dos lugares de atuação de projetos de intervenção socioeducacional, fundamental para garantir seu sucesso.

d. **Intervenção** propriamente dita na situação ou âmbito previsto.

e. **Avaliação** do desenho primeiro; avaliação do processo de funcionamento do modelo proposto depois; e, no final do projeto, a avaliação do sucesso ou fracasso em função dos resultados e dos objetivos alcançados.

Os modelos, ou contextos de referência de avaliação de projetos de intervenção socioeducacional, são abundantes, por isso tentaremos classificar as contribuições de diversos autores na síntese seguinte:

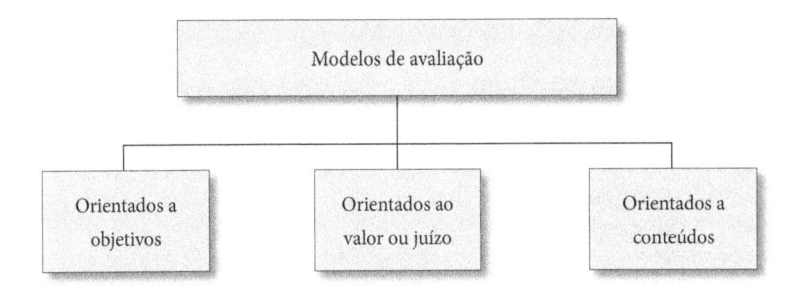

```
                    ┌─────────────────────┐
                    │ Modelos de avaliação │
                    └─────────────────────┘
           ┌──────────────┼──────────────┐
    ┌──────────────┐ ┌──────────────┐ ┌──────────────┐
    │ Orientados a │ │ Orientados ao│ │ Orientados a │
    │  objetivos   │ │ valor ou juízo│ │  conteúdos   │
    └──────────────┘ └──────────────┘ └──────────────┘
```

1. **Modelos orientados a objetivos**

Em geral, esses modelos se caracterizam por:

> - centrarem-se nos propósitos e finalidades da educação à medida que se atingem os objetivos e em seu grau de obtenção;
> - pretenderem verificar se os objetivos dos projetos educacionais atingem as metas definidas em sua elaboração;
> - ser a definição dos objetivos e metas seu principal elemento;
> - serem conhecidos como "clássicos".

2. **Modelos orientados a conteúdos**

As características desses modelos:

> - centram-se nos propósitos e nas finalidades da educação à medida que se atingem os conteúdos propostos;
> - são as metas de conteúdos são os fins a atingir;
> - costumam estar ligados a enfoques tecnológicos do desenvolvimento curricular;
> - costumam estar relacionados à escola psicológica denominada comportamentalismo.

3. **Modelos orientados ao juízo do mérito ou valor**

As características desses modelos são:

> - consideram fundamentalmente as necessidades do sujeito ou destinatário;
> - é necessária uma formação adequada, com domínio de técnicas, para a análise de dados e a emissão do juízo;
> - a função do avaliador é analisar o mérito e valor de um projeto, ou seja, se é eficaz ou não e se deve ser executado ou não, e de que forma.

› São elementos da análise sistêmica:
  › Âmbito específico;
  › Contexto;
  › Entrada;
  › Processo;
  › Produto.

Entre os modelos orientados ao juízo ou valor, destaca-se a autoavaliação como método principal. Entre suas limitações mais destacadas, cabe apontar que a possibilidade de aplicar uma metodologia adequada para obter informação e emitir juízos não costuma estar ajustada aos valores reunidos no projeto. Os quadros seguintes oferecem uma síntese dos modelos e autores mais relevantes aos que nos referimos:

Tyler (1950)	Provus (1969)
A avaliação como resultado, grau em que se atingem os objetivos, processo avaliador: › Estabelecimento de metas ou objetivos; › Classificação das metas ou objetivos; › Definição dos objetivos em termos conceituais; › Busca de situações nas quais os objetivos se realizam; › Desenvolvimento ou seleção de técnicas sob medida; › Coleta de dados da prática; › Comparação dos dados com os objetivos comportamentais.	O estágio do desenho ou descrição das intenções do programa é: › O estágio de instalação; › O estágio do processo ou medida dos resultados do programa; › O estágio do produto ou de resultados; › O estágio de comparação final do programa.
	Hamond (1971)
	Desenvolve um cubo tridimensional para descrever as variáveis dos programas educacionais e a organização da avaliação. › Definição do problema; › Definição das variáveis descritivas; › Enunciação dos objetivos; › Análise da prática; › Análise dos resultados; › Comparação dos resultados com os objetivos.

Cronbach (1963)	Stake (1967)
Apresenta a teoria avaliadora referente à avaliação formativa e as diversas funções que a avaliação pode apresentar no currículo. Considera que os dados que interessam à avaliação são: › Estudos de processos; › Análise das atitudes; › Resultados dos alunos; › Dados para o estudo de investigação. **Na obra "Hacia la Reforma de Evaluación de Programas", destaca:** › Os estágios de maturação de programas; › Os propósitos da avaliação; › Desenhos de avaliação flexível.	Defensor dos métodos qualitativos para a avaliação de programas. Considera a avaliação como respondente. A teoria de avaliação de Stake se refere à: › Avaliação como serviço; › Avaliação como reflexo de valores; › Avaliação respondente. **Seus princípios de avaliação são:** › Igualdade; › Ubiquidade; › Diversidade; › Utilidade; › Redundância; › Ambiguidade; › Generalização.

Scriven (1975)	Stufflebeam e Skinfield (1987)
Considera a avaliação como análise formativa e somativa, e a meta-avaliação. A lista de controle de Scriven (Scriven, 1974; Kirkahart e Scriven, 1989) consiste em: **Avaliação** › Descrição; › Clientes; › Antecedentes e contexto; › Recursos; › Funções; › Distribuição do sistema; › Consumidor; › Necessidades e valores; › Normas; › Processos; › Resultados; › Possibilidade de generalização; › Custos; › Comparações; › Significância; › Recomendações; › informes. **Meta-avaliação.**	Concebem a avaliação como o processo de identificar, obter e proporcionar informação útil e descritiva acerca do valor e mérito das metas. O âmbito conceitual da avaliação, segundo esses autores, é: › Avaliação do contexto; › Avaliação de entrada; › Avaliação de processo; › Avaliação de produto; **As decisões que a avaliação nos permite são:** › Decisões de realização; › Decisões de reciclagem; › Decisões de planejamento; › Decisões de estrutura.

Stenhouse (1984)	Guba e Lincoln (1989)
Considera que a avaliação deve se dirigir ao desenvolvimento do currículo e estar integrada a ele. Por isso, esse modelo é definido como avaliação para a melhoria da escola. A prática avaliadora consiste em: › Conhecer o contexto; › Destacar o valor das relações e intercâmbios de caráter psicossocial; › Interpretar representativamente os fatos; › Destacar o valor dos processos e resultados; › Utilizar a opinião dos protagonistas da ação; › Manter uma visão global da instituição; › Dar prioridade à vertente qualitativa da avaliação; › Criar hábitos e atitudes que favoreçam a autorreflexão sistemática e rigorosa; **Nesse modelo, o planejamento e a negociação são estratégias-chave.**	Consideram a avaliação naturalista, em cuja concepção a negociação tem um papel importante. O critério fundamental dessa teoria é o consenso entre todos os participantes. Essa teoria está dentro da concepção do paradigma construtivista. Processo avaliador: › Coleta das demandas, interesses, necessidades etc.; › Conhecimento das demandas, interesses etc.; › Questões não resolvidas na fase anterior; › Conhecimento dos achados do avaliador, discussão e negociação. **Processo de investigação avaliadora:** 1. Contratação; 2. Organização; 3. Identificação das audiências; 4. Desenvolvimento de construções articuladas dentro do grupo; 5. Ampliação das construções por meio de novas informações; 6. Identificação das questões resolvidas; 7. Priorização das questões não resolvidas; 8. Coleta de informação; 9. Elaboração de uma agenda de negociações; 10. Realização das negociações; 11. Realização do informe; 12. Reinício do informe; 13. Reinício do ciclo.

4.1.5 Funções da avaliação de projetos

As funções da avaliação de projetos são, segundo Ventosa (2001):

› *Função otimizadora*, mediante a qual se realiza uma seleção ativa do projeto a aplicar.

> *Função sistematizadora*, que ajuda na comparação de um projeto de intervenção socioeducacional com outros projetos e sua realização.
> *Função adaptativa ou retroalimentadora*, que serve para verificar se o projeto de intervenção socioeducacional que estamos utilizando é útil. Essa função, segundo o autor, serve para a automanutenção e automelhoria do projeto, visto que permite adaptá-lo.
> *Função motivadora ou de aprendizagem*, colocada como "formação na formação", significando que a pessoa que implementa esse projeto também aprende. As consequências da ação melhoram a situação problemática de partida.
> *Função de maturação grupal*, que "ajuda na coesão do grupo". Nesse caso, devemos refletir e analisar o grupo a quem se dirige a ação.
> *Função participativa*, na medida em que, na elaboração, aplicação e avaliação de um projeto de intervenção socioeducacional participam muitas pessoas, internas e externas ao processo. Isso faz com que uma avaliação participativa seja enriquecedora sob as diversas perspectivas.

4.1.6 Identificação dos critérios e indicadores da avaliação de projetos

Para avaliar projetos de intervenção socioeducacional, devemos estabelecer indicadores observáveis que definam cada critério estabelecido e nos guiem nesse processo. A fixação, quantidade e variedade dos critérios a utilizar para avaliar um projeto de intervenção socioeducacional estarão em função de fatores diversos, uns relacionados com a própria estrutura do projeto, outros relacionados com a instituição que o patrocina ou promove, e outros ainda relacionados com a atitude dos agentes avaliadores. Portanto, não se pode nem se deve pretender que exista uniformidade para avaliar projetos de intervenção socioeducacional, visto que são muitos os fatores que intervêm em cada um deles, e que vão condicionar o estabelecimento e a fixação dos critérios de avaliação, a não ser que a instituição que o promove fixe previamente os critérios de avaliação.

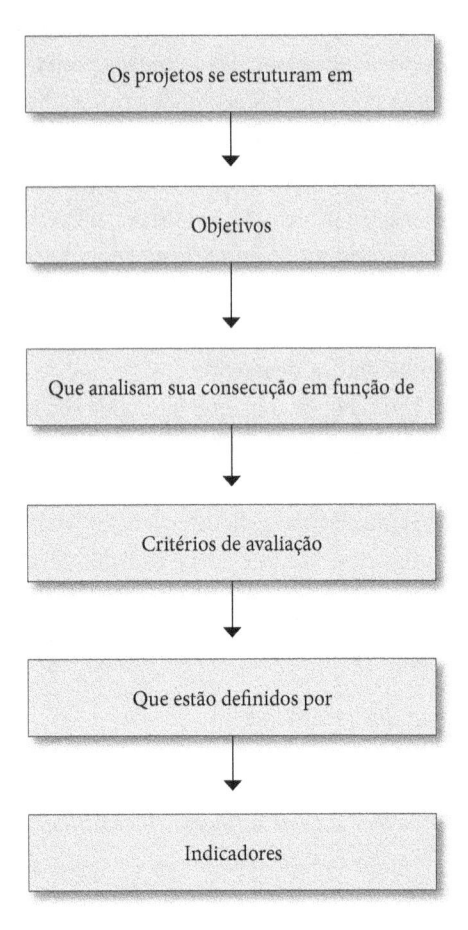

```
┌─────────────────────────────────────┐
│   Os projetos se estruturam em      │
└─────────────────────────────────────┘
                  │
                  ▼
┌─────────────────────────────────────┐
│              Objetivos              │
└─────────────────────────────────────┘
                  │
                  ▼
┌─────────────────────────────────────┐
│ Que analisam sua consecução em função de │
└─────────────────────────────────────┘
                  │
                  ▼
┌─────────────────────────────────────┐
│        Critérios de avaliação       │
└─────────────────────────────────────┘
                  │
                  ▼
┌─────────────────────────────────────┐
│       Que estão definidos por       │
└─────────────────────────────────────┘
                  │
                  ▼
┌─────────────────────────────────────┐
│             Indicadores             │
└─────────────────────────────────────┘
```

Uma vez fixados os critérios que serão utilizados para avaliar um programa ou um projeto de intervenção socioeducacional, o passo seguinte é selecionar os indicadores observáveis que permitirão realizar a avaliação. Pela mesma razão exposta para os critérios, na seleção dos indicadores também não é lógico esperar uniformidade; a natureza de cada projeto a avaliar, junto com outros elementos de tipos muito diferentes (administrativo, econômico, político, ideológico etc.), é que permitirão definir os critérios a utilizar e os indicadores que os definirão.

Alguns desses indicadores, em relação aos critérios anteriormente citados, poderiam ser:

1. **Critério: Planejamento do projeto**
   Indicadores:
   › Conteúdo;
   › Objetivos;
   › Finalidade;
   › Atividades;
   › Cronograma;
   › Possibilidade de avaliação.
2. **Critério: Metodologia do projeto**
   Indicadores:
   › Adequação aos objetivos de partida;
   › Avaliação inicial;
   › Detecção de necessidades;
   › Âmbito de aplicação do projeto;
   › Cronograma;
   › Funcionamento;
   › Desenvolvimento do projeto.
3. **Critério: Recursos utilizados no projeto**
   Indicadores:
   › Quantidade de recursos;
   › Qualidade;
   › Adequação dos recursos às necessidades;
   › Disponibilidade.
4. **Critério: Análise final do projeto**
   Indicadores:
   › Grau de satisfação geral;
   › Resultados obtidos;
   › Análise dos resultados obtidos;
   › Continuidade do projeto.

O Ud-Norad (1997) estabelece como critérios para avaliar projetos de intervenção socioeducacional os seguintes:

› **Viabilidade:** Refere-se à continuidade dos efeitos positivos do projeto depois que a ajuda externa acabar. A viabilidade dependerá de outros

fatores, tais como políticas de apoio, aspectos institucionais, aspectos socioculturais, fatores tecnológicos, ambientais, econômico-financeiros etc.
> **Pertinência**: Refere-se à justificativa de um projeto em relação às prioridades de desenvolvimento local e nacional.
> **Impacto**: Faz referência às mudanças positivas e negativas do projeto, previstas ou não, analisadas em relação a seus beneficiários.
> **Eficácia**: Refere-se à consecução dos objetivos do projeto.
> **Eficiência**: Faz referência aos resultados obtidos em relação ao esforço realizado.

A seguir, como exemplo, apresentamos uma tabela com alguns critérios e indicadores utilizados para avaliar projetos educacionais, em função de três modelos previamente fixados para isso, cada um com suas características. Ficam sem definição os indicadores que seriam utilizados para cada critério de avaliação, que dependeriam do projeto específico a avaliar.

Modelos de avaliação de projetos educacionais			
Modelos/ características	Eficientista	Humanístico	Holístico
Finalidade	Controle técnico.	Transformação sociocontextual.	Análise integral.
Fundamentação	Tecnológica.	Psicossociológica.	Sistemática e integral.
Tipo de investigação	Experimental.	Sociológica.	Socioempírica.
Papel do avaliador	Técnico externo.	Promotor colaborativo.	Apoio técnico colaborativo.
Modalidade de avaliação	Eficiência.	Idoneidade de processos.	Implicação global.
Instrumentos	Objetivo-quantitativos.	Quantitativos.	Quantitativos.
Tratamento de informação	Técnicas estatísticas.	Técnicas estatísticas e participativas.	Evidência científico-interpretativa.
Exploração de resultados	Por autoridades externas.	Pelos implicados.	Por protagonistas e autoridades.

Apresentamos como exemplo os indicadores gerais e subindicadores propostos pela Comissão Europeia, como âmbito global para a avaliação homogênea dos programas "Sócrates" e "Comenius", aplicados em diversos países europeus, entre eles, a Espanha:

Indicadores propostos pela comissão europeia para a avaliação dos programas "Sócrates" e "Comenius" (ação 2)
› Indicador 1: A ação chegou aos grupos-chave específicos.
› Indicador 2: Eficácia da cooperação transnacional como instrumento para atingir objetivos e para o melhor rendimento dos tipos de intervenção puramente nacionais.
› Indicador 3: As atividades realizadas são consonantes às prioridades políticas nacionais nesse campo.
› Indicador 4: Nível de impacto dos projetos de avaliação intercultural nas escolas e sistemas educacionais em geral.

Os indicadores devem servir para constatar se estão ocorrendo ou não avanços, para obter um critério específico de avaliação e, portanto, constatar em que medida serão atingidos os objetivos finais do projeto, tendo em vista que os indicadores não informam por que está ou não ocorrendo um avanço, mas que oferecem uma base para a interpretação e a tomada de decisões.

A seleção dos indicadores para a avaliação de projetos de intervenção socioeducacional deve responder a critérios de qualidade, tais como:

> Devem ser operacionais;
> Devem ser independentes uns dos outros;
> Devem permitir definir claramente um critério de avaliação do projeto;
> Devem permitir determinar claramente um critério de avaliação do projeto;
> Devem permitir delimitar claramente um critério de avaliação do projeto;
> Podem ser quantitativos ou qualitativos;
> Devem ser empíricos e quantificáveis, quando possível;
> Devem permitir medir claramente resultados;
> Devem ser sensíveis às mudanças.

4.1.7 Algumas observações sobre a avaliação de projetos

É necessário considerar que quando vamos realizar a avaliação de um projeto, podem surgir dificuldades relacionadas com:

> a tomada de posicionamento, não reconhecendo nossas limitações;
> a subjetividade, visto que é frequente tender a avaliar pessoas em vez de estruturas;
> a análise sem *feedback*, visto que a análise deve permitir a intervenção formativa de melhora durante seu desenvolvimento;
> a impossibilidade de quantificar determinados aspectos do projeto;
> a personalização da avaliação, na medida em que seja realizada somente por uma pessoa, sem a colaboração dos demais participantes do projeto;
> a utilização de técnicas e instrumentos inadequados para avaliar;
> a não devolução dos dados à comunidade da qual procedem.

Por isso, e para finalizar este capítulo, apresentamos a seleção de algumas afirmações que se encontram nas "Noventa e cinco teses" estabelecidas por Cronbach (1980) em relação à avaliação de projetos.

(O número entre parênteses no final de cada tese é o que corresponde à numeração estabelecida pelo autor):

1. A avaliação é um processo pelo qual uma sociedade aprende consigo mesma. (1)
2. A avaliação de um projeto particular é apenas um episódio na contínua evolução sobre o conhecimento de uma área de problemas. (4)
3. O melhor e mais completo trabalho sobre programas sociais é a compreensão, e, a seguir, sua política, e também sua contribuição para uma melhor qualidade de vida. (5)
4. A observação de projetos sociais requer uma análise em profundidade tal que se possa fazer uma interpretação laica, sem ajuda de juízos que conduzam a falsas interpretações. (6)

5. Os responsáveis administrativos pela avaliação queixam-se de que as mensagens desta não são úteis, ao passo que, por sua vez, os avaliadores se queixam de que suas mensagens não são atendidas. (9)
6. A influência política do avaliador é inevitável. (10)
7. Uma teoria da avaliação é, no máximo, uma teoria da interação política, ou seja, uma teoria de como se determinam as coisas. (11)
8. A esperança de que uma avaliação possa oferecer inequívocas respostas convincentes suficientes para distinguir as controvérsias de um programa social é uma falácia. (12)
9. As conclusões de um avaliador profissional não podem ser substituídas por processos políticos. (13)
10. A noção do avaliador como um "superman" que pode realizar todas as tarefas facilmente e ser eficiente em tudo, dentro de uma gestão pública de caráter tecnológico, é uma quimera. (21)
11. Em um contexto de negociação, o avaliador adota uma atitude não diretiva, ou seja, não assessora nas decisões sobre os resultados. (25)
12. Não se pode dizer que se "elaboram" decisões sobre projetos; ao contrário, que as decisões "emergem" nos projetos. (28)
13. Os políticos geralmente formulam metas ambíguas, mas demandam aos gestores que as explicitem. (33)
14. "Avalie esse projeto" é frequentemente uma tarefa ambígua, visto que os projetos sociais não têm fronteiras claras. (35)
15. Depois de planejar a obtenção de dados, o avaliador pode, externamente, ter acesso a informação suficiente sobre a existência e percepções do projeto. (36)
16. Quando o protótipo do projeto é avaliado, é possível observar o amplo leque de realizações que provavelmente ocorrem na prática. (41)
17. A flexibilidade e a diversidade são preferíveis à rigidez de muitos contratos de avaliação. (42)
18. A avaliação de um projeto está muito relacionada aos possíveis projetos que poderiam ser propostos no futuro. (51)
19. Um estudo de avaliação apresenta uma evidência perigosamente convincente quando parece responder a uma questão que, de fato, não foi formulada. (57)

20. O avaliador sábio não deve declarar lealdade a nenhuma metodologia somativa (científico-quantitativa) ou descritiva (qualitativo-naturalista). (59)
21. Um controle que fortalece um aspecto do projeto provavelmente debilita outro aspecto; por exemplo, custo do projeto e qualidade dos dados. (61)
22. Uma amostra estrita dos dados oferece menos informação que um estudo de casos de características representativas diferentes. (62)
23. Cada projeto de avaliação analisa uma pequena parte da realidade imersa em um mar de incertezas. (65)
24. Em um primeiro estudo estatístico, antes de a informação ser distribuída, a análise seria mais benfeita por equipes independentes. (66)
25. A importância da comparação de dados depende da natureza da comparação proposta e da etapa de maturidade do projeto. (70)
26. As medidas institucionais para a avaliação dificultam ou impossibilitam atingir um tipo de avaliação mais útil. (72)
27. O aumento dos contratos de avaliação é considerável, mas as limitações impostas nem sempre são o melhor caminho para obter uma informação útil. (76)
28. Uma macroavaliação não tem por que ser melhor que uma microavaliação. (77)
29. A maioria das avaliações tem vários patrocinadores, a maioria deles com suas perspectivas particulares. (78)
30. A descentralização administrativa da avaliação poderia facilitar seu bom desenvolvimento. (79)
31. Uma comunidade pode se beneficiar com uma avaliação só quando esta é realizada por profissionais conscientes do papel social da avaliação e da natureza de seu trabalho. (80)
32. As revisões (*reviews*) de uma avaliação favorecem seu avanço, bem como as revisões sob diversas perspectivas. (88)
33. Em relação à formação do avaliador, parece que o doutorado em alguma ciência social é preferível a cursos que se restringem a métodos e técnicas de avaliação. (89)

34. A formação em avaliação é frequentemente um apêndice de um departamento encarregado pela formação de acadêmicos ou de provedores sociais. (90)
35. O avaliador é um educador; seu trabalho é julgado por outros. (93)

5. Resumo

As avaliações no campo social devem levar em conta os destinatários da ação social, bem como os agentes e âmbitos de intervenção. Para avaliar os projetos de intervenção socioeducacional, deverá ser levada em conta sua eficácia em função das necessidades, considerando seu contexto de aplicação e suas necessidades de partida.

A avaliação de projetos de intervenção socioeducacional se relaciona a conceitos de planejamento e de intervenção que, junto com a avaliação, são fases do processo de intervenção e, por sua vez, fases na elaboração do projeto.

As fases da elaboração de projetos de intervenção socioeducacional são as seguintes:

> Identificação das necessidades;
> Planejamento de tarefas, recursos;
> Aplicação ou intervenção;
> Avaliação.

A avaliação de projetos de intervenção socioeducacional é um processo voltado à melhoria na intervenção social, e deve partir de objetivos realistas.

Um modelo de avaliação de projetos de intervenção socioeducacional se caracteriza pelas seguintes dimensões:

> Contextualização;
> Análise e diagnóstico;
> Programação;
> Intervenção;
> Avaliação.

Considerando que no campo da educação social os destinatários dos projetos são os próprios atores sociais como beneficiários da ação social, devemos avaliar tendo em conta suas necessidades. Essa avaliação melhorará o desenvolvimento do próprio projeto, considerando as demandas e expectativas que surgem ao longo deste.

Um projeto de intervenção socioeducacional deve transformar-se em um instrumento para a melhoria, partindo das necessidades das pessoas a que se dirige, materializado na prática real de um âmbito de intervenção em situação de desvantagem e com a finalidade de resolver as dificuldades e necessidades detectadas.

No seio do projeto, a avaliação deve ser um processo permanente e contínuo, que inove e se vincule, por sua vez, a um processo de pesquisa e análise sistemática.

O *Standard for evaluations of educational programs, project and materials* cita quatro áreas de avaliação:

> Utilidade;
> Factibilidade;
> Adequação;
> Seguridade.

Para a prática adequada da avaliação de projetos, é necessário uma série de normas que nos guiem e nos ajudem a verificar nosso trabalho:

> Normas de utilidade;
> Normas de viabilidade;
> Normas de correção;
> Normas de exatidão.

As funções da avaliação de projetos de intervenção socioeducacional são:

> Função otimizadora;
> Função sistematizadora;
> Função adaptativa ou retroalimentadora;
> Função motivadora ou de aprendizagem;
> Função de amadurecimento grupal;
> Função participativa.

A avaliação pode ser feita sobre o projeto de intervenção socioeducacional geral, mas também podemos fazer a avaliação de aspectos individuais do projeto, como:

> elaboração do projeto;
> fundamentação teórica;
> contextualização do projeto;
> perfil do usuário;
> qualidade do projeto.

Além disso, é preciso avaliar a atuação dos agentes de intervenção socioeducacional e os âmbitos de intervenção.

6. Atividades

1. Recordar o conceito de avaliação de projetos de intervenção socioeducacional.
2. Na fase de desenvolvimento de projetos de intervenção socioeducacional, apontar a característica que se considera mais necessária:
   > Necessidades e demanda da audiência.
   > Conhecimento do cronograma do projeto.
   > Utilidade do projeto.
3. Ordenar, de modo ascendente, as fases de elaboração de um projeto de intervenção socioeducacional:
   > Metodologia utilizada.
   > Planejamento das necessidades.
   > Conquistas e resultados.
   > Desenvolvimento do projeto.
   > Análise das necessidades.
   > Fundamentação teórica.

7. Autoavaliação

1. Com que conceitos se relaciona a avaliação de projetos em educação social?
2. Que fases podemos estabelecer no processo de elaboração, aplicação e avaliação de um projeto de intervenção socioeducacional?
3. Que questões podemos propor no processo da avaliação de projetos de intervenção socioeducacional?

Soluções:

1. A avaliação de projetos em educação social se relaciona com os conceitos de intervenção e planejamento, fazendo parte de um contexto conceitual inter-relacionado.
2. As fases que podemos estabelecer no processo de elaboração, aplicação e avaliação de um projeto de intervenção socioeducacional são as seguintes:
   › Identificação de necessidades.
   › Planejamento de tarefas, recursos e prazos.
   › Aplicação do projeto.
   › Avaliação.
3. No processo da avaliação de projetos de intervenção socioeducacional, podemos propor as seguintes questões:

O que se avalia?	Objetivos.
Onde se avalia?	Contexto/Âmbito.
Quem avalia?	Agentes.
Por que se avalia?	Conquistas/Resultados.
Como se avalia?	Modalidade.
Com que se avalia?	Técnicas e Instrumentos.
Quando?	Cronograma.

unidade
didática
sete

procedimentos, técnicas
e instrumentos para a
avaliação da intervenção
socioeducacional

1. Introdução

Uma intervenção socioeducacional não tem sentido se não nos perguntarmos e respondermos à pergunta: O que buscamos conseguir? A organização da intervenção exige uma programação e uma posterior avaliação de como se desenvolveu o processo e como foram atingidos os objetivos estabelecidos.

A avaliação é o processo mediante o qual se constata em que medida foram atingidos os objetivos e confrontadas as metas fixadas com as realmente alcançadas. Mas, para isso, é necessário obter dados.

São muitos os instrumentos que podemos utilizar para obter dados para a avaliação, e por isso é necessário ter um conhecimento do amplo leque de possibilidades. Um bom profissional é aquele que sabe optar, em cada circunstância, pelas técnicas e pelos instrumentos que melhor se adaptem à situação. A observação, as entrevistas, os testes, as enquetes etc., devem ser empregados à medida que propiciarem ao profissional um conhecimento contínuo e adequado do desenvolvimento de sua atividade, e lhe permitirem analisar a cada momento a qualidade e o grau de obtenção ou de satisfação diante dos resultados do projeto.

Por isso, é necessário aprofundar-se no conhecimento e no domínio das diversas ferramentas que temos à nossa disposição. Neste capítulo, vamos analisar as principais técnicas e instrumentos de avaliação que podem ser aplicados para o processo avaliativo da intervenção socioeducacional, apontando suas características fundamentais, as vantagens e os inconvenientes que apresentam e as circunstâncias ou os momentos mais adequados para pô-las em prática.

Propomos, como complemento necessário a este manual em geral, e a este capítulo em particular, a obra:

CASTILLO, S.; CABRERIZO, J.; RUBIO, M. J. **La práctica de la evaluación en la intervención socioeducativa. Materiales e instrumentos**. Vademécum del educador social. Madrid, Pearson, 2011.

2. Competências

Com o trabalho e o estudo deste capítulo, o estudante poderá adquirir as seguintes competências como resultado de sua aprendizagem.

1. Criar e implementar processos de avaliação de projetos, agentes, âmbitos e estratégias de intervenção socioeducacional, utilizando as ferramentas e os recursos da sociedade do conhecimento.
2. Realizar estudos prospectivos e avaliadores sobre características, necessidades e demandas socioeducacionais.
3. Aplicar estratégias de supervisão na gestão de instituições, planos, programas, projetos e atividades em contextos socioeducacionais.
4. Administrar processos de melhora, qualidade e inovação.

3. Mapa conceitual

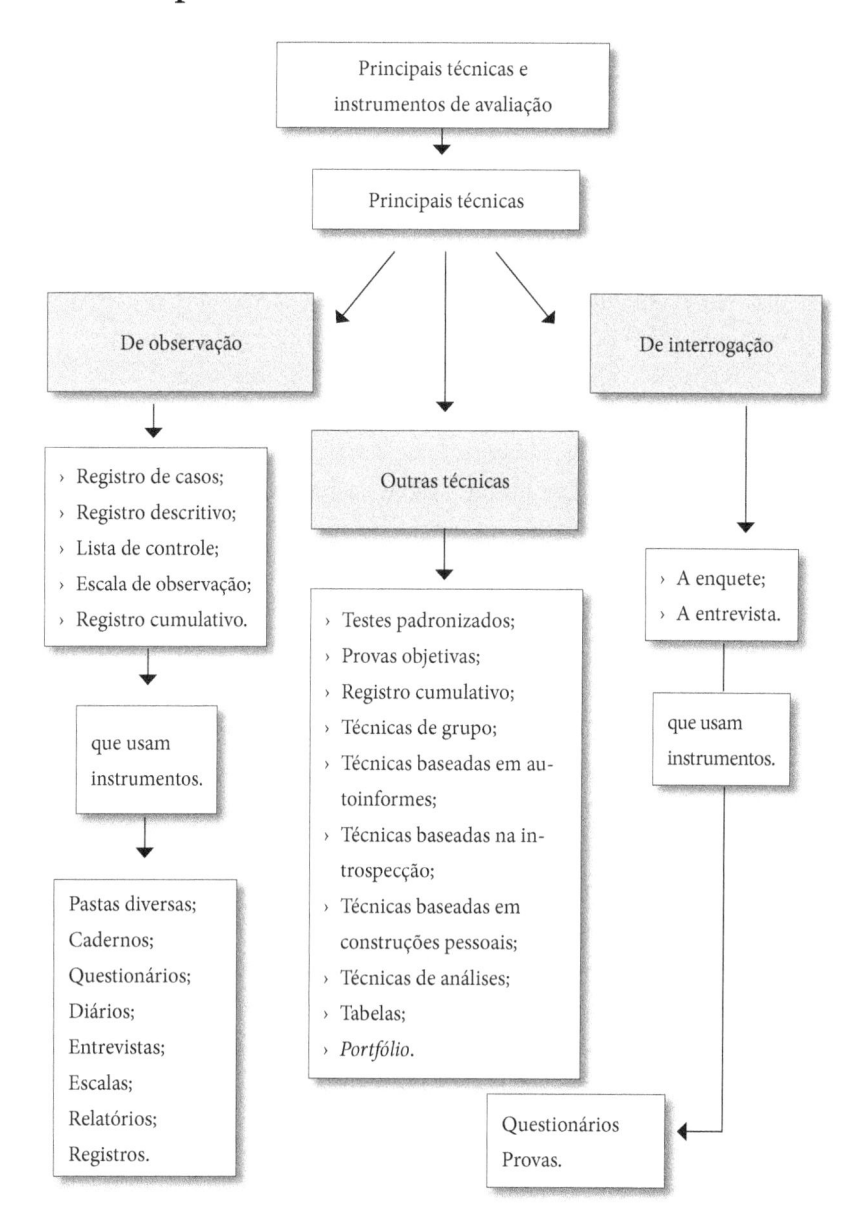

```
                    Principais técnicas e
                  instrumentos de avaliação
                            │
                            ▼
                    Principais técnicas
              ┌─────────────┼─────────────┐
              ▼             ▼             ▼
       De observação   Outras técnicas  De interrogação
              │             │             │
              ▼             ▼             ▼
```

De observação:
- Registro de casos;
- Registro descritivo;
- Lista de controle;
- Escala de observação;
- Registro cumulativo.

que usam instrumentos.

Pastas diversas;
Cadernos;
Questionários;
Diários;
Entrevistas;
Escalas;
Relatórios;
Registros.

Outras técnicas:
- Testes padronizados;
- Provas objetivas;
- Registro cumulativo;
- Técnicas de grupo;
- Técnicas baseadas em autoinformes;
- Técnicas baseadas na introspecção;
- Técnicas baseadas em construções pessoais;
- Técnicas de análises;
- Tabelas;
- *Portfólio*.

De interrogação:
- A enquete;
- A entrevista.

que usam instrumentos.

Questionários
Provas.

4. Conteúdos

4.1 Procedimentos, técnicas e instrumentos de avaliação. Delimitação semântica e operacional

É relativamente frequente que, tanto em escritos quanto em expressões verbais, nos refiramos aos procedimentos, às técnicas e aos instrumentos de avaliação como se estivéssemos falando de um mesmo conceito ou de uma mesma realidade. É inquestionável que nos referimos a três conceitos que, operacionalmente, estão estreitamente relacionados dentro de um processo de avaliação. Não obstante, é necessário delimitar com mais precisão o sentido e a função de cada um deles quando se trata de operacionalizar ou materializar a prática da avaliação da intervenção socioeducacional.

> **Procedimentos:** Os passos a seguir e as formas de proceder para buscar a informação requerida para realizar a avaliação serão denominados, genericamente, de procedimentos. No conceito de procedimentos estão implícitos os acordos, os critérios, as estratégias, as decisões, os recursos e as previsões de diversos tipos que acordamos previamente e que se operacionalizam em um conjunto de ações organizadas para a busca de informação e coleta de dados. Os procedimentos de avaliação nos indicam como, de que maneira, em que momento ou por meio de qual dispositivo ou protocolo (com que técnica e com que instrumento) a informação será obtida. Implica, de certo modo, a filosofia programática que determina o modo de proceder e fixa as técnicas e instrumentos que devem ser utilizados na ação avaliadora.

> **Técnicas:** O conceito de técnica encerra em si mesmo a habilidade, a arte, a perícia com que somos capazes de proceder ou atuar em uma intervenção determinada, servindo-nos, para isso, de um

ou vários instrumentos, segundo requeira cada situação. Operacionalmente, as técnicas se adaptam à especificidade dos procedimentos acordados e utilizam os instrumentos mais adequados em cada caso, com a finalidade de coletar a informação desejada para poder avaliar a intervenção socioeducacional. As técnicas servem para avaliar diferentes aspectos:
› O processo e os resultados de um programa de intervenção socioeducacional;
› O grau de satisfação dos sujeitos beneficiários;
› As capacidades e competências individuais;
› A atuação do agente educador;
› A qualidade dos materiais e recursos didáticos ou de qualquer outra índole;
› O contexto e o âmbito em que se desenrola a intervenção socioeducacional.

› **Instrumentos**: Um instrumento é uma ferramenta específica da qual uma técnica se serve para colher dados de forma sistematizada e objetiva. É o recurso imprescindível com o qual podemos realizar, de forma mais operacional, a prática da ação avaliadora. É o recurso-utensílio mais preciso e adequado possível, padronizado ou não, para obter a informação necessária sobre um aspecto muito determinado. A enquete, por exemplo, é uma técnica que busca a coleta de informação mediante a formulação de questões sobre diversos aspectos (preferências, hábitos, crenças etc.). A técnica da enquete pode utilizar diferentes instrumentos, como é o caso da entrevista ou questionário. Essas são duas ferramentas ou instrumentos diferentes para fazer uma coleta de informação. A entrevista colhe informação de um sujeito entrevistado mediante perguntas diretas. O questionário, porém, possui uma estrutura previamente fechada, e as possíveis respostas são diferidas no tempo; ou seja, não são diretas e imediatas. Os instrumentos devem possuir suficiente validez, confiabilidade e praticidade para que possam proporcionar uma informação avaliadora de qualidade. Mas a qualidade dos instrumentos não só está neles mesmos, como também depende da habilidade e atitude do avaliador, do grau de pertinência do objeto ou aspecto avaliado, dos sujeitos envolvidos e da situação em que se desenvolva.

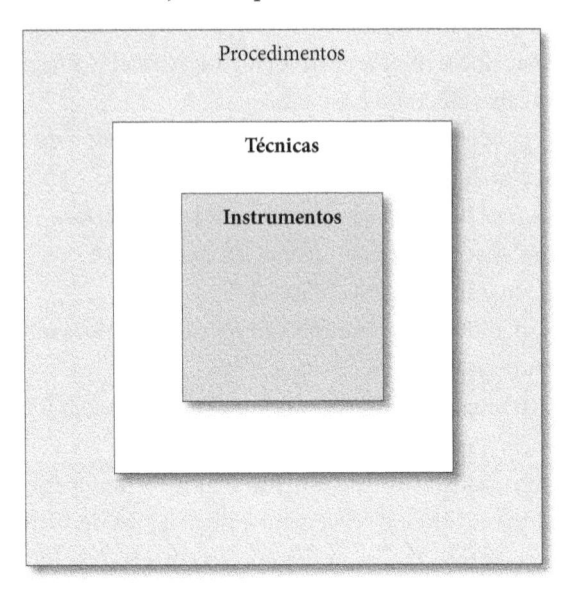

```
┌─────────────────────────────────┐
│         Procedimentos           │
│    ┌───────────────────────┐    │
│    │       Técnicas        │    │
│    │   ┌───────────────┐   │    │
│    │   │  Instrumentos │   │    │
│    │   │               │   │    │
│    │   └───────────────┘   │    │
│    └───────────────────────┘    │
└─────────────────────────────────┘
```

A avaliação da intervenção socioeducacional é feita por meio de muitas e diversas técnicas e instrumentos, das quais apresentamos as seguintes:

Técnicas de coleta de informação no desenvolvimento do processo avaliador		
Observação	Fichas de casos.	Observação direta.
	Listas de controle.	
	Escalas de estimativa.	
	Análises de trabalhos.	Observação indireta.
	Escalas de produção.	

(continua)

(conclusão)

Interrogação	Entrevista.	Estruturada.
		Não estruturada.
	Enquete.	Questionário.
	Prova.	Oral.
		Escrito.
Sociometria	Utilização de sociogramas.	
De aptidões (Tipificados externos)	Inteligência geral.	Verbal.
		Não verbal.
		Mista.
	Aptidões diferenciais.	
De personalidade, interesses, atitudes e adaptação (tipificados externos)	Questionários e inventários de personalidade.	
	Escalas de atitudes.	
	Testes projetivos e clínicos de personalidade.	
	Escalas de aptidões.	
	Provas de adaptação: escolar, pessoal, familiar e social.	
	Interesses cognitivos e outras variáveis.	
De rendimento e pedagógicos	Externos (tipificados).	Baterias de provas pedagógicas.
		Provas de leitura, escrita etc.
		Técnicas e hábitos de estudo.
	Internos (construídos pelo professor ou educador).	De referência normativa.
		De referência criterial.

4.1.1 Classificações das técnicas e dos instrumentos de avaliação

A aplicação da avaliação exige que o educador ponha em jogo sua criatividade e capacidade de fazer a seleção das técnicas e dos instrumentos adequados. Existem muitas opções, e o importante é saber selecionar em cada circunstância as que melhor se ajustem às peculiaridades do processo avaliador.

Técnicas para a coleta de dados	1. Observação.	› Direta; › Indireta.
	2. Interrogação.	Entrevista: › Estruturada; › Aberta.
		Enquete: › aos sujeitos beneficiários; › aos agentes e famílias.
	3. Sociometria.	Oferece informação acerca da estrutura interna do grupo.
Técnicas para a análise de dados	1. Análise de conteúdo;	
	2. Testes padronizados – análise de dados;	
	3. Técnicas de grupo.	

Embora exista variabilidade na classificação das técnicas e dos instrumentos de avaliação, apresentamos uma classificação em função de sua finalidade e, a seguir, uma série de instrumentos em ordem alfabética:

Instrumentos de avaliação:

> › Análise dos trabalhos e atividades dos alunos;
> › Atividades coavaliadoras;
> › Autoavaliação;
> › Caderno do aluno, onde se registrem as análises de cada atividade;
> › Caderno-registro de dados de observação;
> › Conversas com os alunos;
> › Debates programados, nos quais se presta mais atenção à observação;
> › Diário do professor;
> › Documentos de registro de dados;
> › Dramatizações;

> Entrevistas pessoais;
> Escalas de análise;
> Escalas de autoavaliação;
> Fichas de acompanhamento;
> Relatórios de observação;
> Jogos;
> Listas de controle;
> Observação de expressão de sentimentos, emoções e atitudes dos alunos;
> Pasta de atividades escolares;
> Pasta de atividades extraescolares;
> Pasta de trabalho individual diário;
> Questionários;
> Simulações;
> Situações em que os alunos se manifestam com espontaneidade;
> Técnicas audiovisuais que ajudem a manter as observações.

4.1.2 Critérios de seleção das técnicas e dos instrumentos de avaliação

Existem técnicas e procedimentos de avaliação muito diferentes. Por isso, é necessário ter um conhecimento suficiente destes, para escolher aquele que melhor se ajuste a cada ocasião. Um bom profissional, na hora de avaliar, sabe usar a estratégia procedimental mais adequada para cada caso, e, ainda, procura basear suas valorações no uso combinado de várias técnicas. Não há técnicas que sejam, em si mesmas, boas ou ruins, mas que são bem ou mal empregadas em cada processo avaliador específico. Todas têm suas vantagens e seus inconvenientes, suas limitações e suas virtualidades e, por isso, é preciso conhecê-las para escolher a cada vez a que melhor se adéque à situação.

Como já citamos, existem critérios básicos que devem ser cumpridos ao selecionar as técnicas e os instrumentos de avaliação:

> **Variedade de instrumentos:** Utilizar mais de uma ferramenta adequada nos permite obter dados diferentes sobre um mesmo aspecto, dando-nos, assim, oportunidade de comparar a informação obtida.
> **Precisão:** É necessário definir aquilo que desejamos avaliar e utilizar o instrumento que melhor se adéque à sua análise. Assim, obteremos dados confiáveis e precisos, sem introduzir variáveis que podem distorcer a avaliação.
> **Variedade nos códigos:** É necessário utilizar códigos variados (orais, escritos, gráficos etc.), para nos adequarmos às diferentes necessidades e aptidões. Assim, garantiremos a não discriminação dos sujeitos em função de suas capacidades, habilidades ou destrezas.

4.2 Algumas técnicas e instrumentos de avaliação

Tendo em conta, por um lado, a grande variedade de técnicas e instrumentos existentes e, por outro, o limitado número de páginas deste manual, vemo-nos obrigados a apresentar brevemente as técnicas mais habituais no campo da intervenção socioeducacional.

4.2.1 A observação

A observação permite o estudo do comportamento espontâneo dos sujeitos enquanto se portam em seus contextos naturais e âmbitos: lar, bairro, grupo de amigos, escola, instituições etc. Baseia-se na percepção e análise da realidade e dos comportamentos que os sujeitos submetidos a estudo manifestam. Os dados e a informação sobre esses comportamentos ou essas condutas serão coletados mediante instrumentos de observação, geralmente elaborados *ad hoc* para a ocasião ou circunstância. Posteriormente, os dados são analisados para se ter garantia de validez e confiabilidade e, por último, são feitas as análises avaliadoras necessárias para determinar as conclusões ou resultados a que se pôde chegar.

Os procedimentos de observação nos ajudam a analisar situações reais e cotidianas das quais extraímos informação acerca das condutas que nos interessam. O observador, mediante sua percepção visual e auditiva, registra o surgimento de uma série de comportamentos que serão objeto de análise.

> **Vantagens da observação**
> As principais vantagens que esta técnica apresenta são:
> > Sua aplicabilidade é muito ampla na avaliação de agentes e âmbitos de intervenção socioeducacional, em Ciências Sociais e em Ciências do Comportamento.
> > A objetividade no registro estará garantida se for seguida uma série de requisitos de sistematização, ou, de outra maneira, se forem gravadas as sessões ou ocasiões observadas.
> > Permite obter informação direta da conduta dos sujeitos sem que exista nenhum tipo de ordem ou pré-aviso, proporcionando dados sobre seu comportamento livre e espontâneo.
> > Proporciona informação sobre o entorno em que ocorrem as condutas. Às vezes, a análise do contexto – fatos que acontecem, pessoas com quem se interage etc. – é crucial para compreender as manifestações do indivíduo.

> **Inconvenientes a levar em conta na observação**
> > Essa técnica limita-se ao estudo de condutas que sejam perceptíveis mediante o sentido da visão ou da audição (comportamentos, gestos, movimentos, gritos etc.), de modo que não será adequada para avaliar processos cognitivos.
> > Sua aplicação é apropriada para um só sujeito ou um grupo reduzido, pois requer dedicação e atenção continuada e minuciosa do observador.
> > É preciso tempo para obter vários registros de observação, e é necessária uma continuidade temporal até obter dados suficientes e poder fazer a análise necessária.
> > A presença do observador pode gerar um efeito de reatividade, e o sujeito, ao saber-se observado, pode não se comportar de maneira natural ou espontânea.

› **Grau de participação do observador**
Quando se realiza o registro, estabelece-se uma relação entre o observador e o observado, podendo existir entre eles uma distância maior ou menor. Falamos de observação não participativa quando entre ambos os agentes há uma máxima distância, a acessibilidade ao sujeito observado é difícil e não se estabelece nenhum tipo de interação entre eles. Geralmente, existe inclusive uma distância física, visto que ambos se encontram separados por um espelho/vidro, ou é uma câmera que registra a manifestação de um comportamento. Essa modalidade de observação (não participativa) oferece o maior grau de objetividade no registro das condutas.

Na observação participativa, o sujeito observador pode se dirigir diretamente à pessoa observada; compartilham o mesmo espaço físico, embora não participem das mesmas atividades. É fácil que, nesse caso, o sujeito se sinta observado e sua conduta se veja modificada, fato pelo qual a objetividade será menor.

Na participação-observação, o sujeito observador procura se integrar ao entorno natural do sujeito observado, participando com ele das mesmas atividades. Desse modo, o sujeito não se sente tão analisado, mas corre-se o risco de que o observador se contamine e interprete a conduta de modo subjetivo, por não poder se manter à margem.

No outro extremo do contínuo, situa-se a auto-observação. O sujeito a observar analisa suas próprias vivências. Embora a auto--observação seja muito útil e conveniente para a revisão e melhora da atuação do observador, não é considerada muito válida no plano científico, pois um dos requisitos a cumprir é que as condutas registradas sejam perceptíveis externamente.

› **Níveis de resposta e unidades de conduta**
Na observação sistemática, para obter a maior objetividade possível é necessário ordenar a grande variedade de condutas que podem ser observadas, seguindo o critério de nível de resposta do sujeito:

> *Conduta verbal ou linguística*: Centrada na análise do conteúdo das mensagens verbais: léxico, sintaxe etc.
> *Conduta vocal* ou *extralinguística*: Tudo o que se relaciona com o modo como as mensagens verbais são emitidas: tom, volume, entonação etc.
> *Conduta não verbal*: Engloba o amplo leque da expressão corporal: movimentos de braços e pernas, expressão facial, TOCS, conduta gestual, postura do sujeito etc.
> *Conduta de localização*: Observação da localização que o sujeito assume dentro de um espaço (posiciona-se no centro do recinto, nos cantos etc.) e de suas trajetórias e seus deslocamentos.

Uma vez classificadas as possíveis condutas, é necessário delimitar quais delas vamos observar com mais precisão e, em consequência, elaborar um instrumento de registro adequado, visto que cada possível conduta que possa aparecer – e que seja de nosso interesse – deverá estar presente no instrumento. Denomina-se unidade de conduta a menor quantidade de informação que podemos isolar; por exemplo, levantar a mão em sala de aula ou em um debate. As unidades de análise ou itens aparecerão no instrumento de registro. Essa unidade, que estabelecemos arbitrariamente, permite quantificar o número de vezes que uma conduta ocorre em um tempo determinado.

O tamanho da unidade de conduta dependerá do objeto de estudo, e pode abarcar desde as condutas mais simples (aquelas que constam de um só movimento, gesto, palavra etc.), às mais complexas (que constam de uma sucessão de atos, palavras etc.). Quanto mais molecularizadas ou específicas forem as unidades de conduta, maior será a objetividade do instrumento de registro, embora também fique menos estruturado. Quanto mais globais, mais possibilidades de subjetividade do observador haverá para registrar as condutas, e maior será o peso interpretativo. Porém, possibilitará melhor estruturação do registro.

> **Procedimento da metodologia de observação**

A metodologia de observação é um procedimento que combina a flexibilidade e a adaptabilidade a cada situação com o rigor científico, e compõe-se de uma série de fases ordenadas que seguem uma lógica em seu desenvolvimento:

a. **Delimitar o problema**: Uma vez definido o objeto de estudo, será necessário fazer uma sessão de observação exploratória para delimitar o que nos interessa registrar. Trata-se de uma primeira aproximação à situação de análise, na qual se determina o âmbito teórico de referência para a posterior interpretação dos dados.

b. **Coleta de dados e otimização do instrumento de registro**: No decorrer das sessões de coleta de dados, surgirão fatos que provocarão o ajuste de nosso instrumento. Uma vez elaborado, deveremos submetê-lo à prova e verificar se se adapta perfeitamente a nossas necessidades. Além disso, nessa fase será preciso tomar decisões acerca de diversos aspectos relevantes para a investigação:

> *Período de observação*: Durante quanto tempo serão realizados os registros de observação (uma semana, um mês, um ano letivo).

> *Periodicidade das sessões*: Que espaçamento as sessões têm entre si.

> *Duração de cada sessão*: É aconselhável que as sessões de observação sejam breves (não mais de 5 minutos), devido à atenção contínua e à plena dedicação que se precisa manter durante o tempo de registro.

> *Número de sessões necessárias*: Tendo em conta que algumas serão rejeitadas por não cumprir os requisitos, será preciso ter um número suficiente de registros para garantir a objetividade e a veracidade dos dados.

> *Requisitos básicos que se devem cumprir*: Todas as sessões se ajustarão a exigências de homogeneidade a fim de que os registros possam se agregar entre si e ser analisados conjuntamente. As sessões que não cumprirem essas exigências serão descartadas a fim de não distorcer as análises posteriores.

c. **Análise de dados**: Uma vez obtido o número suficiente de sessões válidas, procederemos à análise dos dados. Trata-se de transformar corretamente a informação qualitativa que coletamos durante as sessões de observação em dados quantitativos. Nossa finalidade será obter parâmetros que nos ajudem a compreender melhor as condutas observadas.
Existem três parâmetros básicos que se relacionam entre si: frequência, ordem e duração. Por frequência entendemos o número de vezes que uma conduta acontece em uma unidade de tempo determinada. A ordem oferece informação sobre a sequência de condutas ao longo de uma sessão. Por último, a duração nos diz a quantidade de tempo que cada sequência de condutas abarca.
d. **Interpretação dos resultados**: Trata-se de relacionar os resultados obtidos com o problema inicial, de forma que obtenhamos um maior conhecimento dele. O ideal seria conhecer as circunstâncias que provocam as condutas, para, assim, podermos nos antecipar a elas e até evitar que surjam.

4.2.1.1 Classificação dos métodos de observação
Por existirem modos diferentes de fazer a observação, vamos apresentar uma classificação seguindo o critério do sistematismo ou não das sessões. O sistematismo se refere àquilo que precisa de uma definição específica e cuidadosa. Algo sistemático é algo intencional, que requer uma preparação prévia e que tem um fim específico e objetivos predeterminados.

Classificação dos métodos de observação		
Observação sistemática	› Sistema de categorias.	
	› Listas de controle.	
	› Escalas de estimativa.	
Observação não sistemática	*In situ.*	› Notas de campo.
		› Registro de casos.
		› Registro de amostras.
	A posteriori.	› Diário.

a. **Observação sistemática**
Começando pelos métodos sistemáticos, diremos que os sistemas de categorias reúnem o conjunto de sistemas categoriais que serão objeto de observação, sendo os procedimentos de medição mais exatos. A observação baseia-se em uma fundamentação teórica sólida, e procura-se garantir a confiabilidade e a validez. Neles se estabelecem intervalos de tempo para obter amostras representativas da conduta e, assim, conseguir uma estimativa precisa de sua frequência e duração.

› As listas de controle são procedimentos mais simples que registram o surgimento ou não de uma conduta durante o período de duração da observação, mas sem delimitar sua frequência ou duração. É um procedimento menos rigoroso, mas útil quando queremos observar condutas pouco frequentes ou muito diversificadas. Só oferece a possibilidade de itens dicotômicos (sim ou não; aparece ou não aparece). Seu formato é muito simples: uma tabela na qual se registram as condutas a observar e duas possíveis opções (ocorre ou não).

› As escalas de estimativa pretendem graduar a força com que uma conduta aparece. São úteis para comportamentos que ocorrem com frequência, quando nos interessa quantificar seu grau ou sua intensidade. Um exemplo específico de item formulado no formato de escala de estimativa seria: "Atende às indicações de seu educador". Essas escalas podem se apresentar de forma numérica (1, 2, 3, 4) ou verbal (nunca, ocasionalmente, frequentemente, sempre).

b. **Observação não sistemática**
A observação não sistemática, porém, reúne procedimentos em que não existe tanto controle e concreção sobre os aspectos a observar. São meios que partem de ideias muito gerais sobre o que se quer aprofundar, sem definir condutas ou categorias previamente. São úteis quando se deseja uma primeira impressão da conduta do sujeito como aproximação à situação. Também são adequados quando se deseja mais compreender uma realidade que analisar os elementos que intervêm nela ou quantificá-la. Podemos classificar os métodos não sistematizados em dois grupos. Por um lado, aqueles em que os acontecimentos e condutas são registrados ao

vivo durante a observação; e, por outro, aqueles em que o registro é feito depois de finalizada a sessão de observação.

› *As notas de campo* consistem em anotações breves feitas durante a observação, para facilitar a recordação posterior. São mensagens breves e concisas que fazem referência a fatos significativos: são ideias, palavras, expressões-chave, desenhos, esquemas etc. Depois, essas anotações permitem um desenvolvimento mais detalhado dos acontecimentos.

› *Os registros de casos* são registros de acontecimentos casuais ou descrições curtas de uma conduta ou um fato. Essas anotações costumam fazer referência a fatos pouco comuns, embora significativos para a pessoa que realiza a observação.

› *Os registros de amostras* são procedimentos mais detalhados que os anteriores, que descrevem eventos de modo intensivo. Baseiam-se no registro de uma conduta durante um período de tempo determinado, o mais detalhado possível.

› *O diário* é feito depois de ocorridos os fatos. Trata-se de registros retrospectivos e longitudinais de eventos e sujeitos que contêm repetidas observações sobre um indivíduo ou grupo. As observações são subjetivas, dependem da recordação do observador e incluem suas opiniões, interpretações etc. São úteis quando se pretende analisar a evolução dos acontecimentos e para observar processos que se estendem no tempo.

Em relação à precisão na observação, é necessário apontar:

› *O registro* está sujeito a diversas ameaças que podem, inclusive, fazer com que os dados colhidos se tornem inválidos. O rigor e a busca de precisão serão duas premissas básicas durante a coleta de dados e, para alcançá-los, é preciso eliminar ou neutralizar ao máximo os desvios que ameaçam a observação.

› *O desvio* é entendido como uma distorção que acarreta perda de objetividade na coleta de dados e proporciona uma visão parcial da realidade que está sendo observada. Os desvios podem afetar todos os agentes; o observador está ameaçado pela distorção de expectativa. Seus registros podem estar condicionados pelas ideias prévias sobre o sujeito observado, que podem distorcer a interpretação de seus atos. Costuma produzir uma interpretação das condutas percebidas e uma perda de veracidade nos dados reunidos. Por outro lado, o sujeito objeto de observação também pode ter sua conduta modificada por se sentir examinado, proporcionando, assim, informação que não reflete seu modo natural de agir.

Exemplo de lista de controle de jovens e consumo de drogas

NOME DO SUJEITO		
DATA DA OBSERVAÇÃO		
	SIM	**NÃO**
1. Fuma habitualmente (todos os dias)	☐	☐
2. Bebe álcool durante os fins de semana	☐	☐
3. Fica com os amigos na rua ou parques para beber	☐	☐
4. Consome maconha	☐	☐
5. Já experimentou drogas como *ecstasy*, comprimidos etc.	☐	☐
6. Consome frequentemente drogas alucinógenas (no fim de semana, em festas etc.)	☐	☐
7. Conhece pessoas que podem lhe arranjar produtos entorpecentes	☐	☐
8. Relaciona-se com pessoas que consomem habitualmente drogas como álcool e tabaco	☐	☐
9. Relaciona-se com pessoas que consomem outras drogas	☐	☐
10. Frequenta âmbitos ou lugares onde se consomem/vendem produtos entorpecentes	☐	☐

Exemplo de escala de estimativa: atitudes perante situações de conflito

Característica:

Diferencia-se das listas de controle que graduam o nível ou a intensidade com que ocorre a conduta observada, e proporcionam uma informação mais detalhada e útil que no caso anterior.

NOME DO SUJEITO					
DATA DA OBSERVAÇÃO					
SITUAÇÕES	1	2	3	4	5
1. Escuta as opiniões dos outros					
2. Respeita opiniões e pontos de vista diferentes					
3. Deixa que os outros falem e escuta suas razões					
4. Comporta-se e mantém a calma					
5. Usa uma linguagem apropriada, sem ofender					
6. Conserva um tom de voz adequado					
7. Procura chegar a acordos consensuais					
8. Respeita os compromissos assumidos					

Legenda: 1: Nunca; 2: Quase nunca; 3: Às vezes; 4: Quase sempre; 5: Sempre

Exemplo de registro de casos

Data: 10 de setembro de 2010	**Hora:** 16:30
Lugar: Escola pública	**Protagonistas:** A equipe de profissionais

Contexto:
Reunião da equipe técnica para programar o plano de informação e orientação sobre o mundo das drogas, dirigido aos alunos dos ensino fundamental II e médio.

Incidente:
Um membro da equipe detecta que a linguagem utilizada no projeto é muito técnica e proporciona uma informação complexa que pode não ser adequada para adolescentes de 12 a 16 anos. Isso provoca a oposição de parte dos membros da equipe, que apoiam a postura de oferecer uma informação completa e com os termos precisos, embora seja difícil de entender. Gera-se uma discussão, e finalmente se opta por oferecer aos sujeitos um glossário que explique e esclareça os termos.

Análise:
Às vezes, não se leva em consideração a realidade dos sujeitos a quem um programa ou atuação de educação social se dirige. Devemos nos adequar o seu nível, idade, conhecimentos etc. e proporcionar-lhe informação que seja realmente útil.

› Um modo de evitar a distorção de expectativa consiste em usar o registro simultâneo de dois observadores. É necessário haver concordância e acordo para evitar que ocorram desvios. Trata-se de dois termos semelhantes empregados para nos referirmos à busca de confiabilidade dos dados. A concordância se refere ao grau de ajuste que existe entre os registros realizados por diferentes observadores durante um mesmo período de tempo, sob a mesma perspectiva e com o mesmo instrumento de registro. É uma maneira de garantir que o que se registra é verídico, pois os registros de dois observadores devem coincidir. Também podemos falar de uma concordância intraobservador, para nos referirmos ao grau de ajuste entre os registros de um mesmo observador obtidos durante diferentes momentos.

› A concordância e o acordo são utilizados como coeficientes; a diferença é que o primeiro se expressa em porcentagem (por exemplo, um grau de concordância de 95%) e o acordo com um índice de covariação (geralmente correlação linear ou de Pearson).

4.2.2 A interrogação

4.2.2.1 A enquete

A **enquete** é uma técnica de coleta de informação formal e estruturada que tem como objetivo a análise de uma população com base nos dados obtidos sobre uma mostra representativa. É um método muito popular e conhecido, empregado frequentemente em meios de comunicação como imprensa e televisão. Poderíamos dizer que se aplica de forma generalizada em todos os campos, e muito especialmente na área das ciências sociais, permitindo conhecer opiniões, atitudes, crenças, expectativas, motivações etc. de uma coletividade.

O **questionário** é o instrumento de coleta de dados utilizado pela técnica da enquete que nos permite ter acesso, de forma científica e estruturada, ao que as pessoas pensam ou opinam, o que permite a análise posterior da informação. A coleta sistemática de dados pode ser feita por métodos diferentes: mediante uma conversa cara a cara intencional ou a distância, servindo-nos do correio ou do telefone. O questionário se dirige a pessoas individuais, mas o que interessa são os dados agregados, ou seja, o estudo conjunto dos dados recolhidos sobre muitos indivíduos para estabelecer classes, grupos ou tipos, obtendo, desse modo, um perfil, uma descrição da população ou do grupo.

Existe uma diferença fundamental entre o questionário e o teste: enquanto no primeiro cada categoria ou pergunta tem um valor independente (os itens não são somativos), no segundo se estabelece um resultado final ou pontuação global que se obtém somando o valor atribuído a cada resposta. Poderíamos dizer que o questionário é um meio para obter informação qualitativa, e o teste para proporcionar dados quantitativos.

A enquete se caracteriza por três grandes traços. O primeiro é que se baseia nas manifestações realizadas pelos próprios sujeitos, e não na análise de seus atos, como ocorre na metodologia de observação. A segunda característica é a possibilidade de aplicação em massa, visto que é uma técnica adequada para analisar e obter informação sobre um grande número de sujeitos, ao contrário da observação. Finalmente, também é própria dessa técnica a possibilidade de avaliar aspectos subjetivos, como opiniões ou crenças, campos inacessíveis à observação direta.

Devemos apontar que os resultados obtidos mediante a enquete podem ser afetados pelo desvio de desejabilidade social, visto que, às vezes, as pessoas não respondem com sinceridade às perguntas, respondendo o que socialmente é aceitável ou bem-visto. Respondem o que se espera que respondam, e não o que realmente pensam. Esse fenômeno pode acarretar uma significativa diminuição da validez dos resultados obtidos.

> **Fases na elaboração da enquete**

1. **Definir os objetivos gerais**

   O processo de elaboração da enquete requer que se siga uma série de passos que começam com a proposição clara e precisa dos objetivos a avaliar. Primeiro, será necessário determinar quais são os problemas que fazem com que uma enquete seja necessária, qual é nosso objetivo, sobre que aspecto queremos investigar e o alcance de nosso projeto, o que constitui uma primeira aproximação ao campo de análise.

   Por exemplo, se quisermos conhecer a análise dos docentes sobre a implantação de um plano de ação social, o objetivo geral seria conhecer a opinião que o professorado do município ou de um distrito específico tem em relação ao plano municipal de ação social.

2. **Definir os objetivos específicos**

   Os objetivos gerais, habitualmente, são poucos em número, e não são operacionais, ou seja, não se pode trabalhar diretamente sobre eles, pois são muito amplos e difusos. Será necessária, portanto, uma segunda aproximação ao campo de estudo, mais detalhada, especificando os aspectos ou pontos em que queremos nos aprofundar.

Seguindo o exemplo anterior, o objetivo específico poderia ser conhecer a análise que o professorado faz dos seguintes aspectos:
› Efeitos do plano de ação social sobre o rendimento escolar;
› Efeitos do plano de ação social sobre as relações sociais com os colegas e professores;
› Necessidades surgidas com a implantação do plano de ação social.

Uma vez estabelecidos os objetivos específicos, é mais fácil começar a criar as perguntas que deverão ser incluídas no questionário.

3. **Estabelecer a população e a amostra**

Quando fazemos a coleta de informação por meio de uma enquete, é necessário estabelecer dois aspectos:
› O universo da população que queremos refletir no estudo, ou seja, o grupo que queremos representar. Em nosso exemplo, seria o conjunto dos professores do município ou do distrito.
› O tipo de amostra que devemos extrair, ou seja, o tamanho e o modo de escolha dos indivíduos pesquisados. Quantos professores ou monitores sociais será necessário inquirir para que seja uma amostra representativa? Como serão selecionados os sujeitos pesquisados? Ao acaso, ou visitando instituições de ensino escolhidas de antemão?

4. **Elaborar o questionário**

Uma vez estabelecida a amostra que será inquirida, determina-se o método mediante o qual se fará contato com os sujeitos (por meio de entrevista pessoal, envio pelo correio ou por telefone). Para confeccionar o questionário, será preciso traduzir os objetivos específicos em forma de perguntas ou questões, o que requer uma formulação muito cuidadosa, considerando o tipo de perguntas, a sequência ou a ordem e o método pelo qual a enquete será aplicada. Uma enquete mediante entrevista pessoal não é igual a um questionário enviado pelo correio, que requer instruções, folhas de resposta etc.

Antes de utilizar o questionário, é aconselhável testá-lo aplicando-o a um pequeno número de sujeitos. Desse modo, poderemos aperfeiçoá-lo, sabendo se as perguntas estão claras, se as opções de respostas abrangem todo o universo de possibilidades etc. É o chamado "teste-piloto".

5. **Organizar o trabalho de campo**
É o momento de estabelecer os passos específicos que deverão ser considerados durante a coleta de dados. É preciso analisar as peculiaridades da modalidade de enquete escolhida e criar, em cada caso, as instruções adequadas que ajudem a responder o questionário.

De qualquer forma, devem-se explicar os objetivos do estudo e o significado das perguntas, seja de forma oral, na entrevista pessoal, seja por escrito, no questionário enviado pelo correio.

6. **Codificar as respostas**
É preciso codificar as respostas do questionário de forma que a cada uma se atribua um código numérico. Por exemplo, no item seguinte poderíamos estabelecer:
Observou a mudança nas roupas que ocorreu nos jovens?
a. Sim (codifica-se como 1)
b. Não (codifica-se como 2)
c. Não sabe/Não respondeu (codifica-se como 0)

Desse modo, os resultados obtidos serão facilmente introduzidos na base de dados utilizada para a análise das respostas dos sujeitos, o que nos permitirá fazer análises estatísticas para obter conclusões sobre o campo de estudo.

7. **Elaborar as conclusões**
Uma vez realizados os tratamentos pertinentes, devemos discutir e refletir sobre os resultados obtidos e nos aprofundarmos na análise estatística para encontrar um sentido para os dados, tentando achar relações entre os diferentes fatores estudados.

Métodos para realizar a enquete
Para aplicarmos uma enquete, podemos recorrer à entrevista pessoal, ao correio postal e eletrônico e a ligações telefônicas.

1. **Entrevista pessoal**: Para fazê-la, o pesquisador vai até a pessoa pesquisada, faz as perguntas e anota as respostas. Desse modo, consegue-se uma alta porcentagem de respostas. É um meio cômodo para o pesquisado, embora tenha custos referentes a tempo, recursos, preparação dos entrevistadores e deslocamentos.
2. **Enquete pelo correio**: Nesse caso, o questionário é enviado por correio postal ou eletrônico aos pesquisados, e estes, após preenchê-lo, o enviam de volta à instituição ou aos agentes que estão fazendo a avaliação. Como vantagem, destacamos a ampla extensão geográfica que permite abarcar, e como inconvenientes o esforço que representa sua compreensão (leitura de instruções, modo de preencher etc.), a necessidade de reenvio e o longo tempo necessário para obter as respostas.
3. **Enquete por telefone**: É um meio indicado para estudos que requerem uma informação muito simples e precisa, e pode ser o meio mais rápido e simples de obter respostas. Para usá-lo, é necessário que o questionário seja simples, estruturado e que necessite de pouco tempo para ser respondido.

› **O questionário**
Requisitos para a formulação das perguntas do questionário
É preciso considerar os requisitos que a formulação das perguntas que configuram um questionário deve cumprir, visto que é necessário respeitar regras básicas para configurar um instrumento simples, conciso e fácil de responder.

1. *Formular perguntas necessárias*: O formulário será composto por perguntas bem selecionadas que nos proporcionem com precisão a informação que nos interessa. Deve ser breve, contando apenas com o número necessário e imprescindível de questões, visto que é preciso ter em conta que responder é algo custoso, exige tempo e esforço do entrevistado, de modo que devemos simplificar a tarefa o máximo possível.
2. *Formular perguntas importantes*: Fazer perguntas que sejam relevantes e significativas para o objeto de estudo. Devem ser

evitadas perguntas acessórias ou relacionadas com outros conteúdos, mesmo que possam ser interessantes.
3. *Formular perguntas comparáveis*: Pode ser útil pedir informação comparável com a coleta feita em estudos anteriores. Desse modo, a análise posterior poderá ser mais rica, por ter um ponto de referência ou contraste.

Além desses três requisitos básicos, existem outras premissas a cuidar:

> **Perguntas compreensíveis**: A formulação das perguntas será simples, e serão redigidas de forma que possam ser compreendidas com facilidade. É importante estabelecer previamente quem são os destinatários do questionário. O nível de compreensão e a linguagem a utilizar devem estar adaptados aos sujeitos. Uma pergunta não será formulada do mesmo modo para um aluno de 10 anos, para um pai ou para um profissional da educação.

> **Perguntas objetivas**: As perguntas serão redigidas de modo que não promovam preconceitos e que não condicionem a resposta do entrevistado. É preciso ter cuidado com a formulação para que não seja ofensiva.

> **Formulação neutra**: As perguntas são formuladas de forma neutra, ou seja, evitando afirmações positivas ou negativas que condicionem a resposta. Esse é o estilo mais correto, pois evita influências sobre o sujeito entrevistado.

> **Forma pessoal**: As perguntas devem ser redigidas de forma pessoal e direta para implicar diretamente o sujeito e para nos oferecer sua realidade, seu ponto de vista, suas opiniões.

> **Opções fechadas de resposta**: Sempre que possível, é melhor fornecer ao sujeito uma série de opções fechadas de resposta a cada pergunta para que este escolha a que melhor se ajuste à sua situação. Para isso, é necessário cobrir todo o leque de possibilidades, de modo que todos os entrevistados possam identificar-se com alguma delas.

> **Perguntas que não precisem de cálculos temporais:** A norma básica é evitar questões que obriguem a cálculos ou esforços de memória, visto que as respostas não serão muito rigorosas devido à distorção sofrida por conta do passar do tempo.

Tipos de perguntas do questionário

Um questionário pode ser composto por perguntas de um mesmo tipo ou de tipos diferentes, dependendo de nosso objeto de estudo. Não se pode estabelecer inicialmente que tipo de pergunta é melhor, visto que o importante é que todas as perguntas incluídas no questionário possam ser posteriormente analisadas. Faremos uma primeira classificação atendendo ao tipo de resposta que admitem. Dependendo disso, podemos diferenciar entre:

1. **Fechadas ou dicotômicas**
   Só admitem duas possibilidades de resposta, por exemplo: sim ou não; verdadeiro ou falso. Seu uso é muito limitado, pois a maioria das questões abriga maior complexidade, e requer, portanto, uma gama de opções de respostas mais ampla.
2. **Categóricas**
   Apresentam como respostas uma série de categorias (mais de duas), entre as quais o pesquisado deve escolher. As vantagens são a facilidade de resposta por parte do entrevistado e a economia de tempo e esforço na análise posterior. Quanto aos inconvenientes, cabe destacar certo risco de desvio na resposta, por não incluir todas as possibilidades, o que ocorre quando a opção de um sujeito não se encontra no questionário, e ele se vê forçado a escolher entre as possíveis, mesmo que não se ajustem à sua realidade.
3. **Abertas**
   Permitem uma resposta livre, sem ter de escolher entre alternativas. A análise das respostas implica maior complexidade que as anteriores, sendo preciso buscar semelhanças entre as respostas reunidas, de forma que seja possível estabelecer categorias. Em seguida, procura-se transformar a pergunta aberta, com uma ampla gama de respostas, em uma pergunta categorizada. Esse processo toma

tempo e representa certa dificuldade. Como esse tipo de pergunta pode ser útil quando se trabalha com um grupo muito reduzido de sujeitos, também é interessante incluir uma ou duas perguntas abertas como complemento a um questionário fechado, para reunir pontos de vista, opiniões ou reflexões.

Exemplo de perguntas fechadas, categóricas e abertas

Perguntas categóricas

Que atividades costuma fazer aos sábados à tarde?

1. Atividades esportivas (andar de bicicleta, correr, jogar futebol, tênis etc.)
2. Atividades de relação social (encontrar amigos, parentes, namorar etc.)
3. Atividades de lazer (exposições, cinema, compras etc.)

Perguntas abertas

Quais atividades pratica em seu tempo livre?

Por quais motivos escolheu sua moradia?

Perguntas fechadas

Tem diploma universitário?

Compra jornal diariamente?

Tem filhos?

Já esteve em Paris?

Outra classificação baseia-se no critério do estilo ou da função das perguntas. Como existem muitas possibilidades, a seguir mostramos os tipos mais relevantes:

1. *Perguntas de identificação*: Referentes às características básicas de unidades de observação, são perguntas descritivas que situam o objeto de estudo. Exemplos: titularidade de um projeto (público nacional ou autônomo, ONG, entidade privada etc.); ou estado civil (solteiro, casado, separado, viúvo etc.).
2. *Perguntas de fato*: Acerca de fatos ou acontecimentos específicos e objetivos. Exemplos: Há quantos anos exerce sua profissão? Número de filhos? etc.

3. *Perguntas de ação*: Para nos referirmos às atividades que os pesquisados realizam. Exemplos: Colabora com alguma ONG? Pratica algum esporte?
4. *Perguntas de conhecimento*: Visam verificar o que o pesquisado sabe acerca de um tema determinado. Exemplo: Conhece os meios de transmissão do HIV?
5. *Perguntas de intenção*: Fornecem informação sobre as intenções ou os propósitos dos pesquisados e são muito comuns nas pesquisas eleitorais sobre intenção de voto. Exemplos: Tem intenção de comprar um carro este ano? Em que partido vai votar nas próximas eleições?
6. *Perguntas de opinião*: Pretendem verificar a opinião dos pesquisados sobre alguns pontos de debate. Exemplo: Acha que o vestibular é necessário?
7. *Perguntas de filtro*: Servem para crivar os sujeitos e selecionar aqueles que são de nosso interesse. Por exemplo, se quisermos estudar a população universitária, a questão seria: Você é universitário?
8. *Perguntas de consistência*: Pretendem conferir a veracidade das respostas; trata-se de perguntas parecidas, mas redigidas de forma diferente, que aparecem espaçadas entre si, para verificar se as respostas dos pesquisados se mantêm constantes.
9. *Perguntas de motivo*: Visam conhecer as razões, o porquê de suas opiniões, crenças etc. Exemplo: Concorda ou não com a instauração do meio período nos colégios?
10. *Perguntas de comparação*: Oferecem um ponto de comparação em relação a uma referência fixada. Exemplo: Em média, as APAs se reúnem duas vezes ao mês. Em seu caso, reúnem-se mais, o mesmo número ou um menor número de vezes por mês?

4.2.2.2 A entrevista

As entrevistas são situações nas quais se estabelece um diálogo entre pessoas: educador social-sujeito, professor-aluno etc., a fim de obter dados informativos específicos. Não se trata, portanto, de uma conversa corriqueira, visto que se pretende atingir intencionalmente fins pedagógicos específicos. As entrevistas são utilizadas de forma intencional, para que o entrevistador se aprofunde sobre aspectos diversos como interesses, problemas sociais, atitudes, resolução de conflitos etc.

Essa técnica é complexa de aplicar, requer experiência e certa habilidade por parte do entrevistador para que seja frutífera. A sessão deve ser preparada com antecedência, determinando as perguntas que serão formuladas e os conteúdos que se vai aprofundar. É importante facilitar o diálogo, não forçar a pessoa entrevistada e respeitar suas respostas, visto que só desse modo será um instrumento útil para obter dados novos e aproveitáveis.

É uma técnica habitualmente empregada em campos muito diferentes para coletar informação de grandes populações a fim de testar hipóteses científicas, para selecionar os melhores candidatos a um cargo, como meio para obter mudanças na conduta de um sujeito, para conhecer as opiniões etc.

Segundo Sawin (1970), no campo educacional as entrevistas podem ser aplicadas para atingir diferentes fins:

1. Diagnosticar dificuldades de aprendizagem e proporcionar uma ajuda individual e personalizada.
2. Ajudar o sujeito a determinar metas para obter progressos.
3. Ajudar o sujeito a preparar um projeto especial.
4. Enfrentar um problema de disciplina.
5. Averiguar os interesses e as motivações da pessoa.
6. Proporcionar ajuda diante de um problema de índole pessoal.
7. Fornecer informação sobre a avaliação para confrontar pontos de vista, compreendê-la e dar sentido ao processo avaliador.
8. Obter informação para o estudo de um caso com a colaboração de vários agentes.
9. Obter dados para um projeto de pesquisa que afete toda a comunidade.

Essa técnica é fundamental nos processos orientadores e diagnósticos, pois não só pode ser considerada meio de coleta de informação sobre uma situação ou problema, mas também serve como estratégia de intervenção. Além da função diagnóstica, também tem outras, como a coleta de informação ampla sobre o sujeito (história, trajetória acadêmica, trabalhista, situação familiar etc.); função motivadora, ou estabelecimento de uma relação positiva, mudança de atitudes e expectativas etc.; e uma função terapêutica, ou aplicação de estratégias de intervenção individualizada, de âmbito familiar, social etc.

O que caracteriza a entrevista é a interação pessoal intencional, por ser um tipo de conversa na qual duas pessoas – ou mais de duas – interagem com o propósito de atingir um objetivo previamente definido. Por ser uma conversa dirigida a um fim, não devemos confundi-la com um simples "papo", visto que nela um dos participantes exerce o controle e a dirige a uma finalidade estabelecida.

Os aspectos que diferenciam uma entrevista de uma conversa são os seguintes:

Entrevista	Conversa
Intencional;	Ocasional;
Relação direta;	Não é imprescindível uma relação direta;
Com objetivos claros e predeterminados;	Geralmente sem objetivos;
Papéis estabelecidos: entrevistador/ entrevistado;	Ausência de papéis;
Relação assimétrica: o entrevistador guia o diálogo.	Relação simétrica: nenhuma parte controla o diálogo.

Os traços característicos da entrevista são:
› É uma via de comunicação bidirecional e geralmente oral.
› É feita entre duas ou mais pessoas que estabelecem uma relação direta ou cara a cara.
› Precisa de objetivos predeterminados e conhecidos por todos os participantes.
› Existe a adoção de papéis diferenciados que implicam o controle da situação por parte do entrevistador, de modo que se estabelece uma relação assimétrica entre os participantes.

> Estabelece-se uma relação interpessoal, o que implica que a entrevista deve ser algo mais que a aplicação mecânica de uma técnica.

Vantagens e inconvenientes do uso da entrevista:

> **Vantagens**:
> > É o meio mais adequado para relacionar os diferentes sujeitos que participam da educação. Permitem estabelecer relações próximas e fazem com que todos os agentes sintam que são parte importante no processo educacional, que são necessários e que suas opiniões, preocupações, inquietudes propostas são levadas em conta.
> > Implica uma relação pessoal, promove a individualização da educação e a adaptação às necessidades de cada sujeito.
> > É um instrumento flexível que permite ao entrevistador se adaptar às peculiaridades do entrevistado.
> > É um meio que proporciona grande variedade de informação e que permite observar o comportamento do entrevistado, tanto na dimensão verbal quanto na não verbal.
> > Permite reunir informação de caráter subjetivo, como emoções, opiniões, percepções, e de tipo biográfico, como trajetória de vida, conflitos etc.
> > É apropriada para avaliar pessoas que não poderiam ser examinadas com outras técnicas ou instrumentos por conta de suas peculiaridades (alunos com necessidades educacionais especiais, casos excepcionais etc.).

> **Inconvenientes**:
> > Tem um custo relativamente elevado de tempo e esforço para o entrevistador e o entrevistado.
> > Oferece risco de não ser um meio objetivo de coleta de informação, visto que pode haver diversas ameaças de distorção, sendo afetadas ambas as partes.
> > O entrevistador deve ser um agente com experiência, audaz, perspicaz e sensível. Só assim se obtém informação relevante e realmente útil.

Tipos de entrevistas

Para classificar as entrevistas, é possível utilizar diversos fatores. Porém, vamos nos ater ao grau de estruturação, por ser o critério mais empregado e o mais interessante no âmbito educacional. Portanto, segundo o grau de estruturação, a entrevista pode ser:

> *Estruturada*: O texto e a sequência das perguntas estão predeterminados, e as respostas que se esperam do sujeito são dirigidas e abarcam aspectos muito específicos.
> *Semiestruturada*: Possui um esquema, ou pauta de entrevista, estabelecido, mas as perguntas a formular não são explicitadas de forma tão rígida, podendo dar lugar também a perguntas abertas.
> *Aberta*: Embora a entrevista se dirija a um fim específico, não se estabelece com antecedência um esquema a seguir, nem perguntas específicas.

Nesse contínuo de estruturação das entrevistas, o maior grau de controle se situa nas estruturadas, e o mínimo nas abertas. Se focarmos a necessidade de treinamento do entrevistador, será necessária uma preparação prévia maior para fazer uma entrevista aberta, e muito menor para uma estruturada.

Classificação das entrevistas	
1. Segundo o grau de estruturação	› Estruturada;
	› Semiestruturada;
	› Aberta.
2. Segundo o objetivo	› De orientação;
	› Informativa;
	› De investigação;
	› Terapêutica.
3. Segundo o grau de participação do entrevistado	› Diretiva;
	› Não diretiva.
4. Segundo o número de entrevistados	› Individual;
	› Coletiva.
5. Segundo o foco de atenção	› Centrada no entrevistador;
	› Centrada no entrevistado.

› **A entrevista aberta**
Parte-se de uma situação aberta de maior flexibilidade e liberdade. Embora requeira um planejamento, o entrevistador vai tomando decisões que afetam o conteúdo e a sequência das perguntas durante sua realização. Pretende-se aprofundar nas motivações do indivíduo, e é um diálogo cara a cara e direto com um profissional mais ou menos experimentado que orienta o discurso lógico e afetivo da entrevista.

Não existe um esquema rígido de perguntas ou de alternativas de resposta que condicionem o desenvolvimento da entrevista, visto que o que se pretende é aprofundar em uma realidade até chegar a explicações convincentes ou saber como outras pessoas veem e percebem sua realidade. É muito enriquecedora no estudo de casos excepcionais ou extremos, porque permite uma análise flexível e singular, adaptada às características de cada caso.

Em uma entrevista aberta, predomina um processo circular ou em espiral, dentro do qual se discute os mesmos temas reiteradamente, mas com um nível de profundidade cada vez maior.

A entrevista em profundidade deve ser construída como algo dinâmico e em permanente mudança e, para isso, devemos nos apoiar em pontos-chave ou questões que facilitarão a execução e o desenvolvimento do processo. Para abordar sua concepção e preparação, é necessário estabelecer pontos de referência que nos sirvam de apoio, devendo partir de:

› **Perguntas-guia**: São perguntas genéricas que visam explorar áreas de conhecimento específicas. Devem estimular a livre expressão do informante e ser suficientemente amplas para não condicionar a resposta do entrevistado.

› **Perguntas de apoio**: Questões específicas sobre aspectos específicos formuladas para esclarecer ou completar as perguntas-guia. Perfilam a informação, dão sentido e clareiam as ideias do entrevistado.

Esquema da entrevista aberta

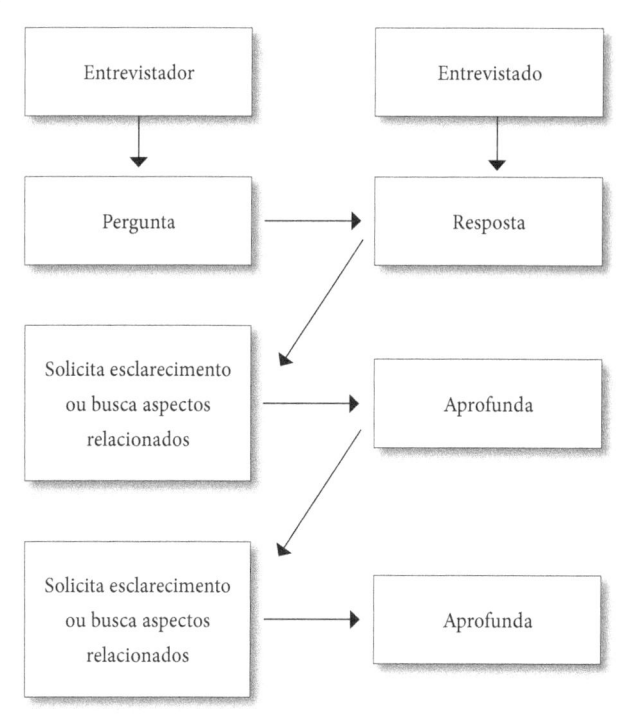

```
Entrevistador              Entrevistado
     │                          │
     ▼                          ▼
  Pergunta  ─────────────▶   Resposta
                                │
                                ▼
Solicita esclarecimento
ou busca aspectos      ─────▶  Aprofunda
relacionados
                                │
                                ▼
Solicita esclarecimento
ou busca aspectos      ─────▶  Aprofunda
relacionados
```

Fazer uma entrevista aberta, de forma satisfatória, não é fácil, visto que o entrevistador deve avaliar a entrevista enquanto está sendo desenvolvida, e deve adaptar-se constantemente às necessidades que possam ir surgindo a fim de obter dados significativos. Embora não existam receitas nem diretrizes fixas que garantam o sucesso, ajudará se o entrevistador tiver uma série de qualidades pessoais, como sensibilidade, capacidade de ouvir, de fazer silêncio, de captar detalhes relevantes, capacidade crítica e de reflexão sobre as próprias vivências etc.

De qualquer maneira, existe uma série de conselhos para facilitar a criação de uma atmosfera adequada:

> **Não julgar a pessoa**: Não se deve emitir juízos de valor sobre os atos, as decisões, as opiniões do entrevistado. Isso condiciona a comunicação e faz com que a pessoa se coloque na defensiva, ou

que prefira evitar certos aspectos; devemos compreender a situação do outro, mas não julgar.
› **Permitir que a pessoa fale:** Devemos ouvir tudo o que o entrevistado quer nos dizer, suas inquietudes, preocupações, ideias. É importante que o entrevistado sinta liberdade para se expressar, perceba que o que diz é levado em conta e que todas as suas contribuições são consideradas.
› **Mostrar interesse:** É preciso promover uma escuta ativa, pois não funciona só deixar o outro falar. É preciso manter uma atitude ativa e prestar atenção ao que estão nos dizendo.
› **Ser empático:** A empatia é a capacidade de se colocar no lugar do outro. Não se trata de justificá-lo, mas de tentar sentir o que ele sente e de viver as experiências sob seu ponto de vista pessoal e subjetivo.

Tendo em conta que durante o desenrolar de uma entrevista aberta se gera muita informação que é impossível registrar em forma de anotações, às vezes é conveniente gravar as conversas para analisá-las posteriormente em profundidade. Será necessário informar ao entrevistado sobre a gravação da sessão, visto que ele deve dar seu consentimento e sua aprovação. E, caso se oponha ao registro, devemos tentar tomar notas que reflitam de forma objetiva o acontecido.

Independentemente de gravar ou não, durante a entrevista o profissional deve dispor de uma caderneta de anotações, na qual anotará palavras-chave ou frases que sejam significativas. O uso dessas notas pode ser de grande ajuda para evocar temas já tratados, voltar atrás e retomar aspectos interessantes. A interpretação da entrevista implica um complexo trabalho de análise e síntese, por conta da riqueza de conteúdos e detalhes que se obtêm.

› **A entrevista estruturada**
São entrevistas totalmente preparadas e desenhadas com um fim específico, nas quais o entrevistador utiliza um protocolo que reúne as perguntas a fazer e sua ordem. Embora seja usada para obter informação de uma amostra numerosa, porque é fácil de aplicar e analisar, a informação que fornece é limitada e não serve para aprofundamento em situações complexas nas quais entram em jogo muitos fatores.

A entrevista estruturada é útil para analisar situações novas ou sobre as quais não se tem muitos dados, por ser um instrumento adequado para uma fase exploratória. Como tem a vantagem de propiciar informação sobre um número elevado de sujeitos em pouco tempo, seu uso é aconselhável para se conhecer as opiniões de um grupo: professores, jovens, pais etc.

A fase de concepção e preparação é a que tem maior importância. Nela se define com precisão o que vai ser avaliado e se preparam todas as perguntas. O objetivo é que as condições de aplicação da entrevista sejam idênticas para todos os sujeitos, de modo que se minimizem as influências do entrevistador ou da situação na entrevista que se desenvolve.

Após a fase de concepção, tudo deve ser rigorosamente controlado e planejado. Por isso, para realizar uma entrevista estruturada, requer-se um mínimo treinamento do entrevistador. Suas perguntas devem estar rigorosamente especificadas e devem ser sempre formuladas do mesmo modo, motivo pelo qual o entrevistador terá uma tarefa muito delimitada. A principal será registrar as respostas do sujeito do modo mais fidedigno possível, sem resumir suas palavras ou elaborar respostas para que pareçam mais completas.

Esquema da entrevista aberta

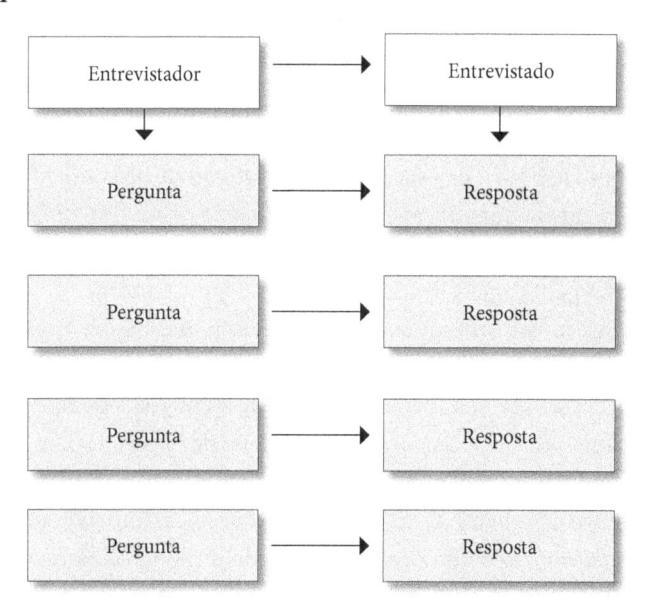

> **A entrevista semiestruturada**
> Nesta categoria agrupam-se todas as modalidades de entrevista com um grau intermediário de estruturação. O grau de estruturação deve ser entendido como um contínuo, no qual os dois polos extremos são a entrevista estruturada e a aberta, situando-se entre ambas uma ampla gama de possibilidades.
> Geralmente, a maior parte das entrevistas conduzidas pelos professores se situa em algum ponto entre esses dois extremos. Normalmente, o docente tem uma ideia sobre o tipo de informação que quer, e, portanto, formula com antecedência algumas perguntas. Porém, durante a entrevista, encontrará aspectos relevantes e pontos-chave que não havia considerado, mas que devem ser tratados. A flexibilidade na comunicação e a adaptação aos aspectos novos garantirão a qualidade da entrevista, fomentando a satisfação e o acordo entre as partes implicadas.

4.2.2.3 Os testes
Existe um grande número de aspectos e dimensões do homem que não se pode estudar de forma direta por conta de sua complexidade, visto que é impossível observar diretamente aspectos como inteligência, aptidões numéricas, espaciais, verbais ou a personalidade do indivíduo. Por isso foi preciso criar uma série de instrumentos, para ter acesso a essas dimensões abstratas, por ser impossível estudá-las diretamente. O que se faz é medir ou quantificar suas manifestações. Esse tipo de teste é empregado em diversos âmbitos científicos, mas, principalmente no psicológico e no pedagógico. Teste é sinônimo de prova, exame.

Os testes constituem uma forma de medição indireta de uma característica específica por meio da análise de suas manifestações. São técnicas de investigação social que medem constructos teóricos definidos operacionalmente por meio dos diversos itens que os integram (Grzib, 1981). Permitem uma descrição quantitativa e controlável do comportamento de um indivíduo diante de uma situação específica, tomando como referência o comportamento dos indivíduos de um grupo definido colocados na mesma situação (Grawitz, 1975).

Com isso, consegue-se uma medida tipificada do traço estudado por meio do instrumento, ao estabelecer uma correspondência entre a pontuação obtida por um sujeito e a escala do próprio teste. Os testes permitem uma uniformidade no procedimento de aplicação e pontuação que torna possível a comparação dos resultados obtidos por diferentes sujeitos. A objetividade na análise é outro aspecto importante, visto que o juízo que se estabelece é determinado de acordo com uma escala anterior, sem influência do critério subjetivo da pessoa que aplica a prova.

Yela (1992) tem uma definição muito clara, segundo a qual um teste é uma situação problemática, previamente disposta e estudada, à qual um sujeito tem de responder seguindo certas instruções, e em cujas respostas se estima, por comparação com as respostas de um grupo normativo, a qualidade, a índole ou o grau que possui o constructo medido.

A aplicação desses instrumentos no campo educacional recebeu, nas últimas décadas, uma posição crítica, não tanto referente aos testes em si, mas a seu uso exclusivo como meio de coleta de informação e de diagnóstico. Atualmente, esse tipo de técnica é combinado com outros, proporcionando, assim, uma visão mais rica da realidade do aluno.

Os testes são uma ferramenta importante e confiável para a coleta de informação. São de grande utilidade para classificar sujeitos e grupos em categorias, para analisar as diferenças entre sujeitos ou grupos, comprovar hipóteses, predizer resultados e selecionar os sujeitos que melhor se adaptem aos requisitos de um cargo etc. Propiciam uma avaliação normativa, pois comparam o rendimento manifestado por cada sujeito e o relacionam com os níveis apresentados pelo grupo de que faz parte. No campo da educação social, os testes são de grande utilidade para analisar situações pessoais e grupais, especialmente de desfavorecidos, tanto no âmbito escolar quanto no do comportamento individual ou de integração social.

> **Traços definidores dos testes**

As características definidoras desses instrumentos podem ser resumidas do seguinte modo:

> **Têm fundamentação científica**: Baseiam-se e se sustentam em um corpo teórico sobre o traço medido. Isso garante uma

coerência no que se faz, assegurando que os procedimentos seguidos são mais adequados para quantificar o objeto de medida.

> **Permitem um conhecimento indireto:** O constructo teórico é medido por meio de definições operacionais dos itens ou das questões que integram o teste. Essas definições são apenas signos, motivo pelo qual se deve garantir a correspondência entre o signo e o objeto de medição.

> **Constituem um processo sistematizado:** A aplicação, a correção e a pontuação são feitas de forma padronizada, nas mesmas condições em todos os casos.

> **Permitem objetividade na análise:** A opinião do aplicador não influi nos resultados obtidos.

> **Têm caráter normativo:** Pretendem situar cada sujeito em relação a seu grupo de referência para saber se está na média, abaixo ou acima dos indivíduos semelhantes a ele.

> **Permitem a comparação entre sujeitos:** Ao estabelecer uma pontuação típica para cada indivíduo, é possível comparar os resultados obtidos por diferentes sujeitos, desde que pertençam ao mesmo grupo normativo ou de referência.

Vantagens e inconvenientes do emprego dos testes:

> **Vantagens**
> Os testes são instrumentos utilizados muito frequentemente para avaliar e diagnosticar no campo das ciências sociais, devido ao grande número de vantagens que apresentam:
>> **Economia de tempo e esforço:** Permitem uma rápida análise do sujeito, visto que sua correção está sujeita a diretrizes específicas e precisas que facilitam a obtenção de um resultado em pouco tempo. Além disso, facilitam a execução simultânea da prova no caso de serem instrumentos de aplicação coletiva, permitindo, assim, a coleta de dados de um grande número de pessoas no mesmo momento.
>> **Objetividade dos resultados:** A análise obtida não está sujeita à opinião da pessoa que está aplicando o teste. Oferecem

uma análise imparcial, livre de opiniões ou visões subjetivas dos agentes avaliadores.

› **Visão comparativa a um grupo de referência:** Permite situar o indivíduo em relação a um grupo normativo, o que torna possível analisar qual é sua posição em relação à média de seu grupo.
› **Análise de várias dimensões:** Além de fornecerem dados sobre aspectos não diretamente avaliáveis como a inteligência, também possibilitam a avaliação de aspectos diferentes, como personalidade, aptidões, rendimento, criatividade, interesses profissionais etc.
› **Confiabilidade e validez:** Os testes mais relevantes e os empregados com maior frequência foram submetidos previamente a checagens e processos estatísticos e psicométricos que garantem a validez e confiabilidade dos resultados.
› **Predição e inferência:** A realização de um teste implica, em geral, o estabelecimento de predições e inferências sobre o constructo medido. Desse modo, podemos prever o desenvolvimento da dimensão medida, os possíveis problemas que podem surgir e as medidas para permitir seu ótimo desenvolvimento.
› **Inconvenientes**
Quanto aos inconvenientes, destacamos os seguintes:
  › A dificuldade de elaborar uma abordagem única do constructo medido. Não existem definições universais do que significa inteligência, percepção, criatividade etc. São aspectos complexos que não admitem uma definição universalmente aceita. Portanto, isso nos leva a pensar que devem existir tantos instrumentos de medida de um constructo quanto visões houver dele.
  › As medidas educacionais e psicológicas estão baseadas em amostras limitadas de conduta. Um teste só abarca uma amostra de conduta de todo o universo de condutas relacionadas com o constructo, e, embora sua seleção e número deva ser suficiente e representativa para que seja um teste válido, não deixa de ser um subconjunto, uma parte do todo.

4.2.2.4 Classificação dos testes
Para estabelecer uma classificação dos tipos de teste, podemos atender a diferentes critérios:

a. Segundo a possibilidade de aplicação
   › **Individuais**: Requerem que sejam aplicados por um único sujeito de cada vez, geralmente porque o aplicador tem de registrar diversos aspectos enquanto realiza a prova: as respostas, a atitude que mostra perante os problemas apresentados, o modo de manipular o material, as diferentes reações etc.
   › **Grupais**: Aplicam-se a um grande número de sujeitos ao mesmo tempo. Analisam-se os resultados de seu trabalho, o produto, e não o processo.

b. Segundo o material
   › **Impressos**: São respondidos com lápis e papel, e sua aplicação costuma ser feita de forma coletiva.
   › **Manipulativos**: O sujeito deve manipular uma série de objetos e materiais enquanto o examinador observa e registra sua conduta.

c. Segundo o tipo de tarefas a realizar
   › **De capacidade**: Quando o sujeito realiza tarefas de um progressivo nível de dificuldade até que se sente incapaz de resolvê-las adequadamente. Não se costuma impor limite de tempo e focam na medição da capacidade.
   › **De velocidade**: Medem a produtividade do indivíduo em uma tarefa, e para isso se limita o tempo de execução da prova. Focam o rendimento.

d. Segundo o rendimento exigido
   › **Rendimento máximo**: Exigem do sujeito seu máximo esforço e dedicação na realização dos testes. As tarefas propostas medem aspectos relacionados com a inteligência, as aptidões ou o rendimento.
   › **Rendimento típico**: Visam conhecer o que o sujeito faz normalmente de um modo estável e tranquilo. Os testes de personalidade são um bom exemplo.

e. Segundo o objeto a medir
   › **Testes de aptidões**: Para avaliar o grau de perfeição ou capacidade com que o sujeito realiza uma tarefa. Dentro desse tipo, distinguimos:
      1. Inteligência geral: Embora não exista um acordo unânime sobre o que é inteligência, existem diferentes testes que medem a capacidade geral de um indivíduo na resolução de tarefas. Alguns dos mais conhecidos são as Matrizes Progressivas de Raven, o Dominó, o Fator G de Catell e as Escalas de Inteligência de Weschler (WAIS, WISC e WIPPSI).
      2. Aptidões: Devido ao fato de os estudos sobre a inteligência determinarem que ela não é um traço unitário, surgiram os testes dirigidos à medição de cada um de seus fatores. Geralmente, agrupam-se em baterias de testes, como o PMA (bateria de aptidões mentais primárias) ou o DAT (Teste de Aptidões Diferenciais).
      3. Aptidões diferenciais: Destinados a avaliar aptidões mais práticas necessárias para o desenvolvimento de tarefas específicas, procuram medir a resposta dos indivíduos diante de tarefas artísticas, musicais, psicomotoras, criativas etc.
      4. Rendimento: Medem o domínio alcançado sobre os objetivos de aprendizagem e a formação do sujeito na realização de tarefas relacionadas com o âmbito escolar. Destacamos o ABC, de Filho, ou o TALE (teste de análise da leitura-escrita).
   › **Testes de personalidade**: Servem para avaliar aspectos de tipo emocional e caracterológico da conduta do sujeito. Esses instrumentos não proporcionam um resultado quantificável, e, sim, dados qualitativos da personalidade. Distinguem-se entre:
      1. Provas objetivas: Existe uma estreita relação entre os itens e o objetivo específico que se pretende medir, e os resultados podem ser tratados estatisticamente.
      2. Provas projetivas: Estudam a personalidade considerando-a globalmente, e os resultados implicam uma interpretação

por parte do avaliador. Requerem uma considerável formação e experiência prévia para que os resultados sejam válidos. A pessoa avaliada deve perceber e interpretar uma série de estímulos que aparecem no material da prova. Os mais conhecidos são o Teste de Rorschach (consiste na apresentação de dez lâminas que reproduzem uma série de manchas de tinta que o sujeito interpreta); o TAT (invenção de uma história a partir das imagens de uma série de desenhos ou fotos), o Teste da Figura Humana ou o Teste da Família (esses dois últimos voltados a crianças).

› **Processo de elaboração de um teste**
A construção de um teste padronizado é muito complexa e requer a colaboração de diversos especialistas e o cumprimento de requisitos para garantir a criação de um instrumento válido. Devemos destacar que, geralmente, os usuários e aplicadores dos testes não serão seus construtores.

A elaboração desses instrumentos é exigente, alcançando um nível de medição muito exato. O processo de elaboração é complexo e lento, visto que precisa da colaboração de especialistas em diversos campos para definir os conhecimentos a abarcar, o traço objeto de medida, as teorias e enfoques que os sustentam, os procedimentos estatísticos e de medição etc. (Anastasi, 1992).

De qualquer maneira, embora esse não seja nosso campo de atuação, expomos brevemente a série de passos seguidos na elaboração de testes padronizados, para, dessa forma, termos um melhor conhecimento deles:

1. **Delimitação da dimensão de análise**
   Trata-se de determinar com precisão o conjunto de aspectos e conteúdos que serão avaliados e de detalhar minuciosamente tudo aquilo que será objeto de medida. Para isso, é necessário contar com a colaboração de especialistas na matéria, que ajudem a delimitar o objeto de medida, dar uma definição precisa deste e enquadrá-lo em um âmbito teórico de referência. Será preciso formular os objetivos específicos que pretendemos avaliar.

2. **Formulação e análise dos itens**
   Uma vez delimitado o objeto de avaliação, é necessário formular os itens que expressem, reflitam e desenvolvam nosso campo de análise, devendo reunir os aspectos mais importantes em questões relevantes que abarquem todos os pontos significativos. Esse será um primeiro esboço da prova. Depois, será necessário fazer uma revisão lógica dos itens para garantir a correspondência entre as questões e o domínio de conteúdos fixados previamente. Por meio do juízo de especialistas será analisada a congruência entre os itens e o objetivo, para verificar a representatividade do item em relação ao que avalia, e o risco de desvio na prova, para assegurar que os itens não favoreçam ou desfavoreçam algum aspecto específico.

   A seguir, submete-se o teste a uma revisão empírica que implica a aplicação da prova e o estudo de seu funcionamento. Primeiro se fará uma aplicação-piloto da prova a um grupo reduzido de sujeitos, e depois se revisará o grau de dificuldade das questões e seu poder discriminativo para diferenciar o nível de competência dos indivíduos. Por último, analisar-se-ão as respostas dadas para determinar o nível de dificuldade, de discriminação e de validez de cada item.

3. **Estabelecimento dos padrões e pontos de corte**
   A psicometria é a ciência encarregada de determinar os pontos de corte e as escalas de comparação. Para determiná-los, é necessária uma pesquisa prévia na qual o instrumento é aplicado a uma amostra suficiente em número, e representativa (com as mesmas características), tomando-se como referência as pontuações obtidas pela amostra como representativas de toda a população. Geralmente, com base nesse estudo, estabelece-se um intervalo de pontuações, entre os quais se situa a média (sujeitos com um nível de competência médio, regular ou normal). A partir desse ponto de referência, delimitam-se os demais intervalos, desde as pontuações que correspondem

a níveis de competência muito baixos até as que determinam um nível muito superior na característica medida.

Para que essa comparação seja válida, é muito importante que a amostra de comparação tenha as mesmas características que o sujeito a ser avaliado (idade, nível de formação etc.), por isso, é fundamental sua delimitação e definição.

4. **Análise das características técnicas da prova**

   Uma vez elaborado o instrumento, será necessário analisar sua confiabilidade e validez. A confiabilidade faz referência à capacidade do instrumento para medir o que pretende medir, e se realmente é um meio oportuno para quantificar o traço desejado. A validez se ocupa de analisar a exatidão dos dados reunidos pelo instrumento, ver se é uma ferramenta precisa e se garante que a informação registrada é válida e verídica.

> **Diferenças entre teste e prova objetiva**

No âmbito educacional, além do interesse em analisar os alunos comparando-os com seu grupo de referência (avaliação normativa), existe outro foco de atenção fundamental: a avaliação criterial. Na educação, não interessa tanto encontrar os alunos brilhantes ou que se destacam, de modo que a referência ao grupo não implica uma boa planilha para determinar os progressos e as aprendizagens individuais. Nesse caso, o que importa é tomar como ponto de referência o conjunto de conhecimentos, atitudes e destrezas que devem adquirir e relacioná-los aos alcançados por cada aluno.

Para avaliar esses conteúdos, contamos com as provas objetivas, entendendo como tal o exame, o controle ou a avaliação. Essas provas medem o grau de obtenção alcançado por cada aluno em relação aos objetivos didáticos desenvolvidos nas unidades didáticas e na programação de aula.

A avaliação referente ao critério é aquela em que se coleta informação mediante um instrumento padronizado, a fim de poder descrever o conjunto de conhecimentos ou habilidades adquiridas por um sujeito acerca de um domínio de referência descrito adequadamente (Jornet e Suárez, 1994).

As provas objetivas visam a coleta de informação mediante um instrumento padronizado, com o objetivo de delimitar o domínio, o conhecimento ou as habilidades adquiridas por um sujeito, tomando como referência os objetivos didáticos. São um dos instrumentos mais empregados para determinar o nível de competência curricular alcançado pelo aluno, proporcionando ao docente informação para avaliar o nível de consecução dos objetivos.

Diferenças entre os testes e as provas objetivas	
Provas padronizadas: testes	**Provas não padronizadas: provas objetivas**
› Abarcam um domínio extenso de tarefas de aprendizagem, mas utiliza-se um número pequeno de itens para avaliar cada uma;	› Avaliam domínios de aprendizagem específicos e delimitados. Um grande número de itens é dedicado para avaliar cada tarefa;
› Dão ênfase à diferenciação de sujeitos em termos de diferenças relativas ao nível ou capacitação;	› Visam determinar que tipos de tarefas pode ou não realizar cada sujeito;
› Predomina os itens de dificuldade média;	› Existem itens de níveis de dificuldade diferentes para avaliar cada tarefa;
› Visam examinar e classificar os sujeitos;	› Visam verificar o domínio alcançado por cada sujeito;
› Sua interpretação é feita em relação a um grupo de referência muito delimitado.	› Sua interpretação requer a explicitação dos objetivos e conteúdos a atingir.

4.3 Outras técnicas de avaliação

Neste último tópico estão expostas outras técnicas relevantes para o diagnóstico e a avaliação, mas que não são utilizadas com tanta assiduidade como as anteriores. Cada estratégia selecionada representa um modo diferente de fazer a avaliação. Poderiam ser agrupadas em três grandes blocos:

1. **Técnicas de grupo**
   A avaliação é um processo realizado por um grupo de sujeitos, que serão geradores da informação. Apresentam uma vantagem importante, que é a participação ativa dos sujeitos avaliados, o que favorece sua implicação e seu compromisso com os aspectos analisados e as posteriores medidas tomadas. Nesse ponto, será criado o grupo de discussão, mas existem outras técnicas grupais, como o Phillips 66, o grupo Delphi, sociogramas etc.

2. **Técnicas baseadas no autoinforme e na introspecção**
   Apoiam-se na auto-observação, na expressão livre do sujeito acerca de si mesmo e de suas experiências. Incluem procedimentos como o ensaio livre autodescritivo, técnicas de pensamento em voz alta e a história de vida, que exploraremos a seguir.

3. **Técnicas baseadas em construções e ordenações pessoais**
   Para que o indivíduo selecione, construa e ordene informação geralmente relacionada a suas vivências e experiências de vida. Explicaremos o uso da técnica do portfólio e tabelas de constructo pessoais.

4. **Grupo de discussão**
   A finalidade primordial da técnica é a busca de informação e de novos enfoques sobre um campo determinado, e, para isso, conta-se com a colaboração de especialistas na matéria, que buscam encontrar novas relações entre os aspectos vinculados, de modo que se desenvolvam perspectivas inovadoras e pontos de vista mais ricos, graças à colaboração de diversos especialistas.

   Esse procedimento começou a ser empregado no campo da pesquisa de mercados, como meio para explorar os valores e as opiniões dos diferentes públicos sobre um determinado produto, e depois seu uso se estendeu a outros campos como a medicina, a política ou a educação. Geralmente, é considerada uma técnica qualitativa devido ao tipo de informação que gera, pois foca a compreensão dos fenômenos sociais do ponto de vista dos participantes ativos.

As finalidades do grupo de discussão podem ser duas: por um lado, como via diagnóstica, investigadora e produtora de informação (perspectiva que nos ocupa) e, por outro, com uma finalidade terapêutica, mediante terapia de grupo. O grupo de discussão é uma técnica não diretiva por meio da qual se pretende produzir uma troca de pontos de vista e de conceitos entre pessoas especializadas em um campo, com um tempo de discussão que costuma estar limitado a uma ou duas horas.

O número de participantes é reduzido, nunca mais de dez, para garantir a intervenção de todos; as pessoas selecionadas não se conhecem, para assegurar a objetividade, e terão um nível de formação homogêneo em relação ao tema objeto de pesquisa.

Além disso, há a presença de um mediador, que intervirá só nos momentos imprescindíveis e garantirá o tratamento dos pontos-chave, de modo que é conveniente utilizar um roteiro previamente elaborado que reúna as áreas gerais que devem ser cobertas. Após a apresentação inicial, a tarefa do mediador consiste em formular uma pergunta muito geral para iniciar a discussão, e a partir daí começará um debate sobre o tema proposto, no qual os participantes se expressarão livremente e discutirão suas opiniões e experiências. Provavelmente a discussão irá abordando por si mesma todos os pontos-chave, mas, se isso não acontecer, o trabalho do mediador consistirá em guiar o debate aos aspectos relevantes.

5. **História de vida**

   Durante as últimas décadas estão ocorrendo importantes mudanças tecnológicas, econômicas, científicas, sociológicas etc. que vêm provocando uma transformação nos processos de arraigamento, socialização e educação das pessoas. Essas mudanças provocam situações de crises pessoais e sociais, e diante delas buscam-se soluções, meios e recursos para restaurar o equilíbrio perdido. Nos diversos âmbitos das ciências sociais, antropológicas e educacionais, buscam-se fórmulas que ajudem a restabelecer a estabilidade, e a história de vida é um bom exemplo.

Essa técnica constitui um caminho para que os sujeitos tenham consciência de seus pensamentos, seus sentimentos e suas vivências por meio da narração de sua própria vida, contando para isso com a ajuda de um pesquisador ou uma pessoa que registra os acontecimentos e propicia o aprofundamento nos acontecimentos significativos.

A história de vida é um relato ou narração que uma pessoa faz sobre a experiência de vida de outra, por meio da interação cara a cara. Ou seja, é a narração autobiográfica do outro. Ao contrário da biografia, que é espontânea, a história de vida começa por uma demanda vinda de fora; o pesquisador interroga o outro para saber de onde vem, quem é, que tipo de cultura o fez tal como é, quais são suas experiências, escutando seu relato e pedindo para esclarecer aquilo que para ele é normal. O pesquisador tende a definir o outro enquanto o ajuda a ter consciência de sua pessoa e de sua vida.

Essa técnica se apoia em uma concepção dinâmica do homem como ser mutável e em constante evolução. Quando o sujeito começa a narrar sua vida, ocorre uma desorganização das dimensões emocional, intelectual e racional. A evocação dos fatos passados provoca um desequilíbrio e uma tomada de consciência de si mesmo. Esse processo, por sua vez, leva à busca de uma nova estabilidade e, com a ajuda do pesquisador, chegar-se-á a uma nova reestruturação da pessoa.

6. *Portfólio*

É uma técnica que visa avaliar execuções ou procedimentos específicos; apoia-se na coleta e no armazenamento de informação sobre os objetivos alcançados durante um período de formação ou aprendizagem. Centra-se na análise do processo seguido até adquirir competências ou aprendizagens e na análise dos resultados.

O *portfólio* abarca informação coletada em um período de tempo, que pode ser mais ou menos amplo. Pode centrar-se no processo, mostrando os progressos que vão sendo obtidos, ou no produto, mostrando o que foi aprendido no final de um período de formação.

Os dados são reunidos em uma pasta, um fichário ou um caderno, e nele se registram diariamente as produções do sujeito em função dos resultados de suas competências, e se guardam todos os trabalhos realizados em cada projeto, unidade, trimestre etc. É utilizado para verificar os resultados e as dificuldades surgidas durante a aprendizagem, sendo um instrumento de avaliação formativo e somativo.

O fichário pessoal, ou *portfólio*, tem as seguintes utilidades:

› Determinar o processo individual, desde quando a aprendizagem começa até a consecução dos objetivos ou competências.
› Detectar as dificuldades que podem surgir durante o processo de aprendizagem e apontar os resultados.
› Apresentar provas autênticas do rendimento do sujeito.
› Possibilitar uma avaliação contínua e oferecer apoio pedagógico quando for necessário.
› Permitir a autoavaliação, fomentando a reflexão sobre os avanços e as dificuldades.
› Possibilitar o acompanhamento, por parte dos pais ou tutores, do trabalho e das avaliações de seus filhos.

O sujeito deve ter acesso a seu *portfólio* sempre que desejar, e poderá revisá-lo ou consultá-lo quando julgar conveniente. É importante dar-lhe uma ordem, por isso o educador estabelecerá um critério adequado: por unidades, áreas, conteúdos etc. Todos os produtos devem estar datados e numerados sequencialmente. Uma vez por mês, o educador e o sujeito devem revisar o *fichário pessoal* para ajudar este a se autoavaliar e a corrigir os erros. Essa reunião tem um caráter pedagógico, visto que permite refletir juntos acerca dos avanços e dificuldades surgidas.

Para criar um *portfólio*, é preciso executar a seguinte estrutura:

› Tópico dirigido aos trabalhos individuais e grupais realizados pelo sujeito: comentários de textos, notícias, poesias, exercícios, problemas matemáticos, resumos etc.
› Registro que sintetize toda a informação referente aos avanços e às dificuldades, com base em uma seleção de trabalhos significativos. Contém a autoavaliação e permite a negociação e o intercâmbio entre o educador e o sujeito.

O *portfólio* também pode ser uma ferramenta útil para os educadores, visto que ajuda a refletir e avaliar sua atuação de modo sistemático, analisando os progressos, as decisões acertadas e os erros cometidos. Nesse caso, sua estrutura será mais complexa:

> Finalidade: Aprofundar-se nos motivos que levam a elaborar um *portfólio*, ou seja, explicitar para que e por que vamos desenvolvê-lo (para avaliar o progresso individual de um sujeito, para diagnosticar necessidades, para trocar pontos de vista com outros profissionais etc.).
> Conteúdos do *portfólio*.
> Metas ou objetivos a atingir: Seja a aprendizagem de conteúdos, seja a execução de um processo etc.
> Tarefas de aprendizagem: Explicitando detalhadamente os procedimentos que devem ser alcançados e o modo como demonstrar que os objetivos previstos foram atingidos.
> Modelo de estruturação dos conteúdos: Será uma espécie de índice ou esquema, em que aparecerão ordenados os conteúdos a desenvolver.
> Materiais e recursos necessários para atingir os objetivos: Livros, vídeos, lâminas, programas etc.
> Critérios de avaliação: Para explicitar e tornar público o que se espera dos alunos, de modo que possam agir em conformidade.
> Validez do *portfólio*: Análise pessoal para avaliar a utilidade da técnica, se foi prática para quem a aplicou e para que serviu.

Existe a opção de fazer um *portfólio* informartizado (*e-portfólio*).

7. **Tabelas de constructo pessoais**
   Oferecem a possibilidade de o sujeito gerar sua própria tabela ou matriz de informação com base na análise de um conjunto de elementos. Analisam os valores predominantes para o indivíduo, ajudando-o a esclarecer e avaliar diversas opções. São instrumentos muito similares às rubricas que utilizamos atualmente na avaliação de competências. Para isso, elabora-se uma tabela de dupla entrada, que combina e compara todas as possíveis combinações dos elementos. Em um eixo da tabela aparecem os elementos que serão

analisados e, no outro, as dimensões com base nas quais cada sujeito descreve, caracteriza e avalia os elementos considerados.

Esse instrumento foi idealizado por Kelly (1955) e, embora originalmente tenha sido criado com a finalidade de estudar as relações interpessoais dos sujeitos, posteriormente foram desenvolvidas diversas versões mais simplificadas e com finalidades muito diferentes.

Um exemplo foi elaborado por Alonso Tapia (1997) para ajudar na reflexão sobre os diversos tipos de estudo pelos quais se pode optar, no qual se utilizam como constructos os critérios por meio dos quais o sujeito pode decidir entre os estudos: interesse, duração etc. Álvarez Rojo (2000) apresenta, por sua vez, uma tabela para facilitar a decisão vocacional, e propõe a combinação e a análise de um conjunto de profissões e um outro de valores previamente estabelecidos pessoalmente por cada sujeito.

4.4 Alguns critérios de seleção de técnicas e instrumentos para a avaliação da intervenção socioeducacional

A seguir, vamos propor alguns critérios a considerar na hora de falar da utilidade e aplicação das técnicas e dos instrumentos na avaliação da intervenção socioeducacional.

4.4.1 Seleção de técnicas e instrumentos de avaliação de agentes

Para aprofundar nesse aspecto do modo mais sistemático possível, devem ser levadas em conta as funções específicas desempenhadas pelo agente de intervenção socioeducacional, seja unipessoal, seja institucional. A tipologia de agente socioeducacional é muito ampla e complexa. Por essa razão, a seleção de técnicas e instrumentos precisa ser feita estudando previamente a situação ambiental e as peculiaridades específicas do agente objeto de avaliação, para ajustá-los a essas peculiaridades e assegurar que os meios escolhidos sejam adequados. Vejamos algumas possíveis variáveis e os critérios de atuação em cada caso:

1. **Em função do número de agentes**
   Para avaliar um único agente, podemos utilizar qualquer técnica baseada na observação, seja de forma direta, registrando as condutas, procedimentos, reações *in situ* etc., seja de forma indireta, por meio da análise de atuações ou produções do agente, como projetos, propostas, documentos, intervenções etc. As técnicas de autoinforme são outra opção recomendável. A entrevista também pode ser muito útil. No caso de se contar com um grupo reduzido de pessoas – máximo de dez –, é aconselhável a aplicação de técnicas de grupo, mas a observação também seria factível.
   Quando se pretende avaliar um grande grupo, é recomendável optar pelos testes padronizados ou pela enquete.

2. **Em função dos recursos econômicos**
   Quando se conta com um orçamento apertado, é aconselhável optar por técnicas de grupo, por serem mais econômicas. A enquete é um procedimento mais caro, que requer técnicas complexas e a colaboração de muitos agentes para elaborar o questionário: tabular as respostas da população, fazer os cálculos estatísticos etc.

3. **Em função do tempo disponível**
   Quando se dispõe de pouco tempo, serão aplicados métodos que forneçam informação no menor tempo possível, de modo que se recomenda utilizar técnicas de grupo. Os testes são outro modo de obter informação com rapidez, pois são corrigidos mediante procedimentos padronizados. A enquete é um procedimento adequado quando não se trabalha com pressa, porque a coleta de dados e sua posterior análise implicam um significativo investimento de tempo. A entrevista também requer muito tempo.

4. **Em função da perspectiva de avaliação**
   Quando se avaliam os agentes durante um longo período de tempo, dizemos que adotamos uma perspectiva diacrônica, que é

aconselhável para analisar processos complexos, o acompanhamento da aplicação de um programa, a execução de sucessivas atividades ou a capacidade de liderança etc. A observação, em qualquer uma de suas formas, é um instrumento válido.

Quando se adota uma perspectiva sincrônica para avaliar a atuação do agente em um momento determinado, ou em um curto período de tempo, a observação, a entrevista e o autoinforme são algumas das técnicas mais adequadas.

5. **Sobre quem recai a avaliação**

Quando um agente avalia outro, fala-se de heteroavaliação e, para realizá-la, é recomendável empregar procedimentos como testes, entrevistas, enquetes ou a observação. Também se pode recorrer à autoavaliação, na qual o agente avalia a si mesmo mediante a auto-observação, as técnicas de autoinforme e introspecção etc. A coavaliação baseia-se na avaliação recíproca entre dois agentes, e para ser feita podem ser utilizadas, principalmente, técnicas de grupo e a entrevista.

Técnicas e instrumentos de avaliação de agentes de intervenção socioeducacional		
Variável a considerar	Opções	Técnica/instrumento
Número de agentes	Um agente	› Observação direta, técnicas de autoinforme, entrevista.
	Pequeno grupo	› Observação direta, técnicas de grupo.
	Grande grupo	› Testes, enquete.
Recursos econômicos	Baixo custo	› Técnicas de grupo, entrevista, testes.
	Custo elevado	› Enquete.
Tempo disponível	Pouco tempo	› Técnicas de grupo, testes.
	Muito tempo	› Enquete, entrevista.
Perspectiva	Diacrônica	› Metodologia de observação.
	Sincrônica	› Entrevista, técnicas de grupo.
Sobre quem	Heteroavaliação	› Testes, enquete, metodologia de observação.
	Autoavaliação	› Auto-observação, técnicas de autoinforme e introspecção, construções e ordenações pessoais.
	Coavaliação	› Técnicas de grupo.

4.4.2 Seleção de técnicas e instrumentos para a avaliação de âmbitos

Para avaliar âmbitos de intervenção socioeducacional, é necessário utilizar técnicas e instrumentos adequados a cada realidade, que forneçam dados suficientes em cada caso. Se nos referirmos à avaliação de instituições de ensino, por serem âmbitos de intervenção socioeducacional e o lugar onde ocorre uma boa parte das intervenções, é necessário ressaltar que existe uma ampla oferta de instrumentos para realizá-la. Podemos recordar alguns instrumentos que foram sendo atualizados sucessivamente até nossos dias, nos quais podemos apreciar muitos elementos comuns e igualmente aplicáveis a instituições de atenção social:

1. A escala de avaliação de uma instituição de ensino básico, lançada pelo Cedodep (1966), estruturada em sete grandes áreas, cada uma das quais constando de dez itens: aspectos materiais, organização e realização do trabalho, controle do trabalho escolar, disciplina, organização e realização do trabalho, ação social do colégio e organização e direção da instituição.

2. A denominada pauta para a avaliação de um colégio, elaborada por García Hoz (1975), integrada por 5 grandes tópicos e 100 itens, do seguinte modo: alunos (15), pessoal educador (15), recursos materiais (10), atividades internas (40) e relações entre colégio-família-sociedade (20).

3. O questionário para a análise do funcionamento da escola, de Darder e López (1985). Trata-se de um questionário para avaliar internamente as instituições de ensino conhecido como Quafe-80. Construído segundo seus autores como instrumento que ajuda a realizar a avaliação formativa das instituições, baseia-se na reflexão do professorado da instituição acerca de 26 parâmetros de avaliação distribuídos em dois grandes fatores:
   > Projeto educacional de 12 itens agrupados em torno de dois eixos centrais: concepção do projeto e grau de implantação na instituição.

› Estrutura e funcionamento, com 14 itens agrupados em quatro dimensões: gestão, atuação pessoal, recursos e relações.

Para cada item apresentam-se cinco prováveis situações escalonadas, nas quais podemos encontrar a instituição em referência ao item.

4. A escala de estimativa do clima social de Medina (1988), que estima o clima social da sala de aula baseando-se na análise do discurso de alunos e professores mediante as seguintes categorias: cooperação, competitividade, empatia, rejeição, autonomia, dependência, atividade, igualdade e desigualdade.
5. Outra modalidade de avaliação de instituições educacionais é a apresentada por Santos (1990), de acentuado caráter adaptativo às características de cada uma. Baseando-se no fato de que cada instituição tem sua dinâmica funcional, e utilizando uma avaliação de caráter processual e qualitativo, apresenta uma série de instrumentos que devem ser selecionados para a avaliação, a autoavaliação e a heteroavaliação em cada instituição.
6. Casanova (1992) apresenta uma modalidade de avaliação de caráter etnográfico, flexível e qualitativo, baseado em uma série de componentes avaliáveis definidos por uma série de indicadores e dotado de uma série de técnicas e instrumentos que facilitam a avaliação da instituição, com três possibilidades: avaliação de toda a instituição, avaliação de um setor da instituição e avaliação de um programa na instituição.
7. O modelo europeu de gestão de qualidade foi uma iniciativa para avaliar âmbitos de intervenção socioeducacional. Apresentado pelo MEC em 1997, provém da *European Foundations for Quality Management* (EFQM). Trata-se de um modelo espanhol configurado por 67 perguntas (o original europeu tem 100) que apresenta a avaliação de âmbitos de intervenção socioeducacional como fator de qualidade, cujos objetivos propostos se relacionam à promoção da excelência da qualidade dos serviços ao cliente e aos resultados institucionais:

› Por meio de um sistema de avaliação;
› Baseado no modelo de qualidade total;
› Homologado no âmbito internacional.

De acordo com a Fundação Europeia para a Gestão da Qualidade, para a avaliação do âmbito podemos utilizar diversas estratégias metodológicas, como:
> Simulações de apresentação ao prêmio estabelecido mediante relatórios;
> Preenchimento de formulários;
> Matrizes de melhoria mediante pontuações de 1 a 10;
> Reuniões de trabalho.

De um total de 1.000 pontos possíveis, esse modelo outorga um máximo de 500 pontos aos agentes (liderança, gestão de pessoal, planejamento e estratégia, recursos e processos), e um máximo de 500 pontos aos resultados (satisfação do pessoal, satisfação do cliente, impacto na sociedade, resultados da instituição).

Técnicas e instrumentos de avaliação de âmbitos de intervenção		
Variável	Opções	Técnicas e instrumentos
Recursos financeiros	Baixo custo	> Técnicas de grupo.
	Custo elevado	> Enquete.
Tempo disponível	Pouco tempo	> Técnicas de grupo, testes.
	Muito tempo	> Enquete.
Amplitude do programa	Programas específicos	> Observação, técnicas de grupo.
	Programas amplos	> Enquete.
Enfoque	Voltados para a análise de problemas	> Entrevista, enquete, informantes-chave.
	Voltado para a busca de soluções	> Técnicas de grupo.

4.4.3 Seleção de técnicas e instrumentos para a avaliação de projetos

As técnicas e os instrumentos para avaliar projetos de intervenção socioeducacional devem ser variadas e levar em conta o momento, a finalidade da avaliação e o enfoque dado, mais quantitativo ou mais qualitativo:

> **No início do projeto**, quando se pretende avaliar o desenho e sua conceituação, as técnicas a utilizar têm a ver com a detecção de necessidades, com um enfoque mais qualitativo.
> **Na avaliação do processo** de aplicação do projeto e sua coerência com o desenho prévio estabelecido, as técnicas a utilizar serão mais centradas nos processos e, portanto, também mais qualitativas.
> **Na etapa final**, quando se trata de estudar a aplicação do projeto no todo, de analisar os resultados obtidos ou de realizar algum estudo comparativo entre um grupo a quem se aplicou o projeto e outro a quem não se aplicou, ou de analisar diferenças significativas devidas à aplicação do projeto, as técnicas serão mais quantitativas.

De qualquer forma, as técnicas e os instrumentos utilizados para avaliar projetos de intervenção socioeducacional, como já apontamos em outro momento, deverão ser adequados e ajustados a cada projeto em particular.

Em qualquer processo de avaliação de projetos de intervenção socioeducacional, é aconselhável empregar diferentes procedimentos para obter uma análise global e completa. Sempre que possível, serão utilizadas diversas técnicas e instrumentos para garantir a qualidade e a validez da avaliação. Entre os fatores que condicionam o processo de avaliação de projetos, assim como dos agentes e âmbitos socioeducacionais, estão os seguintes:

1. **Os recursos econômicos**
   Para decidir que técnica ou instrumento devemos utilizar, é necessário conhecer o orçamento de que dispomos. Com um orçamento apertado, é aconselhável empregar as técnicas de grupo, como o grupo de discussão, ou o grupo Delphi. A enquete costuma ser um meio mais caro, visto que exige uma complexa infraestrutura, um domínio técnico significativo e a preparação de muitos colaboradores para realizá-la, tabular as respostas dos questionários, fazer o tratamento estatístico dos dados etc.
2. **O tempo**
   Quando se dispõe de pouco tempo para um processo de avaliação, é necessário utilizar técnicas que proporcionem a informação necessária no menor tempo possível. Nesse caso, serão

empregadas as técnicas de grupo, porque, sendo aplicadas a uma população reduzida, os dados são obtidos com rapidez. Os testes também são adequados, pois podem ser corrigidos mediante procedimentos padronizados. Quando há tempo, a enquete é um procedimento conveniente porque proporciona maior quantidade de dados e porque a avaliação é feita sobre uma amostra populacional maior e mais representativa.

3. **A amplitude**
Para avaliar intervenções ou programas específicos que foram aplicados a um pequeno número de pessoas, é aconselhável utilizar a observação e as técnicas de grupo. No caso de contar com uma população numerosa, a enquete é a técnica apropriada para coletar informação de um grande número de pessoas.

4. **O enfoque**
Se nosso objetivo é analisar programas orientados à análise de problemas ou realidades complexas, a entrevista é o procedimento aconselhado. Nesse caso, a enquete será aplicada a pessoas-chave responsáveis, mediante agentes especializados que proporcionem informação relevante. Para avaliar programas ou instituições voltadas para a busca de soluções e satisfação de necessidades, será conveniente aplicar técnicas de grupo, com a participação de todos os agentes implicados.

A seguir, apresentamos a planilha de avaliação de Projetos da Agência Espanhola de Cooperação Internacional e Desenvolvimento.

	Critérios de avaliação	Componentes avaliáveis
Modalidade A: projetos conjuntos de pesquisa	Pertinência	› Adequação dos objetivos do projeto a temas críticos para o desenvolvimento;
		› Adequação do tema do projeto às prioridades de desenvolvimento científico do país sócio e da instituição contraparte;
		› Articulação do projeto com as atuações da AECID no país sócio.
	Qualidade	› Concreção e clareza dos objetivos;
		› Idoneidade da equipe de pesquisa espanhola e da contraparte;
		› Idoneidade do enfoque do problema e do plano de trabalho;
		› Viabilidade: adequação de objetivos e recursos institucionais, humanos, técnicos e financeiros.
	Impacto	› Capacidades de absorção: aplicabilidade potencial dos resultados do projeto;
		› Criação de capacidades no grupo de pesquisa e instituição contraparte.

	Critérios de avaliação	Componentes avaliáveis
Modalidade B: Projetos conjuntos de formação	Pertinência	› Adequação dos objetivos do projeto às prioridades de desenvolvimento acadêmico da instituição contraparte;
		› Prioridade do país contraparte no Plano Diretor da Cooperação Espanhola ao Desenvolvimento;
		› Efeito multiplicador da intervenção: população que poderia se beneficiar.
	Qualidade	› Concreção e clareza dos objetivos;
		› Idoneidade da equipe espanhola participante e da contraparte;
		› Idoneidade do plano de trabalho;
		› Viabilidade: adequação de objetivos e recursos institucionais, humanos, técnicos e financeiros.
	Impacto	› Criação de capacidades docentes sustentáveis pela instituição contraparte;
		› Melhoras na qualidade de formação dos estudantes.

	Critérios de avaliação	Componentes avaliáveis
Modalidade C: ações preparatórias	Pertinência	› Prioridade do país contraparte no Plano Diretor da Cooperação Espanhola ao Desenvolvimento;
		› Disponibilidade inicial da instituição contraparte para estabelecer a colaboração;
		› Vantagens comparativas no país da instituição contraparte selecionada.
	Qualidade	› Coerência do plano de ação da proposta em relação aos objetivos que se pretendem;
		› Grau de compromisso da instituição espanhola e idoneidade da equipe proposta.

	Critérios de avaliação	Componentes avaliáveis
Modalidade D: ações integradas para o fortalecimento científico e institucional	Pertinência	› Prioridade do país contraparte no Plano Diretor da Cooperação Espanhola ao Desenvolvimento;
		› Integração da proposta aos objetivos institucionais da contraparte: alinhamento;
		› Coerência e articulação com os objetivos e projetos da cooperação espanhola no país contraparte;
		› Implicação da instituição contraparte no desenvolvimento e sustentabilidade da proposta.
	Qualidade	› Concreção, clareza e coerência dos componentes da proposta;
		› Idoneidade da equipe espanhola participante e da contraparte;
		› Idoneidade do plano de trabalho;
		› Viabilidade: adequação de objetivos e recursos institucionais, humanos, técnicos e financeiros.
	Impacto	› Criação de capacidades sustentáveis na instituição contraparte;
		› Efeito multiplicador da proposta: beneficiários potenciais.

Fonte: Agência Espanhola de Cooperação Internacional e Desenvolvimento – Aecid

5. Resumo

O avaliador deve começar sabendo diferenciar entre o que é uma técnica e o que é um instrumento de avaliação. Esse conhecimento o ajudará a saber empregar, em cada circunstância, as técnicas e os instrumentos ótimos, levando em conta as características do processo avaliador específico. Podemos utilizar diversas técnicas e instrumentos para avaliar agentes, âmbitos ou projetos de intervenção socioeducacional. As técnicas e os instrumentos de avaliação podem ser muito variados e devem permitir a obtenção da informação necessária para conhecer, em todo momento, o desenho, a elaboração, a execução e os resultados de projetos socioeducacionais.

Existem técnicas e instrumentos de avaliação muito diferentes, e a dificuldade é saber escolher os mais adequados em cada ocasião. Um bom avaliador, para avaliar, não somente usa a estratégia apropriada, como também utiliza as técnicas e instrumentos adequados para cada situação, além de procurar basear suas valorações no uso combinado de várias técnicas.

Apresentamos as técnicas mais comuns: a observação, a enquete, a entrevista, os testes, entre outros. Também mostramos alguns critérios para selecionar as técnicas e os instrumentos de avaliação mais adequados para avaliar projetos, âmbitos e agentes de intervenção socioeducacional.

Não existem técnicas ou instrumentos que sejam, em si mesmos, bons ou ruins; depende de que sejam bem ou mal empregados para realizar cada processo avaliador específico. Todos têm suas vantagens e seus inconvenientes, suas limitações e suas possibilidades.

6. Atividades

› Recordar o que têm em comum e em que se diferenciam uma técnica de coleta de informação e um instrumento de coleta de informação.
› Elaborar um pequeno questionário com dez perguntas, dirigido a alunos de 12 a 16 anos, cuja finalidade seja obter informação acerca da aceitação ou rejeição de alunos de outras raças.

> Elaborar uma classificação dos instrumentos de avaliação aplicáveis a uma situação específica, fixando primeiro as condições de partida e analisando os fatores que entram em jogo.

7. Autoavaliação

1. Que diferença há entre o "registro de casos" e o "registro descritivo"?
2. Quais são as principais "técnicas de interrogação"?
3. Que "instrumentos" podemos usar para realizar uma avaliação utilizando "técnicas de análises"?

Soluções:

1. O registro descritivo requer, por parte do professor, a preparação de um esquema prévio, ao passo que o registro de casos não requer estruturação prévia.
2. As principais "técnicas de interrogação" são a enquete e a entrevista.
3. Instrumentos de "técnica de análise" são: cadernos, fichas de trabalho, provas, diário do professor etc.

unidade
didática
oito

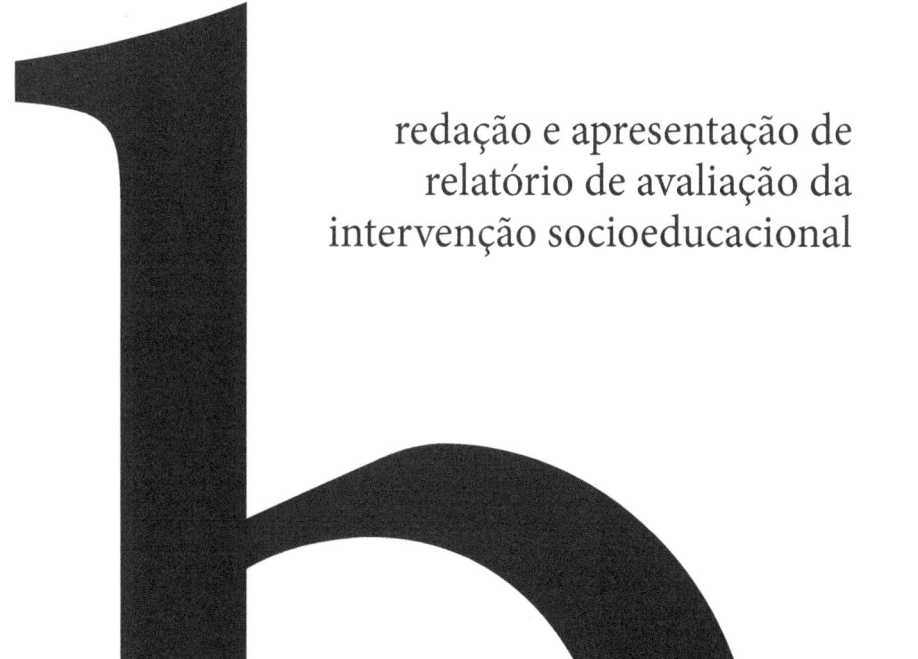

redação e apresentação de
relatório de avaliação da
intervenção socioeducacional

1. Introdução

As atuações na prática de um projeto de intervenção socioeducacional devem ser necessariamente avaliadas de forma ampla e profunda em todos os momentos do processo, mas muito especialmente no final, quando é necessário analisar cada elemento que configurou o projeto e que fez parte de seu desenvolvimento, sua aplicação e seus resultados.

Essa análise final se materializa em relatórios, que são documentos em que se avaliam de forma detalhada todos os elementos relacionados com um projeto de intervenção socioeducacional. Podemos dizer que um relatório é a síntese ou o resumo do processo de intervenção seguido de um projeto, com a apresentação de conclusões e a proposta de futuras atuações e achados reunidos. Essa síntese final do processo de intervenção socioeducacional é necessária para a revisão do que foi feito, e é um passo essencial dentro da ampla e complexa situação social, com vistas a empreender novas atuações educacionais.

A finalidade do relatório é proporcionar resultados aos agentes responsáveis de um projeto de intervenção socioeducacional, e, dependendo do caso, também pode ser bastante útil para os beneficiários e outros tipos de pessoas interessadas no relatório. A avaliação de qualquer atividade de educação social serve de aprendizagem permanente, visto que proporciona novos conhecimentos, tanto aos resultados alcançados quanto às falhas detectadas. Enfim, o relatório deixa registrada a intervenção desenvolvida, a transformação obtida e as propostas de melhoria devidamente fundamentadas.

A elaboração de relatórios requer considerar uma série de requisitos a cumprir. Sua redação é estruturada seguindo os tópicos que dão qualidade aos aspectos relevantes de seu conteúdo. O produto final é um documento corretamente apresentado, de fácil leitura e compreensão. O objetivo último do relatório, como culminância do processo de avaliação, é a divulgação de seu conteúdo à comunidade educacional. É um instrumento sistematizador e socializador dos resultados de um projeto.

Essas são as ideias e os temas mais relevantes que vamos desenvolver neste capítulo.

2. Competências

Com o trabalho e o estudo deste capítulo, o estudante poderá adquirir as seguintes competências, como resultado de sua aprendizagem:

1. Saber elaborar um relatório de avaliação de um projeto de intervenção socioeducacional;
2. Conhecer os requisitos para a redação de um relatório de avaliação;
3. Considerar os aspectos fundamentais do relatório levando em conta os destinatários e as formas de divulgação;
4. Conhecer os critérios de análise de um relatório de avaliação;
5. Prever e aplicar medidas de melhora permanente do próprio processo formativo;
6. Trabalhar em equipe e saber se coordenar com outros para atingir metas comuns.

3. Mapa conceitual

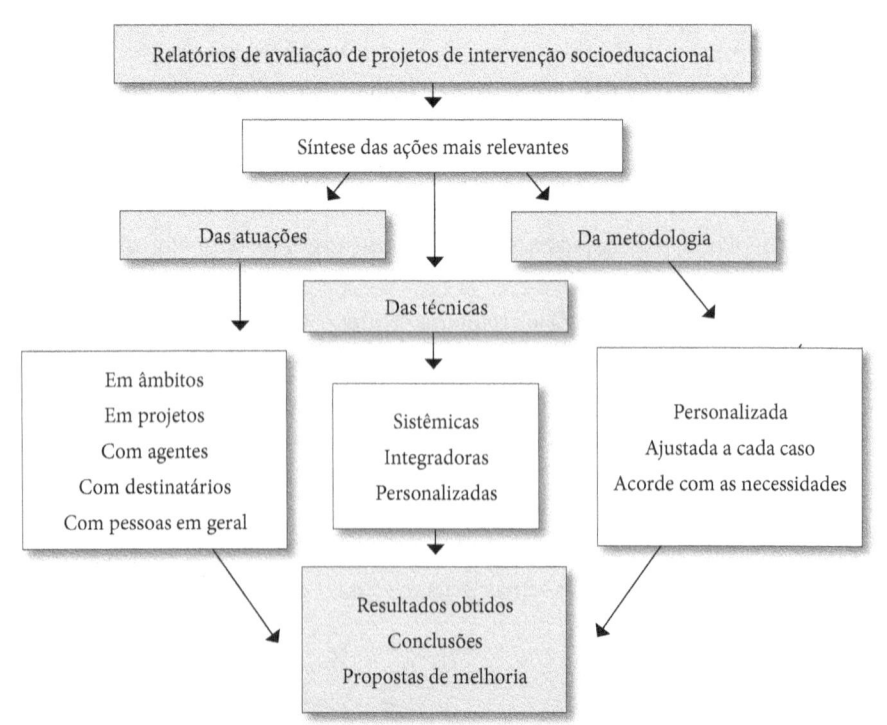

```
Relatórios de avaliação de projetos de intervenção socioeducacional
                            ↓
              Síntese das ações mais relevantes
              ↙             ↓             ↘
      Das atuações      Das técnicas      Da metodologia
          ↓                  ↓                  ↓
     Em âmbitos          Sistêmicas        Personalizada
     Em projetos         Integradoras      Ajustada a cada caso
     Com agentes         Personalizadas    Acorde com as necessidades
     Com destinatários
     Com pessoas em geral
              ↘             ↓             ↙
                  Resultados obtidos
                     Conclusões
                  Propostas de melhoria
```

4. Conteúdos

4.1 Sentido e finalidade do relatório de avaliação de projetos

O processo de avaliação de um projeto de intervenção socioeducacional deve finalizar com a elaboração de um relatório de avaliação. Caso o projeto tenha sido subvencionado por alguma administração pública, o relatório deverá ser de caráter público, visto que deve oferecer à administração que representa os cidadãos uma informação veraz acerca de todos os elementos do projeto. Os relatórios de avaliação de um projeto de intervenção socioeducacional oferecem muitas diferenças, dependendo de como tenha sido o enfoque da avaliação realizada (mais quantitativo ou mais qualitativo), mas, em todos os casos, devem fornecer uma descrição completa e detalhada de todo o processo de aplicação do projeto e dos resultados obtidos como consequência da aplicação. Parafraseando Kerlinger (1985), podemos afirmar que não é função do pesquisador – e neste caso do avaliador – convencer o leitor, e, sim, informá-lo da maneira mais precisa e clara possível sobre o que fez, por que fez, como fez, a exposição dos resultados do projeto e as conclusões correspondentes, de modo que o destinatário possa analisar as contribuições que o relatório oferece.

A função primordial, o sentido e a utilidade do relatório de avaliação consistem em comunicar seus resultados ao público interessado, procurando atingir a máxima objetividade em sua elaboração e suas propostas. O relatório de avaliação deve oferecer resultados confiáveis, importantes e relevantes, que cheguem à audiência à qual se dirigem. Em consequência, o avaliador deve fazer um esforço para apresentar os resultados de um modo e em um estilo compreensíveis para seus destinatários, de tal forma que possam fundamentar o debate e o estudo reflexivo dos agentes responsáveis pelo projeto.

Sob essa perspectiva, podemos definir o relatório de avaliação como um documento que sintetiza, do modo mais fiel e objetivo possível, o processo de avaliação realizado. Constitui, também, um instrumento que possibilita a comunicação entre os avaliadores e as respectivas audiências ou destinatários: avaliados, pais, alunos, associações etc. Deve ser escrito com uma linguagem clara e simples para que possa ser entendido por todos os destinatários a que se dirige.

A finalidade do relatório de avaliação é uma das primeiras questões que o avaliador deve resolver para determinar o propósito que um relatório deve cumprir. O objetivo de um relatório de avaliação está diretamente vinculado à função que a avaliação pretende desempenhar. Por exemplo, se a avaliação for formativa e sua finalidade for melhorar o projeto, o relatório deverá comunicar aos agentes responsáveis como o projeto está funcionando e que mudanças seriam necessárias para melhorá-lo. Sob essa perspectiva, serão elaborados sucessivos relatórios, entregues periodicamente. A periodicidade de entrega e divulgação entre os agentes e implicados impulsionará a melhoria do projeto. Se, ao contrário, a avaliação tiver um caráter final, o relatório deverá fornecer informação sobre sua utilidade aos agentes responsáveis para que possam tornar a aplicá-lo no futuro, proporcionando recursos para continuar aplicando o projeto; que tenham de tomar decisões com base nos dados expostos no relatório. Nesse caso, o relatório terá caráter finalista e integral (Rebollo Catalán, 1993:171).

Os objetivos de um relatório de avaliação dependem dos propósitos que se desejou atingir com o projeto e das intenções dos agentes que o promoveram. O leque de objetivos, portanto, deve ser necessariamente tão aberto e flexível quanto as circunstâncias políticas, sociais, econômicas que cercam a concepção, a aplicação e a avaliação de um projeto de intervenção socioeducacional, dos interesses dos agentes que os promovem e dos destinatários ou das necessidades que pretende atender. Embora a finalidade e os objetivos possam variar muito, o propósito fundamental que dá sentido à elaboração de um relatório avaliador é poder comunicar às audiências ou destinatários os achados e as conclusões que resultam da coleta, análise e interpretação dos dados da avaliação do projeto.

Em relação aos objetivos mais habituais de um relatório de avaliação, podemos apontar, entre outros, os seguintes:

1. Reunir os aspectos mais relevantes do processo de avaliação, proporcionando a informação que se julgue adequada aos interesses dos diferentes destinatários.
2. Indicar as técnicas utilizadas, a metodologia, os procedimentos, os instrumentos. Dessa forma, permite-se que outros profissionais possam analisar a qualidade da avaliação, bem como sua validez e confiabilidade, e contrastá-la com outras avaliações similares.
3. Ressaltar os pontos fortes e fracos do projeto objeto da avaliação. Os primeiros, com o propósito de conhecer os fatores que incidem nesses aspectos fortes, para reforçá-los e mantê-los. Os segundos, com o propósito de remediar a situação e poder estudar as modificações e mudanças necessárias que inverterão o processo, de modo que ocorra uma melhoria tanto no processo quanto nos resultados.
4. Proporcionar informação valiosa e tecnicamente fundamentada para ajudar a tomar decisões em função dos dados e das evidências apresentadas no relatório, que vão além das meras apreciações ou impressões sem maior fundamento.
5. Contribuir para a reflexão sobre a própria ação aplicada pelos principais agentes do projeto socioeducacional: professores, alunos, direção, pais de família, administração educacional etc.

Em consequência, com seu sentido e sua finalidade, os relatórios de avaliação de projetos devem reunir uma série de características que lhes outorguem qualidade e credibilidade. Além da necessária validez e confiabilidade que devem ter, também devem ser:

› Úteis para a audiência, ou seja, para aquelas pessoas ou grupos a que se dirige, ou que estão interessados em conhecer os resultados;
› Factíveis, motivo pelo qual é preciso expor os procedimentos utilizados, a metodologia aplicada e as ferramentas de coleta de dados empregadas;
› Éticos, visto que um relatório de avaliação da intervenção socioeducacional deve respeitar os direitos das partes implicadas e manter a devida reserva, enquanto reflete os dados de acordo com a realidade;

> Rigorosos e objetivos na exposição dos resultados e na apresentação das conclusões obtidas.

Os relatórios de avaliação de projetos de intervenção socioeducacional favorecem, ajudam ou possibilitam:
1. Tomar consciência do que foi realizado;
2. Dar sentido às ações realizadas;
3. Situar as ações no tempo e no espaço;
4. Obter compreensão profunda das ações desenvolvidas;
5. Inserir as ações em contextos amplos de significação;
6. Orientar o desenvolvimento das ações futuras;
7. Dirigir um olhar crítico às ações, situações ou processos;
8. Compreender a importância da crítica como método de aprendizagem;
9. Gerar mudanças conscientes e fundamentadas;
10. Criar novos enfoques das atuações futuras;
11. Aprender sobre nós mesmos, sobre os outros ou sobre os meios sociais;
12. Conseguir a participação de todos os afetados, de uma maneira ou outra, pela própria ação ou por seus resultados;
13. Instaurar contatos, mediações e compromissos entre os participantes e os agentes sociais;
14. Assumir, negociar, obter consenso ou integrar as partículas e diversas sensibilidades sociais;
15. Minimizar o sentimento de vulnerabilidade diante da avaliação dos projetos;
16. Reconhecer, refletir e desenvolver coletivamente o diálogo, a diferença, a discrepância, o compromisso, a cooperação e o conflito criativo;
17. Construir visões coletivas compartilhadas sobre os objetos, as situações ou os processos de intervenções socioeducacionais;
18. Trabalhar pela melhoria da qualidade de vida comunitária;

4.1.1 Tipos de relatórios de avaliação

Os diversos objetivos e as características definidoras configuram e implicam uma visão complexa da natureza dos relatórios de avaliação, que se relacionam com a complexidade das realidades avaliadas. A complexidade é o que justifica o fato de não existirem modelos nem tipos únicos ou excludentes de relatórios de avaliação de projeto de intervenção socioeducacional, e que seu formato, conteúdos e enfoques dependam do tipo de avaliação realizada.

Os processos de avaliação, sob um enfoque mais qualitativo, realizam relatórios mais contínuos, mais extensos, mais globais e com amplas descrições; ao passo que os que realizam a avaliação sob um enfoque mais quantitativo costumam fazer um tipo de relatório mais estruturado, mais homogêneo e que se centra mais no grau de consecução dos objetivos propostos no projeto de intervenção socioeducacional. O tipo de relatório de avaliação, sob a perspectiva qualitativa, materializa-se em um documento aberto e compreensivo, no qual o avaliador toma a iniciativa de incorporar todos aqueles elementos que lhe parecerem relevantes, fazendo as observações mais oportunas. Ao contrário, com base no modelo quantitativo, o relatório se apresenta como um instrumento predeterminado e fechado no qual se estrutura uma série de tópicos a realizar, em relação a todos os elementos que configuram o projeto de intervenção socioeducacional.

Habitualmente, os diversos tipos de relatório são classificados em função do momento em que são elaborados, dos destinatários ou das audiências a que se dirigem e dos conteúdos que incorporam.

Classificação dos tipos de relatórios de avaliação	
Critérios de classificação	Tipos
Momento	› Inicial; › Processual; › Final.
Audiência ou destinatário	› Privado; › Público.
Conteúdo	› Geral ou completo; › Específico ou reservado; › Resumo; › Técnico; › De continuidade.

4.1.1.1 Em função do momento

Durante o processo de avaliação, assim como no desenvolvimento de um projeto socioeducacional, há fases ou momentos, que, por suas circunstâncias e funções específicas, dão lugar a diferentes tipos de avaliação e seus relatórios correspondentes:

a. **Relatório inicial:** Tem um caráter prévio, antecipatório e de diagnóstico. Sua importância fica clara no momento de criar e justificar a necessidade e a idoneidade de um projeto determinado que se deseja aplicar a uma situação específica, contribuindo para que se tomem decisões fundamentadas, em função dos dados diagnósticos sobre o estudo de necessidades reais, em relação à definição de objetivos, destinação de recursos, seleção dos agentes sociais, indicação de possíveis dificuldades etc. Com os dados fornecidos pelo relatório inicial, tanto os agentes promotores do projeto quanto seus agentes executores sabem de que situação partem e que atuação devem desempenhar.

Seu conteúdo se centra em relatórios sobre o estado da questão ou da situação de partida, a fim de elaborar uma concepção do projeto em função das necessidades detectadas. O conteúdo do relatório prévio reúne os propósitos de uma avaliação e constitui

um projeto ou um plano de avaliação. Nesse relatório costumam incluir-se:
- as razões e os propósitos do estudo que vai começar;
- as metas e os objetivos principais do estudo;
- os grupos a avaliar e os implicados;
- algumas variáveis cruciais a levar em conta no âmbito da atuação;
- os métodos gerais de informação a empregar;
- um cronograma previsto para realizar o estudo de avaliação, com as atividades principais e os aspectos a considerar no relatório;
- os procedimentos, as técnicas e os instrumentos que serão utilizados na coleta de informação;
- técnicas no tratamento de informação.

b. **Relatório processual**: Tem uma clara intencionalidade formativa e de regulação das atuações em processo de execução. Também tem um caráter parcial, provisório ou de progresso, na medida em que fornece informação paralelamente às atuações executadas no projeto, dentro de um período de tempo determinado, ou sobre os resultados de uma intervenção específica ainda em processo de execução. Esses relatórios parciais dão conta de resultados provisórios, de dificuldades detectadas ou de carências em determinados aspectos, que vão servir de base para revisar questões como:
- **Análise de situação**: Permite observar em que circunstâncias se encontra a situação atual do projeto em relação ao momento de partida e à conclusão a que se espera chegar.
- **Estudo de problemas**: Na aplicação do projeto surgem problemas ou situações inesperadas que é preciso identificar para poder oferecer as soluções cabíveis.
- **Controle de qualidade**: É necessário manter um acompanhamento de manutenção ou assistência técnica dos diversos elementos integrantes e intervenientes no projeto para verificar se são seguidas as propostas e critérios apontados inicialmente, se as expectativas estão sendo atendidas, se a atuação é regida pela solvência e rigor profissional, ou se, ao contrário, a consecução dos objetivos do projeto corre perigo.

> **Regulação do processo**: Com vistas ao desenvolvimento das atuações, dos resultados parciais e dos achados detectados, é necessário introduzir mudanças devidamente justificadas pelos dados do relatório, que reajustem determinadas propostas, reforcem os pontos fracos e intensifiquem ou reduzam a atividade, conforme o caso.

O conteúdo desse tipo de relatório serve para mostrar o estado da questão de uma avaliação em processo e os passos que faltam realizar. As partes que o compõem são:

> Introdução, que adianta os propósitos principais, as metas e os objetivos do estudo avaliador, as audiências a que se dirige.
> Revisão do projeto geral.
> Desenvolvimento do estudo até a data, dados reunidos, pessoas que se envolveram, relatórios que foram realizados e problemas ou dificuldades que foram encontrados.
> Passos seguintes: Apresentação do trabalho que resta fazer e indicação do plano para isso.
> Propostas pontuais de modificações.
> Indicação dos pontos fortes e fracos do processo.

Os relatórios parciais de tipo formativo são como a testemunha, ou o termostato que acompanha cada momento do desenvolvimento e da aplicação do projeto, proporcionando informação aos diversos agentes, promotores e executores responsáveis por seu andamento.

c. **Relatório final**: Tem um caráter integral, somativo e definitivo ao fim de um projeto. Certifica a execução de um processo e dos resultados alcançados com o projeto. Também oferece orientações e sugestões com vistas às próximas edições, bem como aos planos de recuperação, às atividades de reforço ou de melhoria, conforme o caso.

A elaboração e a apresentação do relatório final podem ter diversas modalidades, dependendo, acima de tudo, de seus destinatários e conteúdo. Entre essas modalidades de relatório, podemos apontar:

> **Relatório geral:** Normalmente, contém toda a informação sobre os objetivos e propósitos da avaliação, métodos empregados e resultados. Tem um caráter integral e compreensivo.
> **Relatório específico:** É um resumo do relatório final, que põe a ênfase em determinados aspectos da execução do projeto ou de suas conclusões. Costuma dirigir-se só a algumas das pessoas participantes do projeto.
> **Relatório resumo:** É uma versão resumida do relatório principal, escrita em uma linguagem simples e fácil de entender, que inclui o mais importante e se dirige à audiência social, para divulgação em massa.
> **Relatório técnico:** Inclui informação detalhada sobre amostragem, métodos de análise, instrumentos, procedimentos de coleta de informação etc., para conhecimento de especialistas e da comunidade científica.
> **Relatórios de continuidade:** Contêm as interpretações, as observações, as sugestões, as consequências, as implicações e os passos a seguir nas próximas edições, em função dos resultados e das conclusões da avaliação. É o relatório elaborado depois de um processo avaliador, que reúne todos os aspectos significativos, de interesse relevante, de forma compreensiva.

Vejamos, a seguir, as diversas modalidades de relatório final com seus conteúdos diferenciados em função dos destinatários a que se dirige. O **relatório final geral**, ou completo, por ser o que reúne o conteúdo total, costuma incluir os seguintes tópicos no documento que o sustenta:

> **Introdução**
>> Intenção e sentido do documento: Deve incluir em que consiste o relatório e qual é seu propósito.
>> Estrutura do documento: Especificação dos itens e subitens em que o documento do relatório está organizado.
> **Características do processo de avaliação**
>> Descrição da situação de avaliação: Deve expor como surge a situação de avaliação à qual se responde com esse relatório.

- > Âmbito: Descrição detalhada do contexto e âmbito do objeto de avaliação.
- > Enfoque da avaliação: Exposição do enfoque metodológico geral do estudo avaliador.
- > Audiências ou destinatários: Especificação do agente e dos interessados nos resultados.
- > Finalidade da avaliação: Tipo de decisões para as quais vai se utilizar a avaliação.
- > Momento de realização da avaliação: Definição sobre se a avaliação será realizada antes, durante ou depois de terminada a atividade, ou nos três momentos do processo.
- > **Projeto da avaliação**
  - > Objetivos e questões da avaliação.
  - > Técnicas e procedimentos de coleta de informação.
  - > Relatórios realizados; resumos breves dos relatórios parciais.
  - > Cronograma de atividades.
- > **Resultados**
  - > Apresentação e comentário dos resultados.
- > **Conclusões**
  - > Interpretações e recomendações para a tomada de decisões.
- > **Análise da avaliação**
  - > Resumo dos pontos fortes e fracos.
  - > Limitações e deficiências do estudo.
- > **Perspectivas de futuro**
  - > Próximos prazos, indicações do que se pode fazer a partir de agora: propostas de melhora, programa de formação etc.

d. **Relatório final técnico**: É um relatório final geral, mas com maior ênfase na informação dos aspectos técnicos do estudo avaliador. Esse relatório deve estar disponível para todas as audiências que o desejarem, mas, fundamentalmente, para os especialistas e para o campo da comunidade científica. O conteúdo do **relatório final técnico** costuma ter a seguinte estrutura:

- > **Introdução**
  - > Intenção e estrutura dos conteúdos do relatório.

- **Procedimento de coleta de informação**
  - Descrição do procedimento e instrumento de coleta de informação.
  - Enumeração das principais perguntas de avaliação, das variáveis que intervêm e das fontes de informação.
  - Equivalência com os objetivos: Uma matriz que mostre como a informação reunida se relaciona com os objetivos da avaliação.
- **Plano de amostragem**
  - Definição da população e de fatores contextuais, do âmbito a estudar.
  - Especificações da amostragem: número e tipos de amostras, número de casos em cada amostra etc.
  - Procedimento de amostragem: como, quando e quem extraiu cada amostra.
- **Planejamento da coleta de informação**
  - Procedimentos, instrumentos e descrição do método empregado: entrevista, visitas à instituição, observação, enquete.
  - Equivalência com as necessidades de informação: Uma matriz que mostre como os instrumentos e procedimentos se relacionam com as questões de avaliação específicas.
- **Tratamento da informação**
  - Revisar e depurar os procedimentos, informar sobre cada procedimento, como foram reunidos e verificados os dados.
  - Explicar como foram agregados e codificados, preparados para o processo e análise de dados.
- **Análise de dados**
  - Procedimentos de análise preliminar: Questões às quais se deseja responder, aspectos investigados, comparações em relação às amostras e resposta mais ou menos positiva etc.
  - Resultados preliminares: Descrição de cada conclusão, tendências identificadas etc.
- **Apresentação de resultados**
  - Perguntas às quais se responde.

> Procedimentos utilizados: Descrição de cada conjunto de informação, de como foi feita a análise.
> Resultados: Exposição de resultados por meio de gráficos, quadros, tabelas etc., bem como a discussão que acompanha os resultados dos principais procedimentos de análise.
> **Anexos**
  > Conteriam os resumos de dados, os relatórios internos de dados e os relatórios que apoiam o relatório técnico, e que seriam necessários para replicar a análise.
  > Documentos complementares de interesse.

Aspectos estruturais do relatório	
Aspectos	Tipo de informação
Ficha técnica (dados de identificação)	> Nome do projeto, destinatários, instituição demandante e avaliador.
Audiência	> Responsáveis políticos, comunidade científica, implementadores, destinatários etc.
Propósitos do relatório	> Demonstrar rentabilidade, explorar e investigar, implicar, fornecer apoio, informação etc.
Descrição do contexto	> Análise da instituição, bairro ou área, exposição da história recente, tipo de problemática da área, quem demanda a avaliação e em que circunstâncias a demanda chega ao avaliador etc.
Fundamentos teórico-filosóficos	> Conceito de avaliação do qual se parte, funções do projeto-modelo adotado e sua justificativa etc.

Aspectos estruturais do relatório	
Aspectos	Tipo de informação
Questões de avaliação	› Quais são as questões de avaliação que pretendia resolver? › A que dimensões do projeto se referiam? › Surgiram outras questões no processo?
Processo avaliador	› Que desenho de pesquisa se aplicou? › Que critérios foram adotados para a seleção? Que técnicas de coleta de dados foram utilizadas? › Para que tipo de informação cada técnica foi utilizada? › Como foram analisados os dados? › Por que foram aplicadas determinadas técnicas de análise, e não outras?
Conclusões e recomendações	› Exposição detalhada dos critérios sobre os quais se assentam as conclusões; › Descrição do processo de construção de um corpo teórico de conhecimentos com base nas informações analisadas; › Especificação dos aspectos mais positivos do projeto; › Contribuições da avaliação para a futura melhoria do projeto; › Aspectos ou requisitos que deveriam ser levados em conta em uma aplicação posterior do projeto etc.

4.1.1.2 Em função dos destinatários ou das audiências
Da preparação e aplicação de um projeto de intervenção socioeducacional participam pessoas e instituições de diversas naturezas, com legítimo direito a conhecer as incidências significativas acontecidas durante o processo de desenvolvimento, bem como os resultados finalmente obtidos. Podemos diferenciar dois tipos de relatórios:

› **Relatório privado**: Esse relatório é posto à disposição exclusiva dos responsáveis mais diretamente implicados, de uma ou outra forma, na promoção, na elaboração e na aplicação de um projeto determinado. Tem como finalidade fornecer informação precisa, e, em alguns casos, sigilosa, sobre algum aspecto crítico, para seu estudo, sua interpretação e sua consideração.

> **Relatório público:** Consiste em um documento público que se dirige aos destinatários individuais de um projeto ou à audiência social interessada no tema, para informá-la sobre o processo seguido e os resultados obtidos. Esses relatórios contribuem para o avanço da educação social e a melhoria de suas atuações.

Em função dos diversos destinatários ou das diferentes audiências, podemos apontar dois tipos de relatórios como sendo os mais representativos: por um lado, o relatório privado, reservado aos responsáveis e, por outro, o relatório-resumo dirigido a todos os interessados no tema, por uma ou outra razão.

a. **Relatório final privado de avaliação:** É um relatório de uso privado que serve aos agentes e responsáveis para estudar com detalhes o processo e os resultados de um projeto ou intervenção socioeducacional, bem como o processo de avaliação que se aplicou. Um relatório reservado no momento final de um projeto deve incluir, entre outros, os seguintes aspectos:
   > cópia do projeto de avaliação;
   > funções desempenhadas pelos diversos participantes e possíveis mudanças;
   > deveres e responsabilidades dos diversos serviços de apoio ao projeto;
   > mudanças que deveriam ser introduzidas na proposta e execução;
   > avaliações específicas e críticas a aspectos pontuais.

b. **Relatório final resumo:** É um relatório extraído do relatório geral com o objetivo de fazê-lo chegar a uma audiência aberta e ampla. Trata-se de informar os dados mais relevantes e de interesse geral referentes a um determinado projeto. Pode reunir os seguintes aspectos:
   > breve história do estudo e dos propósitos;
   > participantes e destinatários do projeto;
   > informação colhida;
   > resultados e conclusões;
   > próximos passos e ações futuras;
   > contribuições de interesse social.

4.1.1.3 Em função dos conteúdos

Os elementos que constituem o conteúdo de um relatório de avaliação variam também em função de seus conteúdos. Os conteúdos básicos que devem ser abordados são:

a. O desenho de avaliação utilizado;
b. Os instrumentos de coleta de dados;
c. Os métodos e técnicas utilizadas na análise e interpretação dos dados;
d. Os resultados obtidos;
e. As conclusões;
f. As observações, sugestões ou propostas de melhoria ou de futuro.

Alguns autores, como Worthen e Sanders (1987), entendem que o conteúdo de um relatório de avaliação deve incluir os seguintes elementos: introdução ao relatório, foco da avaliação, plano e procedimentos de avaliação, apresentação de resultados, conclusões e recomendações. Colás e Rebollo (1993) consideram importantes os conteúdos em relação a: sentido do relatório, núcleo da avaliação, processo avaliador, conclusões e recomendações.

Principais elementos do conteúdo de um relatório de avaliação de um projeto de intervenção socioeducacional	
Introdução	› Antecedentes da avaliação; › Metodologia e enfoque; › Âmbito de aplicação e limitações.
Descrição do projeto	› Antecedentes e planejamento; › Referência a qualquer modificação.
Pertinência do projeto	› Pertinência em relação às necessidades detectadas; › Pertinência em relação às prioridades da organização ou instituição como agente promotor.
Eficiência	› Progresso e utilização de recursos; › Consecução de resultados; › Resultados em relação ao uso de recursos.

Principais elementos do conteúdo de um relatório de avaliação de um projeto de intervenção socioeducacional	
Eficácia	› Em que medida o projeto obteve sucesso em seus objetivos? › Fatores e processos que afetam a consecução desses objetivos.
Impactos	› Impactos previstos e não previstos em níveis individual, grupal e institucional; › Fatores e processos que explicam os impactos do projeto.
Viabilidade	› Fatores que afetaram a viabilidade: prioridades sociais, fatores econômicos, institucionais, tecnológicos, socioculturais e ambientais.
Conclusões e recomendações	› Conclusões; › Recomendações.
Resumo	› Resumo dos aspectos mais relevantes.

Enfim, a natureza da realidade é que será avaliada, bem como os condicionamentos aos quais sua avaliação está sujeita, e os que vão diversificar tanto a organização quanto os conteúdos de um relatório. Portanto, é preciso partir do fato de que o relatório avaliador não é uniforme em todos os casos. A organização, os conteúdos e a linguagem do mesmo vão variar conforme quem avalia, se for um avaliador externo ou a própria instituição, onde se aplica o projeto ou como avalia. Por exemplo, sob uma perspectiva crítica, o relatório terá um caráter mais dinâmico e periódico, ao passo que, sob uma perspectiva mais clássica ou objetivista, o relatório terá um caráter mais terminal: também existem variações em um relatório de avaliação em função de seu enfoque metodológico.

4.1.1.4 Em função do enfoque metodológico
Seguindo modelos do campo da pesquisa educacional, Colás e Buendía (1994) apontam as diferenças na organização do relatório de avaliação

em função do enfoque teórico e metodológico que foi adotado no processo de avaliação.

    a. Sob uma perspectiva quantitativa, o relatório de avaliação possui uma organização mais sistemática e estruturada derivada do relatório de avaliação inicialmente estabelecido. O desenvolvimento da avaliação vem definido desde o projeto e, portanto, o relatório deve refletir essa estruturação. A informação que contém deve ser clara, objetiva e concisa. Os conteúdos do relatório devem ser completos e, ao mesmo tempo, estritos na redação. Os critérios para a elaboração dos conteúdos de um relatório avaliador quantitativo são o rigor e a precisão científica.

    b. Sob um enfoque qualitativo, a finalidade do relatório é oferecer conhecimento prático sobre cenários específicos. Seu propósito é facilitar a compreensão dos processos de ação e conhecimento holístico da realidade (Colás e Buendía, 1994). Não se visa à generalização de resultados, mas ao conhecimento profundo de uma realidade específica. Em consequência, a exposição dos aspectos metodológicos da avaliação de um projeto como conteúdo de um relatório avaliador está diretamente relacionada com a concepção do projeto de avaliação. O projeto é aberto e flexível, e o processo visa conhecer mais amplamente a realidade com base nas opiniões e crenças das pessoas implicadas. O relatório deve reunir essas dimensões do processo de avaliação qualitativa que o tornam específico. Os critérios para a redação dos conteúdos de um relatório de avaliação qualitativa são a compreensibilidade e a credibilidade.

    c. Sob um enfoque crítico, o processo avaliador se caracteriza por sua natureza cíclica. Portanto, o relatório deve refletir essa estrutura básica guiada pela espiral autorreflexiva: análise ou diagnóstico da realidade, coleta de dados, interpretação, resultados e de novo proposição do problema. Essa circularidade reflexiva caracteriza um projeto aberto e flexível. O relatório crítico de avaliação deve refletir uma perspectiva temporal que inclua os seguintes aspectos, entre outros: como o projeto evoluiu através do tempo, como foram mudando as concepções e atitudes dos implicados no projeto, que aspectos conflituosos foram encontrados, como evoluíram, que mudanças foram se produzindo nas pessoas e no projeto, que ações foram empreendidas à luz dessas mudanças. Os critérios para a elaboração de relatórios críticos de avaliação são: compreensibilidade, praticidade e circularidade.

É evidente, portanto, que um relatório de avaliação de um projeto de intervenção socioeducacional não tem por que ser uniforme. De qualquer forma, deve adequar sua estrutura e a redação de seu conteúdo ao momento, a seus destinatários, tendo sempre em mente o objetivo do relatório, visto que ele pode visar informar sobre o desenvolvimento de um projeto em seu conjunto ou sobre a melhoria de um aspecto específico.

4.2 Organização e estrutura do relatório de avaliação

4.2.1 Critérios de organização

Na elaboração de um relatório de avaliação, é preciso ter especial cuidado com a organização e a estrutura, visto que uma organização adequada dos elementos que o integram facilita a compreensão e o interesse dos destinatários no relatório.

Os diversos tópicos do relatório devem reunir, de forma clara e concisa, o que foi feito, os caminhos que foram seguidos em cada fase e os principais resultados alcançados na avaliação de um projeto socioeducacional. Nesse sentido, os aspectos ou as dimensões mais relevantes que, de uma forma ou de outra, devem integrar e determinar a estrutura definitiva do relatório, devem se ajustar a algum tipo de critério de organização e estruturação.

Alguns dos critérios que podem ser utilizados são os seguintes:

a. *Critério cronológico*: Apresentação da informação da avaliação em função dos momentos temporais, séries de eventos, passos sucessivos etc.
b. *Critério funcional em etapas processuais*: Apresentação da informação em função das etapas fundamentais do processo avaliador. Por exemplo, projeto, aplicação, análise, interpretação etc.
c. *Critério de finalidade*: Organização do conteúdo em função das metas ou dos objetivos da avaliação do projeto objeto de estudo.
d. *Critério procedimental*: Apresentação do conteúdo em função do método e de cada um dos principais procedimentos de coleta de informação, tais como entrevista, enquete, provas etc.
e. *Critério de resultados, conclusões e achados*: Organização do conteúdo de acordo com cada conclusão e suas implicações.
f. *Critério setorial*: Organização do conteúdo por unidade, pessoas ou grupos que executaram diferentes partes do estudo, com base nas unidades administrativas.

A estrutura mais habitual do relatório é a que segue o critério funcional, que permite expor os resultados segundo os objetivos do processo de avaliação, de modo que os tópicos são organizados em função dos passos do processo: projeto, aplicação, análise, resultados etc.

4.2.2 Elementos estruturais do relatório

A estruturação de um relatório de avaliação determina o que se deve incluir em cada tópico. Dependendo do tipo de relatório, os tópicos serão os elementos estruturais que determinarão a configuração do documento final.

Apresentamos, a seguir, como exemplo, uma estrutura que pode servir de guia para a elaboração de um relatório final de resultados. A divisão e inclusão de cada tópico e a informação incluída neles irá variar em função dos objetivos do estudo, das preferências da autoria e das audiências.

Os diversos elementos estruturais podem ser agrupados nos seguintes tópicos:

1. **Identificação do relatório**: Refere-se aos diversos elementos que proporcionam a apresentação identificadora do relatório de avaliação. Na capa, mostram-se os dados mais significativos da identidade do relatório. Deve ter um *design* atraente e espaçoso para captar a atenção do leitor. A capa é a carteira de identidade do relatório e deve apresentar os seguintes dados:
    › **Título**: Denominação do relatório, que, de forma precisa e concisa, reflita seu conteúdo e os demais dados identificadores relevantes.
    › **Autoria**: Pessoa – ou pessoas – responsável pela avaliação.
    › **Entidade institucional ou profissional** dentro de cujo âmbito se realiza o relatório de avaliação. Deve ser acompanhado do emblema ou logotipo da entidade.
    › **Destinatário**: Nome da entidade para a qual se realiza o relatório.
    › **Local e data** da elaboração do relatório.
2. **Introdução**: Reúne aspectos que antecipam o conteúdo do relatório:
    › **Índice**: Relação ou sumário dos diversos itens e subitens nos quais se estrutura o conteúdo do projeto, com a paginação correspondente.
    › **Resumo** ou "**abstract**": Breve exposição, em poucas palavras, do conteúdo do relatório. Costuma terminar com uma relação das palavras-chave do conteúdo.
    › **Apresentação**: Comentário explicativo sobre os aspectos mais relevantes do relatório (justificativa e necessidade do relatório, antecedentes, motivação e interesses); breve descrição da estrutura e do conteúdo; metodologia empregada; perfil do autor ou dos autores; contexto e objeto do relatório em relação aos objetivos do projeto e seus destinatários; orientações para leitura e interpretação etc. Sua redação deve ser clara, direta, motivadora e não muito extensa.
3. **Objetivos**: Exposição dos objetivos que se pretendem atingir com o relatório de avaliação.

Seus objetivos de referência, tanto o objetivo do estudo avaliador quanto as expectativas dos solicitantes do relatório e seus destinatários. Seu enunciado deve ser preciso. A relação de objetivos deve ser reduzida, referindo-se só àqueles que representem algum aspecto relevante do relatório.

4. **Conteúdo**: É a parte nuclear e mais extensa do relatório. Nele se descrevem os diversos aspectos que constituem o desenvolvimento do processo de avaliação sobre um determinado projeto, entre os quais cabe destacar os seguintes:
   › Âmbito contextual do projeto objeto de avaliação.
   › Revisão bibliográfica ou documental que esteja relacionada com o assunto do projeto objeto de avaliação.
   › Cronograma e sequenciação do processo seguido na execução da avaliação.
   › Aspectos metodológicos:
     › Desenho do processo avaliador.
     › População e amostra.
     › Técnicas e instrumentos de coleta de informação.
     › Tratamento, análise e estatísticas dos dados.
     › Procedimentos e técnicas de expansão.
   › Análise e comentários dos resultados: É o tópico decisivo para fundamentar os juízos valorativos sobre os resultados referentes ao projeto socioeducacional. Neste tópico, podem ser incluídos aspectos como:
     › análise dos dados obtidos;
     › comentários e debate sobre os resultados.

Na apresentação dos diversos aspectos do conteúdo, devemos utilizar elementos facilitadores para a melhor compreensão, com gráficos, tabelas, esquemas etc.

Modelo de capa de um relatório de avaliação

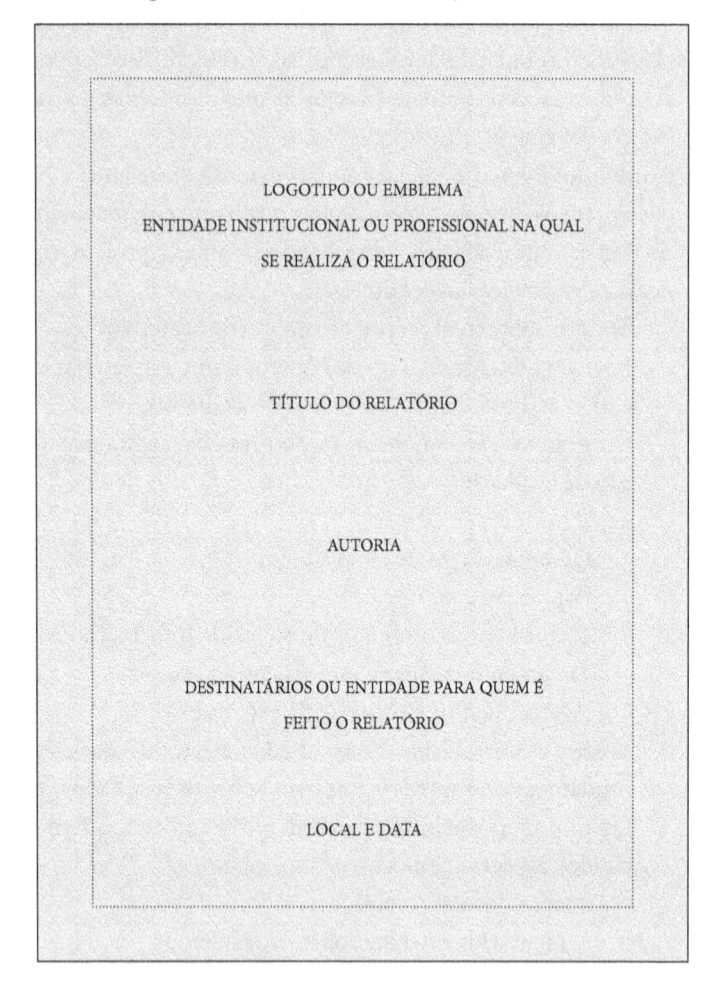

```
LOGOTIPO OU EMBLEMA
ENTIDADE INSTITUCIONAL OU PROFISSIONAL NA QUAL
SE REALIZA O RELATÓRIO



TÍTULO DO RELATÓRIO



AUTORIA



DESTINATÁRIOS OU ENTIDADE PARA QUEM É
FEITO O RELATÓRIO



LOCAL E DATA
```

5. **Conclusões**: É a parte conclusiva ou terminal de um relatório de avaliação. Nela são registradas as respostas às perguntas iniciais e constatados os resultados obtidos em relação aos objetivos propostos. Seu conteúdo deve ser formulado de forma clara e breve, sem voltar a debates já realizados em tópicos anteriores.

No tópico das conclusões, podemos incluir os seguintes aspectos:

> **Resumo ou compilação**: Breve revisão e recordação dos aspectos fundamentais do relatório. Serve para propiciar uma leitura mais detalhada do relatório em sua totalidade. Recorda aspectos já expostos anteriormente, como o que foi avaliado, o sentido e a finalidade do relatório apresentado, o processo que se seguiu etc.
> **Conclusões**: Enunciado e proclamação das conclusões a que se chegou depois de realizado o processo de avaliação.
> **Tomada de decisões**: Com base nas conclusões, o avaliador adianta as decisões que consequentemente cabem às autoridades responsáveis tomar, bem como aos destinatários do relatório ou aos participantes do projeto, conforme o caso.
> **Recomendações e sugestões**: É o momento de aproveitar a utilidade do relatório e focar sua projeção de futuro. Devem ser incluídas implicações para o trabalho posterior, relacionadas com os achados, e devem conter qualquer informação necessária para que os destinatários situem o relatório no contexto e na perspectiva apropriados, com relação ao que foi feito antes e ao que pode ou deveria ser feito. Este tópico deve ser usado para guiar a audiência sobre como tirar o máximo proveito do relatório de avaliação. Deve incluir recomendações e sugestões sobre as medidas a tomar em relação ao projeto avaliador, bem como observações para as avaliações seguintes, sugerindo a conveniência de introduzir algumas modificações.

6. **Complementos e anexos**: Além dos tópicos básicos apontados, convém registrar no relatório outros aspectos, de especial relevância científica, que podem ser úteis para os profissionais e técnicos interessados no tema objeto da avaliação. Podemos citar os seguintes:
   > **Referências bibliográficas e documentais** que serviram de base para a realização do relatório. Convém listar todas aquelas que têm uma relação mais estreita com o tema do projeto e da avaliação.
   > **Bibliografia**: É recomendável fazer tópicos, separando a que serve de base para a fundamentação teórica, a de apoio

metodológico e a relacionada diretamente com o tema do projeto socioeducacional objeto da avaliação.

› **Anexos:** Neles se reúnem os diversos instrumentos que foram empregados no processo de coleta de dados, além dos outros documentos de especial relevância que devem ser conhecidos pela comunidade científica, dado seu valor documental e de apoio às conclusões do relatório.

4.3 Redação do relatório de avaliação

Ao redigir o relatório de avaliação de um projeto de intervenção socioeducacional, é preciso considerar aspectos como:

› acesso ao conhecimento ou à observação da realidade sobre a qual se interveio;
› descrição do processo de intervenção;
› técnicas ou instrumentos que foram utilizados;
› elementos da execução prática;
› resultados obtidos – conclusões;
› resumo dos achados mais relevantes do processo.

Em outras palavras, podemos seguir os diversos elementos estruturais que comentamos no tópico anterior. Na redação do relatório, é necessário utilizar uma linguagem adequada, para que o documento seja facilmente entendido pelos diversos agentes que realizaram a intervenção socioeducacional. Por outro lado, um relatório pode ser lido por um destinatário individual ou por sua família, razão pela qual se deve utilizar uma terminologia apropriada, em função de seu destinatário. É preciso ter em conta que a boa redação do relatório enriquece notavelmente seu conteúdo.

Os princípios básicos que devem guiar a redação de relatórios de avaliação passam pela precisão, pela transparência e pelo equilíbrio. Cada expressão ou informação relevante deve ser explicada de forma precisa e clara. A clareza com que as ideias são expressas e a transparência com que as conclusões extraídas dos dados empíricos são expostas favorecerão a compreensão da leitura. Só dessa forma se pode aproveitar ao máximo as possibilidades comunicativas do relatório de avaliação.

A fim de obter uma redação adequada, propomos estas recomendações:

> A linguagem de um relatório deve ser simples, utilizando exemplos, ilustrações, expressões e terminologia compreensível etc., a fim de que seja acessível ao destinatário.
> A linguagem de um relatório deve ser clara. Os relatórios devem ser escritos de forma que não incluam ambiguidades desnecessárias. Os resultados da avaliação têm, com frequência, várias interpretações. É preciso assegurar-se de que o relatório não agregue mais ambiguidade. Os resultados devem ser apresentados de forma clara e simples e, caso se julgue conveniente, oferecer uma série de interpretações alternativas explicadas.
> O relatório deve ser compreensível para destinatários a que se dirige. Trata-se de redigir um documento que seja compreensível e que inclua informação relevante. O conteúdo do relatório deve ser compatível com o ponto de vista, a experiência e o conhecimento dos destinatários ou das audiências. Se as necessidades de informação e a capacidade de compreensão das audiências forem diferentes, deverão ser redigidos diferentes tipos de relatório. Em consequência, deve-se evitar o uso de vocabulário científico muito específico do âmbito da avaliação ou da matéria do projeto.
> O uso de frases e parágrafos curtos facilita a compreensão e agiliza a leitura do relatório.

Critérios a levar em conta na redação do relatório de avaliação
1. Evitar terminologia complicada, a menos que seja razoável supor que as palavras serão familiares para o grupo receptor do relatório.
2. Explicar os métodos analíticos utilizados.
3. Descrever as fontes de informação e discutir a qualidade dos dados.

Critérios a levar em conta na redação do relatório de avaliação
4. Fornecer amplas referências bibliográficas e indicar onde cada fonte é utilizada no relatório.
5. Fazer uso de anexos e apêndices. O relatório principal deve conter apenas o essencial dos achados.
6. Fazer uso de quadros e tabelas para ilustrar e elaborar os pontos que se deseje enfatizar.
7. Preparar textos de acompanhamento para quadros e tabelas, que deixem clara a mensagem que se deseja transmitir.
8. Dedicar tempo suficiente para o planejamento, organização e redação do relatório; isso terá um efeito enriquecedor no documento final do informe.
9. Utilizar uma tipografia generosa, apoiada por diversos tipos e tamanhos de letra.
10. Estabelecer uma distribuição do texto em pequenos parágrafos e frases curtas.

4.3.1 Divulgação do relatório de avaliação

4.3.1.1 Destinatários e audiências

O relatório de avaliação é o meio para apresentar os resultados da avaliação aos destinatários, à audiência e à sociedade em geral. É preciso devolver a informação a todos os interessados de uma forma que seja compreensível para eles. Um relatório deve incluir informação que permita responder às perguntas de avaliação e recomendações para a tomada de decisões a respeito do projeto, da atuação dos agentes ou dos âmbitos de intervenção socioeducacional, conforme o caso, salvo quando se trate de um relatório confidencial. A comunicabilidade é uma característica consubstancial ao conceito de relatório. O respeito a essa característica permite mostrar os avanços científicos na área das ciências sociais e, ajuda a socializar o conhecimento, enquanto desenvolve uma sensibilização da sociedade para com determinados temas socioeducacionais. Tudo isso depois de fornecer aos responsáveis – àqueles a quem se dirige em primeiro lugar – informação valiosa para que tenham uma análise fundamentada da atividade socioeducacional que vêm desenvolvendo.

Para a divulgação do relatório, podemos recorrer à sua apresentação em eventos científicos, na imprensa, nos diversos meios de comunicação, nas revistas tanto de tipo divulgador quanto científico, nos institutos de pesquisa, nas redes das novas tecnologias etc. É fundamental conscientizar a opinião pública e as autoridades da importância que as conclusões de um relatório de avaliação podem ter para contribuir com a solução de vários problemas que os educadores têm em seu contexto socioeducacional, com a intervenção dos pais e com a comunidade educacional. Enfim, a divulgação do relatório contribui de maneira decisiva na melhoria da qualidade da educação social.

A divulgação ou comunicação social de um relatório de avaliação não pode ser uniforme, visto que seus destinatários, as audiências e a sociedade em geral são diferentes e diversos. Por isso, é preciso adequar o conteúdo e a linguagem do relatório às diversas audiências às quais se destina. Vejamos algumas audiências possíveis:

a. Os relatórios dirigidos a responsáveis políticos devem enfatizar mais a rentabilidade, eficácia e utilidade do projeto. O interesse do relatório deve recair nos resultados obtidos e nas conclusões. As conclusões, as sugestões práticas e os resultados da avaliação serão mais amplamente desenvolvidos e visarão divulgar o projeto.

b. Os relatórios dirigidos à comunidade científica devem desenvolver amplamente o processo metodológico. Os critérios que devem guiar esses relatórios são o rigor e a profundidade metodológica. A linguagem e o estilo utilizados serão especializados e específicos da área ou do tema de que se trata.

c. Os relatórios dirigidos a educadores sociais terão um discurso claro e adaptado às características dessa audiência. Os conteúdos se centrarão mais em aspectos técnicos sobre o processo de implementação do projeto. As conclusões e recomendações finais visarão guiar futuras aplicações do projeto. Os critérios que devem guiar a elaboração dos relatórios dirigidos a essa audiência são a viabilidade e a sustentabilidade.

d. Os relatórios de avaliação dirigidos aos destinatários ou aos agentes do projeto requerem uma informação simples e clara sobre os resultados alcançados por eles e sobre os efeitos desses resultados em outras atividades educacionais. As conclusões e recomendações finais se centrarão em recomendações precisas sobre futuras ações que reforcem os efeitos do projeto. Os critérios de realização do relatório são educabilidade e rentabilidade pessoal e profissional. É evidente a necessidade e conveniência da divulgação dos relatórios para satisfazer às diferentes audiências, sem necessidade de modificar o conteúdo, mas modificando a forma, a extensão e a linguagem.

Enfim, são as audiências que determinam o tipo, a linguagem, a estrutura, o estilo e a apresentação do relatório.

4.3.1.2 Identificação das audiências
A identificação e definição das audiências ou dos destinatários de um relatório é uma questão fundamental para orientar a elaboração deste. Um relatório avaliador não pode estar bem configurado sem uma definição prévia do público a que se dirige. A importância de identificar as audiências é considerada uma questão fundamental, visto que determina a utilidade do relatório. O relatório de avaliação pode dirigir-se a audiências muito diversas, mas as mais habituais nos relatórios são: autoridades e responsáveis políticos em matéria educacional, comunidade científica, possíveis impulsores ou agentes do projeto, participantes e destinatários do projeto etc.

Embora as audiências sejam diversas, todas elas querem conhecer os resultados da avaliação, visto que têm direito a serem informados. Possivelmente puderam colaborar ou até patrocinar o processo de avaliação. Em uma instituição educacional, as audiências podem ser: os professores, os tutores, os pais de família, os alunos, a administração educacional, as instituições patrocinadoras ou promotoras, como uma prefeitura, uma empresa etc. Cada audiência tem um interesse diferente: algumas pessoas podem estar interessadas em uma informação de primeira mão para compreender melhor uma situação; outras precisam da informação para tomar decisões; outras para conhecer os aspectos que convém manter e aqueles que é preciso melhorar. Portanto, é necessário que exista relação entre os propósitos do relatório de avaliação e das respectivas audiências. Entre os diversos tipos de audiências possíveis, a seguir apontamos algumas:

a. Patrocinadores ou financiadores da avaliação: Em alguns casos, é possível que a instituição de ensino ou o projeto tenha recebido uma ajuda parcial ou total para realizar um processo de avaliação. Esses patrocinadores podem ser de caráter privado, como empresas, as APAs* etc., ou de caráter público, como prefeituras, autonomias, administração educacional, por meio de ajudas a projetos ou experiências em instituições etc.
b. Audiências externas, como a inspeção educacional, agências ou consultorias e instituições acadêmicas como universidades, associações profissionais etc. que, de um modo ou de outro, puderam colaborar.
c. Os alunos, considerados como destinatários ou participantes de alguma atuação educacional sobre a qual se lhes oferece uma informação.
d. Os professores e funcionários da instituição ou do projeto.
e. A direção da instituição: diretor ou equipe diretiva, agentes com responsabilidade etc.
f. Os diversos órgãos de governo da instituição, como o conselho escolar, de direção, de professores etc.
g. Associações profissionais educacionais ou grupos interessados na casuística da situação ou intervenção avaliada.
h. Outras propriedades com algum interesse na avaliação e em sua matéria.

---

* Associação de pais de alunos. (N. da T.)

Orientações para a elaboração do relatório	
Aspectos	Orientação
Sobre audiências	› Identificar corretamente as audiências;
	› Averiguar de qual informação precisam e, se possível, por quê;
	› Tentar entender o ponto de vista de cada audiência para antecipar reações negativas.
Sobre a mensagem da avaliação	› Relacionar a informação com as perguntas de avaliação e com as recomendações;
	› Não fornecer mais informação que a necessária.
Sobre o documento escrito	› Começar pelo mais importante;
	› Destacar os pontos importantes;
	› Redigir o documento de forma simples e clara.
Sobre apresentações orais	› Realizar uma apresentação atraente e variada;
	› Mostrar-se natural durante a apresentação;
	› Acompanhar a apresentação com informação visual;
	› Envolver a audiência na apresentação.
Sobre audiências difíceis	› Ensinar a audiência a apresentar o relatório a outros;
	› Encontrar alguém que possa divulgar o relatório mais facilmente;
	› Insistir em repetir a informação para assegurar-se de que chega à audiência.

4.3.1.3 Objetivos da divulgação do relatório de avaliação

Os objetivos e propósitos a serem atendidos na divulgação da avaliação podem ser tão variados quanto seus destinatários. É preciso conhecer detalhadamente esses propósitos para levá-los em conta no momento de redigir o relatório, e também na hora de se dirigir a cada audiência específica.

Apontamos alguns desses objetivos mais comuns em relatórios de avaliação:

1. Prestar contas: Demonstrar que foram alcançados os objetivos propostos, que foram honradas as responsabilidades adquiridas, que se realizou gastos conforme o orçamento ou, quando for o caso, por que não se respeitou o orçamento.

2. Demonstrar a uma determinada audiência que as atividades, os processos, os investimentos etc. valeram a pena e que é conveniente seguir nessa linha empreendida.
3. Informar às audiências respectivas sobre como funcionou tal ou qual plano, projeto, serviço etc.; quais foram as principais dificuldades encontradas; que fatores impediram ou favoreceram o processo e o resultado; que medidas parecem mais oportunas para modificar o processo, ou que profissionais estão mais envolvidos ou mais afetados.
4. Investigar aspectos novos e comentar os resultados encontrados. Trata-se de apresentar os resultados e de analisar o projeto, apresentando seus pontos fortes e fracos, bem como uma análise sobre se vale a pena ou não continuar com ele.
5. Envolver outros grupos: Neste caso, trata-se de apresentar a informação com o propósito de estimular outras pessoas (professores, entidades sociais etc.) a ver a conveniência de se envolver nesse processo e as vantagens que teriam com isso.
6. Conseguir um apoio maior: O propósito, neste caso, é mostrar que é necessário aumentar os recursos em uma determinada atividade, e busca-se o apoio de determinadas audiências.
7. Fornecer uma visão global ou de conjunto que permita compreender melhor as diversas atividades, bem como os diferentes problemas ou resultados à luz dos valores e conhecimentos das respectivas audiências.
8. Tomar decisões: Oferecer informação que seja útil para tomar decisões sobre recriar um projeto, modificar um regulamento ou procedimentos determinados, repensar algumas atividades de formação ou avaliação, ou destinar novo investimento em recursos etc.
9. Não limitar o propósito de informar para a tomada de decisões. Alguns autores recomendam que a avaliação deve ter impacto mais além das decisões. Pode, por exemplo, fazer com que as pessoas se interessem mais por alguns temas, criar novos apoios ou reforçar uma determinada política educacional.

Cautelas do relatório de avaliação em relação às audiências
Devemos ter em conta quatro cautelas fundamentais para pensar nas audiências que receberão o relatório da avaliação
Primeira: o relatório deve considerar todas as audiências, sem esquecer nenhuma
Para isso, teremos em mente os objetivos e propósitos da avaliação e os vincularemos às necessidades de cada audiência. Devemos nos certificar de que, de um modo efetivo, o relatório reúne a informação precisa para cada audiência.
Segunda: o relatório deve diferenciar as audiências segundo os propósitos
Esta diretriz simples e lógica não é levada em consideração em muitas ocasiões. Esta forma de atuar nos leva a redigir um único relatório, geralmente com bastante – até demais – informação, voltado homogeneamente a todas as audiências. Para que fornecer uma informação, por exemplo, sobre os procedimentos utilizados, as características dos instrumentos etc. a alguém que não entende desses assuntos? O relatório deve fornecer a informação básica, estritamente necessária para o propósito desejado. Isso faz com que essa informação seja considerada mais útil.
Terceira: o relatório deve levar em conta os direitos de todas as pessoas e respeitar a ética e as normas legais vigentes.
Os avaliadores devem verificar, antes de dar a informação, se todas as pessoas que de um modo ou de outro participaram da avaliação tiveram seus direitos à confidencialidade, ao anonimato etc. garantidos. Sem intenção, é possível que o relatório, do modo como foi redigido, e dependendo da informação que apresente, infrinja e ataque os direitos de algumas pessoas. Antes de oferecer o relatório, deve-se verificar se este cumpre todas essas normas denominadas padrões de propriedade.
Quarta: o relatório deve reconsiderar as audiências durante a avaliação
É preciso levar em consideração as diversas audiências a quem a informação será fornecida, não só na hora de oferecê-la, mas também antes e durante o processo de avaliação. Essa é uma recomendação muito conveniente, dado que em um número significativo de avaliações ocorrem mudanças durante o processo, alterando o desenho previsto e, consequentemente, requerendo novas considerações para as audiências.

4.3.1.4 Estratégias de divulgação

Há diversas maneiras de divulgar o conteúdo de um relatório de avaliação, não necessariamente só por escrito. O relatório escrito, inclusive, em muitas ocasiões é apresentado oralmente. É importante considerar as possibilidades existentes para escolher a mais conveniente, em cada caso, segundo as circunstâncias de audiência, objetivos, temática etc.

Diversas estratégias podem ser utilizadas para apresentar um informe de avaliação. A divulgação de um relatório é necessária para que os resultados da avaliação: tenham o impacto social que se pretende. Entre os possíveis meios para divulgar um relatório de avaliação, podemos citar:

> Documentos escritos: relatórios técnicos, relatórios de progresso etc.
> Apresentação em meios de comunicação: imprensa, tevê, rádio.
> Reuniões em pequenos grupos, discussão, apresentações, confraternizações etc.
> Apresentação a grupos, conferências, seminários etc.
> Memórias, resenhas, resumos etc.
> Entrevistas escalonadas com pessoas-chave com possibilidades de divulgação.
> Publicações e revistas profissionais.
> Apresentações multimídia.

Em relação à forma e ao momento da apresentação de um relatório de avaliação, deve-se:

> utilizar canais de informação multissensoriais. Em relatórios escritos, utilizar gráficos, tabelas, figuras etc.;
> incluir meios que facilitem a interação e que permitam comprovar a compreensão;
> em relatórios escritos, fazer perguntas que sirvam de revisão, resumo de discussões etc.;
> ser tão simples quanto possível;
> estimular a audiência a participar de relatórios escritos, utilizar frases que impliquem respostas ou reflexões;
> fazer uma correta utilização das técnicas audiovisuais
> incorporar variedade de meios;
> conseguir a atenção da audiência.

Para que um relatório atinja o efeito desejado, é preciso ter em conta as seguintes indicações:

› O relatório deve ser apresentado no momento adequado. A distribuição da informação deve coincidir com o contexto das decisões. Se a informação chegar muito cedo, perderá seu impacto. Se chegar muito tarde, provavelmente não terá nenhum tipo de impacto. É mais provável que ocorram mudanças imediatamente após realizada a avaliação. É preciso ajustar o calendário do processo da avaliação de forma que se entregue o relatório no momento em que seja mais útil.

› Para obter o maior ajuste, é muito útil fazer um plano para a informação da avaliação, que inclua: lista dos clientes e interessados e suas características; atividades da avaliação, acentuando os relatórios formais requeridos, datas-chave para as decisões do destinatário ou interessados, relatórios adicionais etc.

A organização do tempo deve incluir os eventos informativos planejados, tanto formais quanto informais, e as datas em que serão concluídos os relatórios.

› Os relatórios de avaliação têm maior impacto quando, em parte, são construídos com base em um diálogo entre avaliadores e audiências. As audiências devem interagir com o relatório, e não se limitar a receber informação.

Para facilitar a participação das audiências existem as seguintes opções:

› Discutir os relatórios com os membros das audiências-chave.
› Fazer apresentações orais.
› Enviar um esboço do informe a alguns membros das audiências para que façam a avaliação crítica.
› Distribuir relatórios preliminares resumidos.
› Fazer com que alguns membros das audiências preparem informes, escrevam revisões, dirijam reuniões etc.
› Conduzir reuniões, foros abertos etc.
› Apresentar relatórios a associações e reuniões profissionais.
› Favorecer comentários e reações por meio da publicação de resumos de relatórios de jornais.
› Estar disponível para comparecer a reuniões nas quais haja possibilidade de o relatório ser discutido ou utilizado.

> Propiciar o comentário de pessoas que têm influência sobre as audiências-chave.
> Organizar uma conferência para apresentar o relatório.
> Solicitar perguntas, comentários etc.

Favorece o impacto dos relatórios de avaliação:
› Entregar o relatório no momento adequado.
› Conhecer e compreender a audiência. Relacionar os achados a seus problemas e preocupações, utilizar exemplos significativos para eles e expressar-se na mesma linguagem.
› Incorporar pontos de vista de minorias, explicações alternativas, explicações racionais etc.
› Oferecer pontos de vista de minorias, explicações alternativas, explicações racionais etc.
› Oferecer referências e fontes de opinião, interpretação e juízos que as audiências possam identificar e analisar.

Vários meios para a divulgação		
Meios	Descrição	Destinatários
Resumos/ sumários	› Descrição de projetos ou atividades, com conclusões e recomendações; › Formato padronizado.	› Vários grupos, tanto dentro quanto fora da organização cedente.
Bibliografias	› Inventários anuais de fontes, bibliografias breves ou diretórios de informes de avaliação.	› Ampla circulação, dentro e fora da organização cedente.
Relatórios anuais	› Resumo das atividades anuais destacando a experiência adquirida.	› Ampla circulação, dentro e fora da organização cedente.
Relatórios temáticos	› Apresentação de temas ou setores, com exemplos de avaliações e estudos específicos.	› Ampla circulação também nos países receptores.
Seminários	› Apresentação e discussão de resultados; também, possivelmente, planejamento do trabalho de avaliação.	› Tomadores de decisões e especialistas diretamente implicados, tanto dos países cedentes quanto dos receptores.
Sistemas automatizados (bases de dados)	› Resumo da experiência e recomendações mediante busca direta do setor, tema etc.	› Destinado principalmente aos próprios profissionais da organização cedente.

4.4 Critérios de análise dos relatórios de avaliação

Antes que o relatório de avaliação saia à luz pública, deve ser submetido à sua própria análise, que garanta a necessária qualidade. Os critérios para avaliar um relatório de avaliação baseiam-se na análise dos seguintes aspectos:

> **Aspectos básicos e teóricos**: São aspectos referentes ao enfoque teórico por trás da proposta do relatório. Estuda-se sua coerência e adequação ao objeto de avaliação. Aspectos a considerar:
> > Adequação ao tema avaliado;
> > Relevância das proposições;
> > Atualização em seus enfoques teóricos;
> > Coerência nas proposições;
> > Qualidade da informação coletada.
>
> **Aspectos metodológicos**: Fazem referência ao desenvolvimento da avaliação no âmbito específico de um projeto. Devemos analisar os seguintes aspectos:
> > Formulação clara e concisa do problema objeto de avaliação;
> > Definição operacional dos objetivos a atingir;
> > Definição operacional das variáveis em jogo;
> > Seleção apropriada da técnica ou do instrumento de coleta de dados;
> > Viabilidade de execução em conformidade com os recursos empregados;
> > Riqueza e justificativa da análise da informação e dos dados, em conformidade com as necessidades e os objetivos da avaliação;
> > Fases de execução devidamente sequenciadas e justificadas;
> > Proposta metodológica global adequada.
>
> **Proposição dos resultados**: Devemos considerar as contribuições e os achados aos quais se chegou na avaliação. Devem ser analisados os resultados pela revisão de diversos aspectos, como:

- > Clareza expositiva dos resultados;
- > Coerência com os objetivos propostos;
- > Aplicações ao campo socioeducacional;
- > Ajuda para a tomada de decisões;
- > Achados relevantes para o avanço das ciências sociais;
- > Possibilidades de extrapolação de resultados;
- > Resolução de problemas imediatos;
- > Impacto social e educacional dos resultados;
- > Desenvolvimento de novas técnicas de análise e tratamento de dados;
- > Aplicações ao desenvolvimento de inovações educacionais.
> **Outros aspectos**: Além dos aspectos anteriores, na avaliação do relatório também devem ser contemplados outros, secundários, como:
- > Apresentação do relatório;
- > Identificação da audiência;
- > Linguagem apropriada, com rigor científico;
- > Ordem e coerência na apresentação;
- > Citações bibliográficas devidamente justificadas;
- > Quadros e esquemas esclarecedores;
- > Representações gráficas de dados;
- > Elaboração de síntese adequada.

Perguntas para a análise do relatório de avaliação
> Até que ponto a informação incluída é relevante para os problemas do cliente ou dos interessados?
> Até que ponto a informação apresentada é prática do ponto de vista do destinatário ou das audiências?
> Até que ponto a informação apresentada é útil e aplicável convenientemente à situação do destinatário?
> Que informação será considerada crível e que estratégias foram utilizadas no relatório para obter sua credibilidade?
> Até que ponto a informação é compreensível para os destinatários? Que estratégias poderiam ser utilizadas para tornar a informação compreensível para outras audiências?
> Que estratégias deveriam ser utilizadas para assegurar que a informação da avaliação seja divulgada no momento mais oportuno para sua utilidade e aplicação?

Normas de avaliação para programas e projetos relatório da avaliação
› Identificação da audiência;
› Seleção e alcance da informação;
› Interpretação valorativa;
› Clareza do relatório;
› Divulgação do relatório;
› Oportunidade do relatório;
› Importância da avaliação;
› Exposição total e franca;
› Direito à informação pública;
› Equilíbrio do relatório;
› Identificação do objeto;
› Análise do contexto;
› Propósitos e procedimentos descritos;
› Fontes de informação confiáveis;
› Conclusões fundamentais;
› Informe objetivo.

Educational Evaluation (1981). México Trillas

5. Resumo

O relatório de avaliação de um projeto de intervenção socioeducacional consiste na síntese do processo de avaliação que desenvolvemos, e que é determinado pelas pessoas que os recebem e pela pessoa – ou pessoas – que o emite, com base nas necessidades das audiências.

A finalidade do relatório de avaliação é fornecer os resultados obtidos no processo e divulgar os achados, considerando também que outras pessoas poderão divulgar esses achados.

Esses resultados podem ser positivos ou negativos, e tanto uns quanto outros devem ser publicados. Um relatório negativo de um processo de avaliação deve servir para melhorar o processo, cumprindo, desta maneira, as características de utilidade, factibilidade e rigor em sua elaboração, sem esquecer a ética refletida no processo.

No relatório referente à avaliação de um projeto de intervenção socioeducacional, devem estar incluídas todas as ações realizadas no processo de avaliação, desde o diagnóstico e planejamento, até os fatos que ocorrem durante o desenvolvimento desta. Por esse motivo, o cronograma é um aspecto importante a detalhar, bem como os eventos que ocorrem durante esse período.

Do relatório da avaliação de um projeto de intervenção socioeducacional, derivam as conclusões e reflexões sobre essa avaliação, contribuindo, deste modo, com a melhoria do processo de avaliação. Surgem, assim, as prioridades de comparação dos objetivos propostos antes do processo e os achados obtidos, o que permitirá observar se foram atingidos ou não os objetivos propostos.

Portanto, consideramos o relatório de avaliação de um projeto de intervenção socioeducacional como a síntese do processo de avaliação que contém todos os elementos do processo em si, e que nos ajuda a conhecer os aspectos positivos e negativos que possam ter surgido durante a ação.

6. Atividades

› Realizar um projeto de relatório de avaliação de tipo inicial relativo a um projeto escolar sobre dependência química.
› Realizar um mapa conceitual sobre o sentido e a finalidade do relatório de avaliação.
› Enumerar os aspectos fundamentais que devem ser incluídos no conteúdo de um relatório de avaliação.

7. Autoavaliação

1. Que características deve ter um relatório de avaliação?
2. Que elementos identificadores devem constar da capa de um relatório?
3. Quais são os elementos estruturais de um relatório?

Soluções:

1. Válido e confiável. Útil. Factível. Ético. Rigoroso.
2. Identificação do informe. Introdução. Objetivos. Conteúdos. Conclusões. Complementos e Anexos.
3. Título. Autoria. Entidade institucional. Destinatário. Local e data.

bibliografia

Acco, J. L. y Fernández, A. (2004): *Manual de evaluación e intervención psicológica en necesidades educativas especiales*. Madrid. McGraw-Hill.
Aeci (2000): *Metodología de Gestión de la Cooperación Española*. Madrid.
Agudelo, S. (2002): *Alianzas entre formación y competencia. Reminiscencias de una vida profesional*. Montevidéu. Cinterfor/OIT.
Álvarez García, I. (2006): *Introducción a la Teoría de Proyectos. En Planificación y Desarrollo de Proyectos Sociales y Educativos*. México. Limusa.
Alvarez Rojo, V. (2000): *Propuestas del profesorado bien evaluado para potenciar el aprendizaje de los estudiantes*. ICE. Universidad de Sevilla.
Amorós, P. y Ayerbe, p. (2000): *Intervención educativa en inadaptación social*. Madrid. Síntesis.
Anguera, M.T (1990): *Programas de Intervención: ¿hasta qué punto es factible su evaluación? En Revista de Investigación Educativa*, 8. (16, 77-93).
Asociación Estatal de Educación Social (2007): *Código deontológico delleducador social*, en http://www.eduso.net7archivo/docdow.php
Barbier, J. M. (1993): *Evaluación de los procesos de formación*. Barcelona. Paidós.
Cabrerizo Diago, J. (1999): *Diseño, desarrollo e innovación curricular. Teoría y Práctica*. Universidad de Alcalá de Henares.
_____ (2002): *La evaluación de los procedimientos de aprendizaje*, en Castillo, S. (Coord.)
_____ (2002): *Compromisos de la Evaluación Educativa*. (Cap. IV, Págs. 73-90). Madrid. Prentice Hall.
Cabrerizo Diago, J. y Rubio Roldán, M. J. (2007): *Atención a la diversidad. Teoría y práctica*. Madrid. Pearson.
Cabrerizo Diago, J., Rubio Roldán, M. J. y Castillo Arredondo, S. (2007): *Programación por competencias. Formación y práctica*. Madri. Pearson.

CABRERIZO DIAGO, J., RUBIO ROLDÁN, M. J. Y CASTILLO ARREDONDO, S. (2010): *El Prácticum en los Grados de Pedagogía, Magisterio y Educación Social.* Madrid. *Pearson.*

CAMACHO, S. Y SÁENZ, O. (2000): *Técnicas de comunicación eficaz para profesores y formadores.* Alcoy. *Marfil*

CASTILLO ARREDONDO, S. (2002) (Coord.): *Compromisos de la Evaluación Educativa.* Madrid. *Prentice Hall.*

CASTILLO ARREDONDO, S. (2007): *Vocabulario de Evaluación Educativa.* Madrid. *Pearson Educación.*

CASTILLO ARREDONDO, S., CABRERIZO DIAGO, J. Y RUBIO ROLDÁN, M.J. (2011): *La práctica de la evaluación en la intervención socioeducativa. Materiales e instrumentos. Vademécum delleducador social.* Madrid. *Pearson.*

CASTILLO ARREDONDO, S. Y CABRERIZO DIAGO, J. (2010): *Evaluación educativa de aprendizajes y competencias.* Madrid. *Pearson.*

CASTILLO, S. Y CABRERIZO, J. (2010): *La práctica de la evaluación educativa. Materiales e instrumentos. Vademécum delleducador social.* Madrid. *Pearson.*

CASTILLO, S., CABRERIZO, J. E RUBIO, M. J. (2011): *La práctica de la evaluación en la intervención socioeducativa. Materiales e instrumentos.* Madrid. *Pearson.*

CÁZARES, L. Y CUEVAS, J. F. (2007): *Planeación y evaluación basadas en competencias.* México. *Trillas.*

COHEN, E. Y FRANCO, R. (2006): *Evaluación de proyectos sociales.* Madrid. *S. XXI.*

DE KETELE, J.M. Y ROEGIERS, X. (1995): *Metodología para la recogida de información.* Madrid. *La Muralla.*

DE LA TORRE, S., PIO, A. Y MEDINA, A. (2001): *Didáctica General: Modelos y Estrategias para la Intervención Social.* Madri. *Universitas.*

Díaz-Aguado, M. J (2003): *Educación intercultural y aprendizaje cooperativo.* Madrid. *Pirámide.*

DOMINGO, A. (2000): *Dirección y gestión de proyectos.* Madrid. *RAMA.*

GARCÍA HERRERO, G. A. Y RAMÍREZ NAVARRO, J. M. (2002): *Diseño y evaluación de proyectos sociales.* Zaragoza. *Certeza.*

Gaieín, J. (1996): *La autoevaluación institucional como vía para mejorar los centros educativos, en Bordón*, 45 (3). Barcelona.

——— (1996b): *La evaluación de los planteamientos institucionales, en* VILLA, A. (coord.): dirección participativa y evaluación de Centors. ICE. Universidad de Bilbao. *Deusto.*

House, E. R. (1992): *Tendencias en evaluación, en Revista de Educación, 299, págs. 43-56.*

——— (1994): *Evaluación, ética y poder.* Madrid. *Morata.*

Jiménez, B. (1999): (Coord.): *Evaluación de programas, centros y profesores.* Madrid. *Síntesis.*

Joint Committee on Standards for Educacional Evaluation (1981): *Standards for Evaluation of Educational Programs, Proyects and Materials.* Nova York. *Mc Graw Hill.*

Jorba, J. y Sanmartí, N. (2000): *La función pedagógica de la evaluación, en Evaluación como ayuda al aprendizaje.* Barcelona. *Graó.*

Le Boterf, G. (1993): *Cómo gestionar la calidad de la formación.* Barcelona. *Gestión 2000.*

Lesourne, J. (1993): *Educación y Sociedad. Los desafíos del año 2000.* Barcelona. *GEDISA.*

Martínez, C. (1996): *Evaluación de Programas educativos: investigación evaluativa, modelos de evaluación de Programas.* Madrid. *UNED.*

M.E.C. (2006) LOE: *Ley Orgánica de Educación.*

Medina, A. y Villar, L. M. (1995): *Evaluación de Programas educativos, Centros y Profesores.* Madri. *Universitas.*

Medina, A.; Cardona, J.; Castillo, S.; Domínguez, C. (1998): *Evaluación de los procesos y resultados del aprendizaje de los estudiantes.* Madrid. *UNED.*

Padilla, M. T. (2002): *Técnicas e instrumentos para el diagnóstico y la evaluación educativa.* Madri. *CCS.*

Pérez Serrano, G. (2005): *Elaboración de Proyectos Sociales. Casos prácticos.* Madrid. *Narcea.*

Ponce, C. y Guasch, M. (1993): *Modelos de intervención socioeducativa en el campo de la inadaptación social. Em Actas de las X Jornadas Universidad-Educación Especial.* Tarragona.

Riera Romani, J. (1998): *Concepto, Formación y Profesionalización delleducador social, el trabajador social y el pedagogo social. Un enfoque Interdisiciplinar e Interprofesional.* Valencia. Nau Libres.

Romans, M. y otros (2000): *De profesión: educador (a) social.* Barcelona. Paidós.

Sanz, F. (2006): *El aprendizaje fuera de la escuela: tradición del pasado y desafío para el futuro.* Madrid. Ediciones Académicas.

Soriano Ayala, E (Coord.) (2001): *Interculturalidad: fundamentos, programas y evaluación.* Madrid. La Muralla.

Ventosa, V. J. (1999): *Intervención socioeducativa.* Madrid. CCS.

_____ (2001): *Desarrollo y evaluación de proyectos socioculturales.* Madri. CCS.

Vera, L. (2008): *La rúbrica y la lista de cotejo.* Universidad Interamericana de Puerto Rico.

Vv. Aa. (2000): *Intervención educativa en inadaptación social.* Madrid. Síntesis.

webgrafia

Para conhecer mais sobre as possibilidades profissionais do educador social, podemos consultar os seguintes endereços da internet:

http://www.eduso.net
http://www.educacion-social.com
http://www.hacesfalta.org
http://www.educaweb.com
http://www.laboris.net/Static/ca_profesion_educador-social.aspx
http://comunidad.ofertaformativa.com/foros/forums/forum-view.asp
http://www.sappiens.com/web_cast/comunidades/educasocial
http://usuarios.lycos.es/marccioni
http://es.careers.yahoo.com/perfiles_sociales_diplo_educacionsocial

Conselhos de educação das comunidades autônomas:

Bahia: http://www.sec.ba.gov.br/cee/
Espírito Santo: http://www.cee.es.gov.br/
Goiás: http://www.cee.go.gov.br/
Mato grosso: http://www.cee.mt.gov.br/
Minas Gerais: http://www.cee.mg.gov.br/
Pará: http://www.cee.pa.gov.br/
Paraná: http://www.cee.pr.gov.br/
Pernambuco: http://www.cee.pe.gov.br/
Piauí: http://www.ceepi.pro.br/
Rio de Janeiro: http://www.cee.rj.gov.br/
Rio Grande do Sul: http://www.ceed.rs.gov.br/portal/index.php
Santa Catarina: http://www.cee.sc.gov.br/
São Paulo: http://www.ceesp.sp.gov.br/
Sergipe: http://www.seed.se.gov.br/portais/cee/legislacao.asp
Tocantins: http://www.cee.to.gov.br/

Os papéis utilizados neste livro, certificados por instituições ambientais competentes, são recicláveis, provenientes de fontes renováveis e, portanto, um meio responsável e natural de informação e conhecimento.

FSC
www.fsc.org
MISTO
Papel produzido a partir de fontes responsáveis
FSC® C103535

Impressão: Reproset
Dezembro/2021